Konzepte
der Sprach- und Literaturwissenschaft

21

Herausgegeben von
Klaus Baumgärtner und Peter von Matt

Peer E. Sørensen

Elementare Literatursoziologie

Ein Essay über literatursoziologische Grundprobleme

Übersetzung aus dem Dänischen
von Esther Meier und Jürg Glauser

Max Niemeyer Verlag
Tübingen 1976

Die dänische Originalausgabe erschien 1973 unter dem Titel „Elementær litteratursociologi. Et essay om litteratursociologiske grundproblemer“ im Verlag GMT, Kongerslev. Sie wurde vom Autor für die deutsche Übersetzung überarbeitet.

CIP-Kurztitelaufnahme der Deutschen Bibliothek

Sørensen , Peer E.
Elementare Literatursoziologie : e. Essay über literatursoziolog. Grundprobleme. – 1. Aufl. – Tübingen : Niemeyer, 1976.
(Konzepte der Sprach- und Literaturwissenschaft ; 21)
Einheitssacht.: Elementær litteratursociologi <dt.>.
ISBN 3-484-22020-1

ISBN 3-484-22020-1

Satz: Rothfuchs Dettenhausen

Inhalt

Vorwort und Wegleitung

1.

Dieser Essay über literatursoziologische Probleme, *Elementare Literatursoziologie,* stellt eine Erweiterung meines Buches *H. C. Andersen og herskabet*[1] dar, kann jedoch auch ohne dessen Kenntnis gelesen werden.

Ich versuche in diesem Essay eine Reihe theoretischer Probleme zu lösen, die ich damals, als ich das Andersen-Buch schrieb, nicht genügend präzis formulieren konnte. Sie sind meiner Meinung nach hier zur Hauptsache gelöst. Auf der anderen Seite kann *H. C. Andersen og herskabet* als eine konkrete Analyse nach den hier aufgestellten Prinzipien gelesen werden.

2.

Ich habe das Buch *Elementare Literatursoziologie* genannt. Dies heißt nicht, es sei elementar in der Bedeutung von leichtzugänglich; es ist elementar in dem Sinne, als es sich mit den grundlegenden Momenten im gesellschaftlichen Sein der bürgerlichen Literatur befaßt. Elementar bedeutet hier somit *grundlegend* oder *basal.* Die Forschungsintention einer elementaren Literatursoziologie muß es sein, die grundlegenden Züge der literarischen Produktion, der Zirkulation und Konsumtion (der privaten und der institutionellen im Ausbildungssektor) in der bürgerlichen Gesellschaft zu beschreiben. Ihre Intention ist es, die differentia specifica des bürgerlichen Kunstwerkes zu präzisieren.

Die elementare Literatursoziologie ist somit in sich selbst keine Analyse konkreter historischer Spezifitäten in der Geschichte der bürgerlichen Gesellschaft, etwa einer Periode oder Verfasserschaft, sondern eine Ana-

1 Peer E. Sørensen, *H. C. Andersen og herskabet* (H. C. Andersen und die Herrschaft), Kongerslev 1973.

lyse der *allgemeinen* Verhältnisse, welche bürgerliche Literaturproduktion und -konsumtion charakterisieren.

Diese Intention bewirkt gleichzeitig, daß die Darstellung stellenweise nicht leicht zu lesen ist, sondern Voraussetzungen erfordert, deren Fehlen sich nicht ausschließlich durch die Lektüre dieses Essays wettmachen läßt. Die Voraussetzungen müssen anderweitig angeeignet werden. Im Literaturverzeichnis am Schluß des Buches habe ich auf meine eigenen literarischen Quellen hingewiesen.

Problematischer ist die stellenweise holprige und didaktisch unvermittelte Darstellung, die ich leider nicht immer vermeiden konnte. Solche Stellen deuten jedoch zugleich darauf hin, daß ich selbst Schwierigkeiten mit dem Stoff hatte, Schwierigkeiten, die auch in der Darstellung zum Ausdruck kommen. Ich bitte den Leser, solche Hindernisläufe als Schreibtisch-Schwierigkeiten des Autors zu verstehen. Allgemein gesehen, wären sie nicht notwendig.

3.

Das alles weist darauf hin, daß sich dieses Buch nicht unmittelbar aneignen läßt.

Es ist als ein *Arbeitsbuch* gedacht, auch in dem Sinn, als es selten konkret anwendbare Resultate gibt, sondern eher auf Analysefelder und Analysemethoden hinweist, die jeweils bei der Untersuchung eines besonderen Stoffes historisch spezifiziert werden müssen. Das Buch kann somit nicht als Gesamtindex dienen, der alle Fragen im Bereich der Literaturforschung beantworten würde. Es führt eine Reihe konstituierender Momente an, die notwendigerweise in jeder literarischen Produktion/Konsumtion zum Vorschein kommen. Eine Forschungsintention, die sich nicht damit zufrieden gibt, auf Bereiche, für die sich die Forschung *auch* interessieren soll, hinzuweisen, sondern versucht, die historisch spezifische Logizität zu erarbeiten, welche für das ganze Gebiet der Literaturwissenschaft Gültigkeit hat, muß gezwungenerweise eine lange Reihe literaturwissenschaftlicher und ästhetischer Problemstellungen berücksichtigen.

Dieser Essay enthält somit beispielsweise eine Kritik der Autonomietheorie des New Criticism, seines Holismus und seiner Harmonisierungsintentionen, außerdem eine kritische Erörterung von Julia Kristevas Textproduktionstheorien, eine Diskussion des russischen Formalismus, eine Kritik der Hermeneutik usw.

Außerdem versuche ich, das Verhältnis zwischen der Marxschen Theorie, verstanden als Kritik der politischen Ökonomie, und einigen literaturwissenschaftlichen Problemstellungen in der marxistischen Tradition zu problematisieren.

Ich will eine Gesamtdarstellung dessen geben, was ein marxistischer literatursoziologischer Diskurs meiner Ansicht nach umfassen muß.

Insofern präzisiere ich in diesem Essay einen Forschungsbereich und ein Forschungsprogramm, die mithelfen können, literaturwissenschaftliche Konzeptionen aus bürgerlichen Anthropologisierungen und positivistisch-soziologischen Gedankenbahnen herauszuführen.

Diese *Elementare Literatursoziologie* ist der Grundriß einer Reformulierung der literaturwissenschaftlichen Problemstellungen.

4.

Das Buch ist wohl als ein Ganzes gedacht, doch läßt es sich auf verschiedene Art aneignen.

Für den Leser, der nicht gewohnt ist, theoretische Problemstellungen im Rahmen der Kritik der politischen Ökonomie zu verfolgen, kann es von Vorteil sein, die Lektüre der ersten zwei Kapitel hinauszuschieben, um sich die Kapitel über das Kunstwerk in der Zirkulation (Kapitel IV), die literarische Institution (Kapitel V) und die literarische Produktion in der bürgerlichen Gesellschaft (Kapitel VI) vorläufig anzueignen. Danach können die kategorialen Darstellungen der Produktions-, Zirkulations- und Konsumtionskategorien (Kapitel III) und anschließend das letzte Kapitel (Kapitel VII) gelesen werden; jetzt sollten Kapitel II und schließlich Kapitel I folgen. Eine anschließende nochmalige Gesamtlektüre wäre wünschbar.

5.

Es scheint mir auch notwendig, nach der Relevanz dieses Projektes zu fragen und auf die unbefriedigenden Seiten dieser Darstellung aufmerksam zu machen.

Ein entscheidender Mangel ist, daß noch keine entwickelte marxistische Bewußtseinssoziologie vorliegt, außer in Ansätzen, die selten über Marx' Andeutungen in den Schriften zur Kritik der politischen Ökonomie oder Lukács' Formulierungen in *Geschichte und Klassenbewußtsein* hinausreichen, so daß man, wo man heute mit solchen Problemen arbeitet, teils damit beschäftigt ist, sich die obigen Ansätze anzueignen, teils damit, deren Möglichkeiten weiterzuentwickeln. Gleichzeitig also fasse ich diesen Essay als Beitrag zu einer solchen Bewußtseinssoziologie auf.

Das Interesse einer Literatursoziologie liegt somit darin, sich als Moment einer umfassenderen Bewußtseinssoziologie legitimieren zu können. Die Intention einer solchen Bewußtseinssoziologie ist die Aufdeckung der bewußtseinsbildenden Potentiale in der bürgerlichen Gesellschaft – und deren emanzipatorische Reflexion.

Durch ihre Plazierung im Ausbildungssektor *ist* die Literatur real in diese Bewußtseinsbildung einbezogen. Die elementaren literatursoziologischen Forschungsfelder sind deshalb von Bedeutung.

So steht das Projekt, dessen Konturen ich hier gezeichnet habe, in einer Tradition des ästhetischen Denkens, das in diesem Jahrhundert genuin nur in der marxistischen Ästhetik (Georg Lukács, Walter Benjamin, Bertolt Brecht u. a.) weitergelebt hat, im großen ganzen aber aus der bürgerlichen Ästhetik verschwunden ist.

Das ästhetische Interesse, das wir aus den ersten Phasen der bürgerlichen Gesellschaft kennen und das die marxistische Tradition unter anderen Prämissen in diesem Jahrhundert fortsetzt, stellt sich die Ästhetik in einem Zusammenhang vor, der hier mit den Begriffen ‚Emanzipation' und ‚Didaktik' nur angedeutet werden kann.

Das ästhetische Interesse ist mit einem emanzipatorischen verbunden. Die Didaktik stellt das vermittelnde Glied zwischen dem ästhetischen und dem emanzipatorischen Moment dar. Für Lukács steht das Interesse an der realistischen Dichtung des 19. Jahrhunderts in Zusammenhang mit deren konkret-sinnlicher Darstellung der Widersprüche im Sein der bürgerlichen Gesellschaft. Es kann sich somit in einem bewußtseinsmäßig-didaktischen Zusammenhang entfalten, der die emanzipatorischen Momente der literarischen Werke in den Vordergrund stellt. Diese werden als Ausdruck der gesellschaftlichen Widersprüche verstanden, die in der Kritik der politischen Ökonomie wissenschaftlich formuliert sind.

Diese Problematik ist in diesem Essay vernachlässigt; erstens, weil ich versuche, die *normalen* Verhältnisse, d. h. *die gesellschaftliche Norm* der literarischen Produktion und Konsumtion, zu formulieren und deshalb auf die normbrechenden Initiativen nur ungenügend eingehe; zweitens, weil ich diese emanzipatorisch-didaktische Tradition der Ästhetik nicht überschaue und folglich (noch) keine abgeklärte Diskussion über die emanzipatorischen Möglichkeiten der Ästhetik zu führen vermag, sondern nur auf die Kulturindustrie als entscheidendes Interessefeld hinweisen kann. Indem ich dies sage, deute ich gleichzeitig auf den Bereich, der mir für eine weitere Diskussion ästhetischer Probleme relevant erscheint.

Peer E. Sørensen — September 1973 und November 1974

I. Einleitende Bestimmungen

Erst in der kapitalistischen Produktionsweise . . .

Das Kapital, Bd. III[1]

1. Einleitend

Die Literatursoziologie steckt ein forschungspraktisches Gebiet ab: das Verhältnis zwischen Literatur und Gesellschaft. Diese *allgemeine* Bestimmung ist jedoch wenig brauchbar, wenn das Analysegebiet verständlich gemacht werden soll.

Die Literatursoziologie hat selbst eine Geschichte. Erst mit der Entwicklung empiristischer Methoden, d. h. mit dem Durchbruch des Positivismus im letzten Jahrhundert, werden literatursoziologische Reflexionen *deutlich*.

Ungefähr gleichzeitig deuten Marx und Engels eine ganz andere, d. h. nicht-positivistische literatursoziologische Möglichkeit an. Sehr generell gesagt, gibt es also zwei literatursoziologische Forschungstraditionen.

Seit der Mitte des letzten Jahrhunderts haben literatursoziologische Reflexionen – direkt oder indirekt – in sämtlichen literaturtheoretischen Zusammenhängen eine Rolle gespielt.

Die Geschichte der Literatursoziologie in diesem Jahrhundert kann, je nach dem eigenen Standpunkt, in bezug auf die bürgerliche Literatursoziologie oder in bezug auf die marxistische Tradition thematisiert werden.

Hier steht eine marxistische Literatursoziologie im Zentrum; sie ist das Thema dieses Essays.

Entscheidend in diesem einleitenden Zusammenhang ist jedoch, daß sich erst in der bürgerlichen Gesellschaft das Verhältnis zwischen Literatur und Gesellschaft als ein konsistentes Problemfeld stellt.[2] Dies hat natürlich seinen Grund.

Erst die kapitalistische Produktionsweise ist so beschaffen, daß es über-

---

1 *Das Kapital Bd. III,* MEW 25, S. 839.

2 Natürlich hat man auch schon früher über das Verhältnis der Literatur zu den soziologischen Feldern nachgedacht, z. B. in den Poetiken des Barock. Ein adäquater Begriff für einen gesellschaftlichen Zusammenhang läßt sich aber erst mit der bürgerlichen Gesellschaft umreißen.

haupt sinnvoll ist, sich die Gesellschaft als *Totalität* vorzustellen.[3]

Erst in der bürgerlichen Gesellschaft wird die Literatur – und hier ist von der Norm die Rede – aus spezifischen Gebrauchszusammenhängen gerissen und als Sphäre für-sich und in-sich-selbst etabliert.

Dies bedeutet, daß die Wirkungen der kapitalistischen Produktionsweise, d.h. ihre Durchschlagskraft und das Kapital als übergreifendes Subjekt, den Interessenbereich der Literatursoziologie spezifisch bestimmen.

Nicht die Literatur schlechthin ist der besondere Ausgangspunkt der Literatursoziologie, sondern die bürgerliche Literatur.

Nicht irgendeine Gesellschaft stellt das Problemfeld der Literatursoziologie. Es ist die kapitalistische Gesellschaft.[4]

Der Stoff der Literatursoziologie: die Literatur in der bürgerlichen Gesellschaft, muß in seiner Spezifität verstanden werden. Dieser Stoff ist Teil einer gesellschaftlichen Totalität, deren bestimmende Tendenzen von einem Konstitutionszusammenhang festgesetzt werden, wie er durch die Kritik der politischen Ökonomie begriffen und begrifflich gemacht werden kann.

Diese Auffassung von Literatur impliziert ein bestimmtes Verhältnis zwischen der Wirklichkeit der politischen Ökonomie und den literatursoziologischen Reflexionen: die bürgerliche Literatur und ihr gesellschaftliches Sein sind durch die Grenzen bestimmt, welche die Entwicklung der Produktionsweise festlegt. Die Literatursoziologie muß deshalb in der Doppelheit von konstitutionstheoretischer Reflexion und geschichtstheoretischer Konzeption verstanden werden, die die Kritik der politischen Ökonomie durch ihr Wertgesetz beziehungsweise ihre Reproduktionstheorie setzt.

Das entscheidende Prinzip dieses Essays ist das einer materialistischen Analyse, deren Wesen – generell gesagt – darin besteht, *die innere Struktur der bürgerlichen Literatur und ihre entwicklungsmäßigen Konstituenten sowie ihre strukturellen und entwicklungsmäßigen Funktionen in der Gesellschaftstotalität zu untersuchen.*

Es soll von Anfang an betont werden, daß die folgenden Analysen durchwegs im Hinblick auf die *Norm* stilisiert sind.

---

3. Der Begriff der Totalität wird später in diesem Buch behandelt. Er wird nicht für alles, sondern spezifisch für die kapitalistische Gesellschaft als erste *totale* Gesellschaft verwendet.

4 Wenn hier sowohl von Kapitalismus, der kapitalistischen Produktionsweise als auch der bürgerlichen Gesellschaft u. ä. die Rede ist, muß betont werden, daß ich nicht ausschließlich an Industriekapitalismus, sondern an die ganze Bewegung vom Übergang vom Feudalismus, Handelskapitalismus über den Industrie- bis hin zum Spätkapitalismus denke.

Die im folgenden vorgenommene Untersuchung bezieht sich auf die Marxschen Analysen der logischen Strukturen des Begriffs des Kapitals, d.h. auf die *Kritik der politischen Ökonomie.* Das hier formulierte analytische Verständnis gibt die Grundlage für die Entwicklung wissenschaftlicher Problemformulierungen zuhanden einer Forschung ab, deren Gegenstand in erster und letzter Instanz die historischen, d. h. die spezifischen Erscheinungsformen sind.

2. Generell über die bürgerliche Soziologie

Die Geschichte der bürgerlichen Literatursoziologie ist intim mit der Entwicklung der bürgerlichen Soziologie verbunden.

Man kann die bürgerliche Soziologie und ihre Entwicklung nur verstehen, wenn ihre sektorale Stellung im Verhältnis zur kapitalistischen Produktionsweise begreiflich gemacht wird.

Ihre Entwicklung muß deshalb in bezug zum Verlauf der Kapitalakkumulation gesetzt werden.

Die Entwicklung der bürgerlichen Soziologie ist mit der der Großindustrie und der Monopolisierungen verbunden. Sie kann nicht von der Problematik der Kapitalreproduktion losgelöst werden, die aus der wachsenden organischen Zusammensetzung des Kapitals entsteht. Generell müssen wir festhalten, daß das Verhältnis zwischen Wissenschaft und Kapital das Verständnis der Soziologie bedingt. Während die Literaturwissenschaft zur ideologischen Qualifizierung der Arbeitskraft diente, fungierte die Soziologie in bezug auf die Organisierung des unmittelbaren Produktionsprozesses und als Mithelfer bei der Aufrechterhaltung der Interaktionsformen der bürgerlichen Gesellschaft. Als bürgerliche Literatursoziologie tritt die Literaturwissenschaft deshalb in eine andere Beziehung zur gesellschaftlichen Wertzirkulation denn als institutionalisierte Bildungsstätte.

Aus diesem *allgemeinen* Verhältnis heraus werden soziologische Forschungsformen entwickelt, die ihr Gebiet nicht nur erforschen, sondern eben diesen Forschungsprozeß in seiner Organisationsform und oft in seinen expliziten Intentionen mit dem Reproduktionsprozeß des Kapitals verbinden. So kann diese Forschung als Instrument für das Marketing dienen und somit die Realisierung der Werterzeugung der Produktion erleichtern. Die bürgerliche Soziologie ist bei der „Vergoldung“ (Marx) des Mehrwerts, d. h. der Verwandlung des Warenkapitals in Geldform, behilflich. Die Versuche, die in Dänemark zur Entwicklung von Marktanalysen unternommen werden, sind deshalb objektiv von einem solchen Interesse getragen, wenn es auch oft unter dem Deckmantel der sozialdemokratischen Kulturpolitik auftritt.

Die Forschungslogik der bürgerlichen Soziologie ist interessebestimmt und – wie die politische Ökonomie – primär von der *Zirkulationssphäre* aus konzipiert,[5] ihre Verständnisformen und Thematisierungen sind deshalb in der *Versachlichung*[6] der gesellschaftlichen Produktionsverhältnisse dieser Sphäre fixiert.

Eine solche Soziologie ist außerstand, die *Wertproblematik* und die *Wertbewegung* zu reflektieren, weshalb ihre positivistische Forschungslogik eine *halbe* Wissenschaft, d. h. einen positivistisch halbierten Rationalismus darstellt, der die Verwertungsbedingungen des Kapitals nicht kategorial als Unterdrückungsbedingungen der kapitalistischen Gesellschaft verstehen kann.

Eine solche Soziologie ist das Opfer der *notwendigerweise verkehrten Erscheinungsformen* des gesellschaftlichen Seins und somit tief in den Verschleierungsmechanismen und den Verkehrungen der Produktionsweise verwickelt. Ihre Forschungslogik umfaßt keine formgenetische Herleitung dieser Verkehrungen, weshalb sie ihren eigenen Konstitutionszusammenhang in der kapitalistischen Produktionsweise nicht thematisieren kann.

Eine marxistische soziologische Forschung muß sich *notwendigerweise* kritisch zur bürgerlichen Soziologie stellen, da ihr Ausgangspunkt in der Kritik von deren Konstitutionszusammenhang und reproduktionslogischem Platz liegt. Dies bedeutet jedoch nicht, daß eine marxistische Soziologie imstande ist, ihren eigenen Konstitutionszusammenhang zu thematisieren. Ihr Ausgangspunkt wird immer die Kritik der politischen Ökonomie sein,

---

5 Über die Zirkulationssphäre und ihre spezifische Bedeutung für die bürgerlichen Ideenbildungen soll hier nicht diskutiert werden. Das Problem der Zirkulation wird in sämtlichen folgenden Kapiteln aufgearbeitet.

6 Der Begriff der *Versachlichung* wird in diesem Essay durchgehend für die in der bürgerlichen Gesellschaft stattfindende Versachlichung der Produktionsweise verwendet. Er bezieht sich in erster Linie auf die Warenanalyse, die aber die Kategorien der Versachlichung vorlegt, welche durch *Das Kapital* weiterentwickelt wird. Der Begriff der Versachlichung ist für das Verständnis der phänomenalen Erscheinung der bürgerlichen Gesellschaft von entscheidender Bedeutung.

In diesem Essay wird zwischen *Versachlichung* und *Fetischismus* unterschieden – wie Marx dies auch tut. Der Fetischismus steht für die vom Menschen wahrgenommene Versachlichung. Die Fetischismen sind Bewußtseinsformen, welche durch die Versachlichung konstituiert werden. Man kann somit ausgezeichnet, wenn auch mit Mühe, sein Erlebnis der Versachlichung entfetischieren, d. h. sie durchschauen. Dies bedeutet aber natürlich nicht, daß damit die Versachlichung aufgehoben ist; sie wird dies erst mit der Aufhebung der Produktionsweise, d. h. der Kapitalrelation.

deren Objekt das *Wesen* der kapitalistischen Gesellschaft ist; deshalb beschäftigt sich die Kritik der politischen Ökonomie mit den wesenslogischen Zügen (der Kapitallogik) dieser Gesellschaft. Demgegenüber befaßt sich eine Soziologie mit den *Erscheinungsformen* der bürgerlichen Gesellschaft; sie ist deskriptiv – gegenüber der forschungslogischen (dialektischen) Intention der Kritik der politischen Ökonomie.

Insofern diese Kritik auch für die bürgerliche Literatursoziologie Gültigkeit besitzt, ist diese in gleicher Weise kritisierbar und drückt dieselbe Begriffslosigkeit aus.

Dies gilt ungeachtet des Selbstverständnisses des einzelnen Forschers: *entscheidend ist allein die Forschungslogik, welche die Forschung konstituiert.*

3. Generell über die Problematik einer marxistischen Forschung

Eine materialistische Literaturanalyse, die auf der Kritik der politischen Ökonomie aufbaut, ist notwendigerweise soziologisch. Wie aber schon aus dem obenstehenden hervorgeht, ist nicht jede literatursoziologische Forschung marxistisch – auch wenn sie sich selbst als solche versteht.

Analysiert man die marxistische Forschungstradition, zeigt es sich schnell, daß sich alle diese Kritiker und Forscher wohl Marxisten nennen, daß sich aber unter dieser gemeinsamen Etikette ein sehr verschiedener Inhalt verbirgt.

Es ist ganz einfach unmöglich, alle diese Zweige zu einer gemeinsamen Forschungslogik zusammenzufassen, die eine marxistische Wissenschaftlichkeit auf diesem Gebiet konstituieren würde. Aber gerade die Forschungslogik ist – wie gesagt – entscheidend.

Diese Diffusität hat viele Ursachen: innerhalb der von der Kritik der politischen Ökonomie vorgenommenen Analyse der Anatomie der bürgerlichen Gesellschaft stellt die Literatur selbstverständlich ein Phänomen von untergeordneter Bedeutung dar, was bei der Entwicklung einer marxistischen Literatursoziologie gewisse Schwierigkeiten bereitet.

Schließlich ist die Entwicklung der marxistischen Wissenschaftlichkeit meistens intim mit der allgemeinen politischen verbunden, d. h., daß nur durch ein Verständnis der Entwicklung des Klassenkampfes, der Internationalen, der verschiedenen politischen Konzeptionen und der entsprechend verschiedenen Forschungsbedingungen die unterschiedlichen marxistischen Theoriebildungen begriffen werden können.

Es ist in diesem Zusammenhang wichtig, zu beachten, daß die großen

Niederlagen der Arbeiterklasse zu Beginn dieses Jahrhunderts eine marxistische Arbeit wesentlich blockiert haben. Dazu kommt, daß der Sieg der russischen Revolution wieder verloren ging, indem sie sich zu Staatsgewalt gegen Bauern und Arbeiter entwickelte. Es kommen die Zermalmung der deutschen Revolution und danach der Weimarer Republik, die Entwicklung des Faschismus und die Entstehung des Nazismus hinzu.

Alle diese Faktoren müssen mit in Betracht gezogen werden, wenn man verstehen will, weshalb die vielen reichen Möglichkeiten zur Weiterentwicklung der Marxschen Theorie versäumt wurden, weshalb sie erstarrten, in Vergessenheit gerieten oder der verkommenen Erinnerung vereinzelter Repräsentanten der Intelligenz des dunklen Krieges der 30er Jahre und des kalten der 50er Jahre anheimfielen.

In dieses historische Gebiet gehört auch eine politisch-theoretische Entwicklung, deren materialgeschichtliche Bedingtheit hier nicht analysiert werden kann: sie kommt in der Zweiten und Dritten Internationale, die beide die Unterordnung der Marxschen Theorie unter eine schon bestehende praktische Politik bedeuten, zum Ausdruck. Was die wissenschaftlichen Möglichkeiten der Marxschen Theorie angeht, bedeutet dies eine Pragmatisierung und Verkürzung. Gleichzeitig wird sie zu einer Universaldialektik deformiert, in welcher der Kritik der politischen Ökonomie nur ein Platz als Spezialausdruck für eine Gesamtdialektik (Naturdialektik oder *Pan*dialektik) zugemessen wird.

Die Kritik der politischen Ökonomie wird ideologisiert. Das Ende des kalten Krieges und der Bruch zwischen China und der Sowjetunion ermöglichten es, die Theorie von der unmittelbaren Identifikation mit einer bestimmten existierenden Gesellschaft (der sowjetischen) zu lösen. Mit dem gestrafften Klassenkampf der letzten zehn Jahre sind viele Faktoren für die Möglichkeit einer fruchtbaren Weiterentwicklung der Marxschen Theorie gegeben.

Damit ist nicht gesagt, daß die Theorie überhaupt nicht fortgesetzt worden sei, denn dies ist natürlich der Fall (vgl. Georg Lukács, Henryk Grossmann, Roman Rosdolsky u. a.). Aber eine Stagnation von katastrophalen Ausmaßen kann beobachtet werden.

Eine marxistische Literaturwissenschaft ist in Dänemark seit Ende der 1960er Jahre im Entstehen.

Der Marxismus machte sich innerhalb der Literatursoziologie im weitesten Sinn zuerst als Entwicklung einer *ideologiekritischen Strategie* bemerkbar, die natürlich teils durch den Stoff, teils durch die Plazierung der Forscher im Ausbildungssektor bedingt war.

Die eingebauten Grenzen und die immanente Problematik der Ideologiekritik sind schon heute ersichtlich. Einer der Gründe dafür ist die seriöse Arbeit, die schon seit Ende der 1960er Jahre in den Versuch gelegt wurde, eine genuinere marxistische Wissenschaftlichkeit zu entwickeln.

Es ist die historische Aufgabe der Ideologiekritik gewesen, kritische Möglichkeiten überhaupt aufzuzeigen und zu demonstrieren, daß die Kritik in gesellschaftlichen – also nicht personenfixierten – und individualisierten Kategorien und Verständnisformen vorgenommen werden kann. Sie ist unter anderem eine historische Voraussetzung für die kritisch-theoretische Selbstbesinnung gewesen, die in diesen Jahren stattfindet. Wo deshalb die Ideologiekritik einsetzt, entwickelt sie sich tendenziell weiter.

Dies bedeutet aber nicht, daß die Ideologiekritik als wissenschaftstheoretischer oder praktischer Fehlgriff über Bord geworfen werden soll. Plaziert im Studentenaufstand, war sie die *Vorform* einer marxistischen wissenschaftlichen Reflexion; aber durch die Universalisierung, die sie erfuhr, wurde ihr wissenschaftstheoretischer Gültigkeitsbereich verwischt. Das Gebiet der Ideologiekritik ist das Sozialisierungsfeld, das nicht gesamthaft der Wesenslogik des Kapitals untergeordnet ist, sondern im Gegenteil von dieser Logik abweicht; hier liegt ihre wissenschaftstheoretische Gültigkeit. Die Ideologiekritik muß deshalb so oder so in Sozialisierungsfeldern wie beispielsweise der Literatur, oder korrekter: der literarischen Institution, als notwendig erachtet werden; notwendig als *ein* Instrument zur Analyse der Problematik.

Die Marxsche Kritik in dem hier definierten Sinn darzustellen, bedeutet eine kritische Haltung gegenüber verschiedenem einzunehmen, was sich in der Literaturwissenschaft traditionell als marxistisch verstanden hat.

Deshalb insistiere ich hier auf der Kritik der politischen Ökonomie als dem Begründungszusammenhang für das wissenschaftliche Projekt, die elementare Literatursoziologie, und deshalb insistiere ich auf beispielsweise einer Kritik der Basis/Überbau-Metaphysik und einer Kritik des grassierenden Analogismus in der Literaturwissenschaft, eines Analogismus, der die bloße Reduktion schlechthin bedeutet.

Deshalb wird die Literatursoziologie (als ein Glied in einer umfassenderen Bewußtseinssoziologie verstanden) zu *der* Literaturwissenschaft. Sie reduziert alle übrigen literarischen Disziplinen zu ihren Hilfsdisziplinen.

Eine solche Literatursoziologie soll den Zusammenhang und die genetische Ableitung der *grundlegenden* oder *elementaren* Kategorien und Begriffe liefern können. Sie soll den wissenschaftlichen Zusammenhang hinter und in spezifischen Einzelanalysen beispielsweise eines Genres, einer Verfasserschaft usw. bereithalten.

Eine solche Literatursoziologie untersucht das Regelsystem der bürger-

lichen Literatur: sie untersucht die allgemeinen Bestimmungen, in welchen die bürgerliche Literatur fixiert ist, die Formbestimmungen, denen sie unterworfen ist, usw.

Es ist das Vorhaben dieses Essays, eine solche elementare Literatursoziologie zu umreißen.

4. Über bürgerliche und marxistische Literatursoziologie. Über Empirie, Empirismus und Ästhetik

Ungeachtet des methodischen Standpunktes muß eine Literatursoziologie notwendigerweise drei Instanzen explizit oder implizit berücksichtigen: *Produktion, Zirkulation, Konsumtion* (von Literatur).

Explizit, insofern sie alle drei Instanzen im Umlauf des literarischen Werkes analysiert und sie mit den gesellschaftlichen Instanzen Produktion-Zirkulation-Konsumtion in Verbindung bringt. Implizit, weil Teilanalysen von nicht-mehrwertvermittelten gesellschaftlichen Sphären eine Theorie (oder die Abwesenheit einer Theorie) der Vermittlungsart zwischen den Totalisierungsintentionen der mehrwertvermittelten Sphären und dem analysierten Stoff/Teilgebiet implizieren.

Trotz des gemeinsamen Problemfeldes ist die Thematisierung selbstverständlich verschieden.

Auf den nächsten Seiten soll dieses Problemfeld in zwei spezifischen Bereichen angedeutet werden: (i) in der *Empirie* und (ii) mit Hinblick auf das Verhältnis *zwischen „soziologischen" und „ästhetischen" Reflexionen.*

(i)

Die bürgerliche Literatursoziologie ist im wesentlichen empiristisch. Die bürgerliche Kritik hat dem Marxismus – oft wohlbegründet – die fehlende Prägnanz und den „spekulativen" begrifflichen Charakter vorgeworfen. Diese Kritik ist falsch, aber durch verschiedene Formen ideologisch konzipierter Marxismen erklärlich: gerade die Universalisierung des dialektischen Materialismus zu einer *Gesamt*dialektik, wie sie z. B. in *naturdialektischen* oder dialektisch-materialistischen Systemen (Diamat) formuliert ist, verwischt die empirische Präzision und die Möglichkeit der Kritik der politischen Ökonomie und etabliert ein *äußerliches* Verhältnis zwischen einer universalistischen (und somit identitätsphilosophischen) Theoriebildung und den *spezifischen* Erscheinungsformen.

In solchen diamatischen Theorien verschwindet die spezifische Bestimmung der Kritik der politischen Ökonomie über das Verhältnis zwischen dem Wesen der kapitalistischen Gesellschaft (= den Gesetzen und Tendenzen der Produktionsweise), der Erscheinungen dieser Bewegungsgesetze (= der Durchführungsform der Gesetze) und ihrer historischen und somit spezifischen Erscheinung (= den Spezifikationen des historischen Verlaufs). Die Kritik der politischen Ökonomie erweitert also den Begriff der *Realanalyse,* die sich nicht darauf beschränkt, bloß Daten in ihren historischen Manifestationen empiristisch anzuhäufen, sondern ein systematisches Verhältnis zwischen den Kategorien des Kapitalverhältnisses und ihrer *verkehrten* und *verschleierten* Durchführungsform impliziert. Wir halten jedoch fest, daß die Kapitallogik die Logik des Kapitals ist, und sich als dialektische Bewegungsform von Gegensätzen *nur* in dem Umfang entfaltet, wie ihre inneren Widersprüche untersucht werden. Der Klassenkampf ist deshalb die historische Entfaltungsform der Kapitallogik – sie sind jedoch keineswegs identische Größen.

Die Kritik der politischen Ökonomie ist also in höchstem Grad empirisch ausgerichtet und empirisch präzis. Sie stellt aber keine *direkte* Verbindung vom allgemeinen Begriff des Kapitals zur historisch erscheinenden Empirie her. Ferner sind sämtliche Daten, mit denen die marxistische Forschung gezwungenermaßen arbeiten muß, in bürgerlichen Kategorien interpretiert, die konventionell festgelegt sind, da die bürgerliche Darstellung ihre Kategorien nicht theoretisch stringent herleiten kann.

Eben diese Festlegungsweise ist in den verschiedensten Begründungen, von wissenschaftlichen bis klassenmäßigen, impliziert. Die konkreten Daten liegen also notwendigerweise immer in vielschichtigen, mystifizierten Kategorien vor.

Jede marxistische Analyse, die sich an der Kritik der politischen Ökonomie orientiert, muß also nicht bloß die methodischen Übergänge zum Gesamtkapital, sondern auch den Inhalt sämtlicher Daten im Hinblick auf ihre Bedeutung für die zugrundeliegenden Prozesse, die nicht unmittelbar an der Oberfläche zum Vorschein kommen, berücksichtigen.

(ii)

Die empiristische Soziologie – Robert Escarpit ist ein Beispiel unter vielen – steht ferner in direktem Gegensatz zu den Intentionen dieses Essays, was das Verhältnis zwischen soziologischen und ästhetischen Bereichen betrifft.

Durch seine enge Konzeption von Soziologie trennt Robert Escarpit den „interaktionellen" Kreislauf (Produktion-Distribution-Konsumtion) von den ästhetischen Problemstellungen.

Dies führt mit sich, daß die Forschung in zwei Gebiete zerfällt, die keine eigentliche Verbindung zueinander haben: in ein soziologisch-empirisches (als Aufgabenbereich der Literatursoziologie) und in ein ästhetisches (auf das die Literaturwissenschaft im engeren Verstand verwiesen ist).

Eine so konzipierte Literatursoziologie greift also nicht transformierend in eine Reihe schon vorhandener Bereiche ein (z. B. die Literaturwissenschaft, wie sie faktisch vorliegt); diese Soziologie addiert einfach ein neues Forschungsfeld zu einem schon vorliegenden Bereich – was jedoch (und das ist das Entscheidende) die bestehenden, im Feld konstituierten Forschungsmethoden und -strategien völlig unberührt läßt.

Deshalb ist eine solche Literatursoziologie gänzlich außerstand, die entscheidenden Fragen, die eine Literatursoziologie stellen *muß*, zu beantworten: für die empiristische Literatursoziologie ist das ganze Distributionssystem einfach eine vermittelnde Instanz, durch die das Buch/Werk via Verlag vom Autor zum Leser befördert wird. Eine Reihe entscheidender Faktoren fällt aus dem Rahmen der Thematik: das Buch tritt in dieser Soziologie *erst* in seiner fertigen Gestalt, und dann nur in seiner Faktizität, seiner Phänomenalität auf.

Der Zusammenhang zwischen der literarischen Produktivität, ihrem Konsumtionsverhältnis und den gegenseitigen Wechselwirkungen, die diese durch die spezifische Institutionalisierung der Zirkulation (vgl. Kapitel V) erfahren, wird überhaupt nicht berücksichtigt. Das ganze literarische System erscheint deshalb in dieser Soziologie *rein neutral;* es ist ganz einfach da. Eine solche empiristische „Bescheidenheit" ist Ausdruck einer ideologischen Rationalität. Sie fällt zusammen mit der phänomenalen Erscheinung der gesellschaftlichen Produktionsverhältnisse und reproduziert diese fröhlich als großes neutrales, naturalisiertes, sachliches Universum. Sie steht deshalb auch jedem Kulturmarkt zu Diensten.

Indem die traditionelle literaturwissenschaftliche Praxis nicht in die soziologische Reflexion miteinbezogen wird, reproduziert eine solche empiristische Literatursoziologie ferner die Vorstellung von der Autonomie der Literatur von den gesellschaftlichen Produktionsverhältnissen und deren Geschichte, sie reproduziert die Vorstellung von einer autonomen Literaturwissenschaft und damit auch der Ideen. Sie ist in ihrem ganzen Wesen irrationalistisch.

Die Intention einer elementaren Literatursoziologie ist es, die gesellschaftlichen und die literarischen Verhältnisse in ihrer Gegenseitigkeit zu untersuchen. Es ist ihre Intention, ein Modell aufzustellen, mit dem der Zusammenhang zwischen Literatur und Gesellschaft begrifflich interpretiert werden kann, – nicht, indem sie Literatur und Gesellschaft als voneinander getrennt sieht, um sie darauf in ein äußerliches Verhältnis zueinander zu bringen –, sondern, indem sie diese stets integriert untersucht und somit die Literatur in ihrem historischen Sein als eine von der gesellschaftlichen Geschichte abhängigen Variable versteht.

II. Die Kapitallogik. Die Kritik der politischen Ökonomie

Wenn Marx auch keine Logik hinterlassen hat, so hat er doch die Logik des Kapitals hinterlassen. Lenin [1]

1. Über die Problematik des Basis/Überbau-Modells

Der größte Teil der literatursoziologischen Forschung, die sich als marxistisch verstanden hat, hat sich in einem methodischen Rahmen formuliert, der ohne Übertreibung als unproblematisierte *Basis-Überbau-Figur* charakterisiert werden kann.

Dieses Basis/Überbau-Modell gibt es in verschiedenen Ausformungen und Inkarnationen.

Es floriert in mehr oder weniger handfesten Varianten. Es kann, als *Homologie* verkleidet, bei Lucien Goldmann oder, beinahe inkognito, als *Isomorphie* bei Jean-Joseph Goux auftreten, sich auf Lenins berühmte Formulierungen der *Spiegelmetapher* in den Artikeln über Tolstoj berufen oder auf oft zitierte Aussprüche von Marx und Engels hinweisen.

Ungeachtet dieser massiven Tradition ist die Basis/Überbau-Figur problematisch: sie kann nur schwerlich ein dialektisches Zusammenspiel der beiden Instanzen herstellen. Sie endet tendenziell in verknöchertem Determinismus oder in einer ideologiekritischen Reflexion schlechthin.

Innerhalb der kategorialen Möglichkeiten des Modells werden bewußtseinsmäßige und literarische Phänomene deshalb tendenziell in Kohärenzstrukturen dargestellt, die (darauf) zu ähnlichen Figuren in der Basis reduziert werden.

Dieses Basis/Überbau-Modell, das auf den ersten Blick betörend dialektisch aussieht, ist sehr problematisch.

Teils, weil es nicht ökonomiekritisch orientiert ist, die Marxsche Theorie also nicht dort erfaßt, wo sie maximal formuliert ist, und somit in seinen analytischen Möglichkeiten eingeschränkt bleibt.

Teils, weil seine universalhistorische Form ein begrifflich spezifisches Verständnis des Objekts verunmöglicht und folglich dessen Bedingungszusammenhänge nicht erklären kann.

---

1 V. Lenin, „*Monopolkapital*", in *Philosophische Hefte,* Frankfurt/M. 1969, S. 5.

Dies bedeutet, daß es die Genese seines Stoffes nicht spezifisch *rekonstruieren* kann.

Es kann einleitungsweise am Platz sein, den begrifflichen Status dieses Denkens zu problematisieren.

Es gilt, die kategorialen Möglichkeiten der Basis/Überbau-Figur in der Marxschen Theorie zu bestimmen.

Den Ausgangspunkt soll die berühmte und oft zitierte Stelle im *Vorwort zur Kritik der Politischen Ökonomie* bilden, wo Marx sagt:

„Die Gesamtheit dieser Produktionsverhältnisse bildet die ökonomische Struktur der Gesellschaft, die reale Basis, worauf sich ein juristischer und politischer Überbau erhebt. . ."[2]

Im gleichen Zusammenhang beschreibt Marx diese Basis, besonders die politische Ökonomie als „Anatomie der bürgerlichen Gesellschaft."[3]

Ich werden im folgenden zu zeigen versuchen, daß diese Ansprüche bei Marx einen *metaphorischen* Status haben. Ich betrachte sie als bildliche Ausdrücke, mit welchen Marx ein Forschungsfeld, einen Interessebereich andeutet.

Ich verstehe sie weiter als Ausdruck einer historisch spezifischen Bindung an eine Abrechnung mit idealistischen Bewußtseinskonzepten aus dem Anfang von Marx' Verfasserschaft.

Marx weist in diesem Zitat aus dem Vorwort auf die besondere Stellung der ökonomischen Verhältnisse in der bürgerlichen Gesellschaft hin. Die Produktionsverhältnisse sind *politisch,* d. h. verbindend. Ein gesellschaftliches Verhältnis wird durch das Kapital bestimmt. In kapitalistischen Produktionsverhältnissen *totalisiert* die Ökonomie (d. h. das Kapital) die Gesellschaft. Das Kapitalverhältnis bewirkt eine umfassende Vergesellschaftung (Marx). So ist beispielsweise der Begriff ‚Kapital' nicht ausschließlich eine ökonomische Kategorie, sondern deckt via das Mehrwertverhältnis ein gesellschaftliches Verhältnis zwischen Kapital und Lohnarbeiter, also zwischen zwei Klassen.

Durch die geschichtlichen Bewegungen des Kapitalverhältnisses wird die Gesellschaft tendenziell totalisiert.

Von einem solchen Verständnis des Kapitalverhältnisses als prozessierend heraus entfaltet Marx die Kritik der politischen Ökonomie, teils in der oben erwähnten Schrift, teils in *Das Kapital. Kritik der politischen Ökonomie,* teils in den spät veröffentlichten *Grundrissen der Kritik der politischen Ökonomie,* überhaupt im ökonomiekritischen Textkorpus.

---

2 MEW 13, S. 8.

3 ebenda

Von einem solchen Verständnis des Kapitalverhältnisses heraus kann Marx die politische Ökonomie als Anatomie, als Basis der bürgerlichen Gesellschaft charakterisieren. Niemand wird deshalb behaupten wollen, das Wort ‚Anatomie' habe in der Marxschen Theorie den Status einer Kategorie erreicht – alle können dagegen unmittelbar den illuminierenden, metaphorischen Charakter des Begriffs verstehen.

Den gleichen begrifflichen Status haben ‚Basis' und ‚Überbau'.

Die beiden Wörter suggerieren ein Problemfeld; dieses betrifft die Art des Subsumtionsverhältnisses zwischen den direkt kapitalvermittelten (d. h. den durch Mehrwertproduktion vermittelten) Sektoren der kapitalistischen Produktionsweise und den übrigen Regionen der Gesellschaft, deren Subsumtionsform affirmativ, also nicht warenformal ist.

Wir haben nun Basis und Überbau durch den Terminus ‚Kapitalverhältnis' ersetzt und damit die Problematik entscheidend umformuliert. Mit dem Begriff des Kapitalverhältnisses sind auch das Verkehrungsmoment und das Verschleierungsverhältnis angegeben. *Kategorial* ist dieser entscheidende Zug der Durchführungsform der Produktionsweise schon im *Fetischcharakter* im ersten Kapitel des *Kapital* dargestellt. Diese ersten Analysen der Wertform weisen durch ihre implizite Konstitutionstheorie unmittelbar auf die Ungereimtheit der Basis/Überbau-Figur, auf ihren irreführenden Charakter hin.

2. Über die Kapitallogik

Schon jetzt ist klar, daß die Ersetzung des Basis/Überbau-Modells durch den Kapitalbegriff/die Kapitallogik und die verschiedenen Subsumtionsformen ein Abstandnehmen von Marxismen à la Naturdialektik (der Tradition des alten Engels) oder anderen universaldialektischen Diamaten bedeutet.

Implizit heißt das, daß sich die Marxsche Theorie nur über kapitalistische Produktionsverhältnisse kategorial präzis äußern kann, daß sie also *keine* universalhistorische Methode, nicht *die* Methode ist.

Die Marxsche Theorie ist durch ihr Thema definiert: die kapitalistische Gesellschaft.

Ihre begrifflichen Abstraktionen sind schon vom Kapital selbst real produziert, weshalb die Begriffe und Kategorien an die Kapitallogik und nicht an eine universalhistorische Immanenzontologie gebunden sind.

Die kapitalistische Gesellschaft ist die *notwendige* Voraussetzung für das Marxsche Denken.

Die Grundlage der Erkenntnistheorie ist die Vergesellschaftung des Kapitals.

Gegenüber dieser Tatsache werden die allgemeinen Postulate des Basis/Überbau-Modells kritisierbar, es ist natürlich keine Legitimierung, daß gerade die Hypostasierung der Dialektik, wie sie z. B. im Diamat formuliert wird, als offizielle Staatsideologie fungiert.

Die Basis/Überbau-Figur ist sowieso kritisierbar, da sie eine zentrale Tatsache verschleiert: der Hegelsche Begriff der *Totalität/Totalisierung* hat in der Marxschen Theorie einen Status. Es ist von Bedeutung, an diesem Status festzuhalten, um nicht das Spezifische in Marx' kritischem Projekt zu verschleiern. Der Begriff hat – bei Marx und in der Kritik der politischen Ökonomie – nur im Verhältnis zur Kapitallogik einen Sinn. Das Kapital als die totalisierende Kraft entwickelt sich durch die Aufhebung der naturgewachsenen Reproduktionslogik, welche die präkapitalistischen Gesellschaftsformen steuerte.

Es ist also erst in kapitalistischen Produktionsverhältnissen möglich, stringent und systematisch mit einer Beziehung, die begrifflich festgelegt und methodisch generalisiert werden kann, zwischen verschiedenen gesellschaftlichen Sektoren mit Ausgangspunkt in der politischen Ökonomie zu operieren.

Die Basis/Überbau-Figur kann daher einen entscheidenden Punkt der Marxschen Theorie nicht erfassen: der Geschichtsbegriff der Marxschen Theorie, wie er in der Kritik der politischen Ökonomie entwickelt wird, steht nur im Verhältnis zur kapitalistischen Gesellschaft, da sie eine Konstitutionstheorie (Wertlehre) und eine Geschichtstheorie (Reproduktionslehre) ist. Die Marxsche Geschichtskonzeption kann sich nur regional über prä- und postkapitalistische Phänomene äußern. Durch die Analyse des Werts kann sie die Wertabstraktion in ihren Keimformen logisch erfassen und rekonstruieren (vgl. die Warenanalyse in Bd. I); sie kann dies aber nur durch die reale Entfaltung der Abstraktionen in der politischen Produktionsweise, d. h. wenn die Abstraktionen in ein gesellschaftliches Verhältnis zum Begriff des Kapitals gebracht werden.

In der Übergangsgesellschaft kann sie die Notwendigkeit des Kampfes gegen das Wertgesetz als Inhalt des Begriffs der Diktatur des Proletariats registrieren und formulieren.

Sie kann sich nicht über den Kommunismus äußern, denn ihr kategorialer Aussageumfang ist durch das Wertgesetz festgelegt.[4]

---

4 Es ist hier nicht möglich, die geschichtsphilosophischen Aspekte der Kritik der politischen Ökonomie zu erläutern. Ich will hier an und für sich nur auf die Tri-

Es ist in diesem Zusammenhang nicht möglich, die Reichweite der Marxschen Theorie klarzulegen; interessierte Leser seien für nähere Angaben über meine Quellen auf die Bibliographie hingewiesen.

Die Darstellung wird hier notgedrungen äußerst skizzenhaft und postulatorisch. Sie ist als Positionsbestimmung, d. h. als Angabe des Standpunktes, von dem aus im weitern die elementaren Momente der Literatursoziologie untersucht werden sollen, zu betrachten.

Die Intention der Kritik der politischen Ökonomie ist es, die *allgemeine Entwicklungslogik* der kapitalistischen Gesellschaftsformen zu beleuchten, allgemeine Bestimmungen der Identität der kapitalistischen Gesellschaft als Kapitalismus zu entwickeln.

Die Marxsche Theorie ist eine begriffliche Reproduktion der wirklichen historischen Formen, die von den abstrakten Formen der gesellschaftlichen Lebensprozesse ausgeht – eine begriffliche Reproduktion, die gleichzeitig auf die Notwendigkeit der Kritik und der Emanzipation hinweist.

Das Thema der kritischen Untersuchung, der Kapitalismus, muß eine gewisse Stufe seiner Entwicklung erreicht haben, ehe eine begrifflich stringente Analyse möglich ist.

Ein sehr berühmtes Beispiel für Marx' Hinweis auf die Geschichtlichkeit der Erkenntnis sind die Bemerkungen über Aristoteles und die Wertproblematik am Ende des ersten Kapitels des *Kapital*.[5] Aristoteles kann zwar das Wertverhältnis (5 Polster = 1 Haus) aufstellen und erkennen, daß diese Gleichsetzung nur durch die eine oder andere Form von Kommensurabilität einen Sinn erhält, er vermag aber diese Gemeinsamkeit nicht herauszufinden. Durch die vorhergehende Analyse von Ware und Arbeit, die Marx

---

vialität hinweisen, daß die Voraussetzungen für die Kritik der politischen Ökonomie in der realen Existenz des Wertgesetzes liegen. Dieses kann erst formuliert und angewendet werden, wenn es real fungiert, d. h. wenn eine gesellschaftlich durchschnittliche Arbeit schon in die Produktionsweise aufgenommen ist. Vor dem Entstehen des Wertgesetzes schweigt die Kritik der politischen Ökonomie. Diese spezifische Marxsche Theorie ist eine Theorie der Gesellschaftsform des Kapitals.

Die Kritik der politischen Ökonomie ist also nicht für alles anwendbar. Daneben gibt es den Marxschen *Leitfaden* für das Studium der Gesellschaftsformen überhaupt: die Produktionsweise ist als Grundlage für alle solchen Studien zu betrachten; weiter eine theoretische Reflexion der Abschnitte über die vorkapitalistischen Produktionsweisen in den *Grundrissen . . .* , sowie ein theoretisches Verständnis der Marxschen Gedanken zu den Übergangssystemen, z. B. des Abschnittes über die sogenannte ursprüngliche Akkumulation im *Kapital*.

5 *Das Kapital Bd I,* MEW 23, S. 74.

vorgenommen hat, wissen wir, das „Haus stellt dem Polster gegenüber ein Gleiches vor, soweit es das in beiden, dem Polster und dem Haus, wirklich Gleiche vorstellt. Und das ist – menschliche Arbeit".[6]

Als Bedingung für die Kommensurabilität haben wir die abstrakte, menschliche Arbeit bestimmt. Warum kann Aristoteles nicht darauf kommen?

Marx deutet eine Antwort auf folgende Weise an: „Daß aber in der Form der Warenwerte alle Arbeiten als gleiche menschliche Arbeit und daher als gleichgeltend ausgedrückt sind, konnte Aristoteles nicht aus der Wertform selbst herauslesen, weil die griechische Gesellschaft auf der Sklavenarbeit beruhte, daher die Ungleichheit der Menschen und ihrer Arbeitskräfte zur Naturbasis hatte. Das Geheimnis des Wertausdrucks, die Gleichheit und gleiche Gültigkeit aller Arbeiten, weil und insofern sie menschliche Arbeit überhaupt sind, kann nur entziffert werden, sobald der Begriff der menschlichen Gleichheit bereits die Festigkeit eines Volksvorurteils besitzt. Das ist aber erst möglich in einer Gesellschaft, worin die Warenform die allgemeine Form des Arbeitsprodukts, also auch das Verhältnis der Menschen zueinander als Warenbesitzer das herrschende gesellschaftliche Verhältnis ist. Das Genie des Aristoteles glänzt grade darin, daß er im Wertausdruck der Waren ein Gleichheitsverhältnis entdeckt. Nur die historische Schranke der Gesellschaft, worin er lebte, verhindert ihn herauszufinden, worin denn ‚in Wahrheit' dies Gleichheitsverhältnis besteht."[7]

Wir kreisen hier um die *Kategorie ‚abstrakte Arbeit'*, also um den Doppelcharakter des Arbeitsprozesses als Arbeits- und Verwertungsprozeß.

Eine begrifflich stringente Analyse wird erst möglich, wenn die abstrakte Arbeit zum realen Organisationsmodus des Produktionsprozesses geworden ist und als solcher die Grundlage für den gesellschaftlichen Reproduktionsprozeß bildet; dieser ist der durch den Markt und die Konkurrenz vermittelte Zusammenhang.

Dies ist in der Produktionsform des Kapitals der Fall, wo die Arbeit in bezug auf ihre konkreten Bedingungen gleichgültig und somit real abstrahiert ist, weshalb sie begrifflich von diesen konkreten Voraussetzungen für menschliche Arbeit abstrahiert werden kann: „So entstehn die allgemeinsten Abstraktionen überhaupt nur bei der reichsten konkreten Entwicklung, wo Eines vielen Gemeinsam erscheint, allen gemein. Dann hört es auf, nur in besondrer Form gedacht werden zu können. . . . Dies Beispiel der Arbeit zeigt schlagend, wie selbst die abstraktesten Kategorien, trotz ihrer Gültigkeit – eben wegen ihrer Abstraktion – für alle Epochen, doch in der

---

6 ebenda
7 ebenda

Bestimmtheit dieser Abstraktion selbst ebensosehr das Produkt historischer Verhältnisse sind und ihre Vollgültigkeit nur für und innerhalb dieser Verhältnisse besitzen."[8]

Die Marxschen Kategorien sind also nicht verstanden, wenn man sie pointillistisch oder als lexikalische Fixa sieht. Sie können überhaupt nur als historisch und logisch entwickelte Kategorien, nicht jede für sich, sondern in gegenseitiger Abhängigkeit verstanden werden. Diese gegenseitige Abhängigkeit ist ein Kennzeichen der Marxschen Logik: der Gegensatz zwischen Gebrauchswert und Warenwert findet in der Preisform die Form, worin er sich bewegen kann. „Die Entwicklung der Ware hebt diese Widersprüche nicht auf, schafft aber die Form, worin sie sich bewegen können. Dies ist überhaupt die Methode, wodurch sich wirkliche Widersprüche lösen."[9]

Gleichzeitig habe ich auch die ontologischen Implikationen der Marxschen Theorie angedeutet: diese sind ökonomiekritisch reflektiert – nicht nur theoretisch, sondern real, weshalb die Marxsche Theorie *ontologiekritisch* ist: die Kritik der Versachlichung ist ein Beispiel für eine ontologiekritische Analyse, die auf einen verschleierten Inhalt, die gesellschaftlichen Produktionsverhältnisse, und somit auf die verkehrte Darstellung des gesellschaftlichen Werts aufmerksam macht.

Die Strukturen sind also keine immanenten Wesenszüge der Gegenstände, sondern die Darstellungsform von gesellschaftlichen Verhältnissen.[10]

Hierzu muß festgehalten werden, daß das bürgerliche Selbstverständnis ontologisierend und anthropologisierend ist, was schon in der Verschleierung der gesellschaftlichen Produktionsverhältnisse durch den Warenaustausch liegt.[11]

Eine Theorie, die sich wie die Kritik der politischen Ökonomie explizit kritisch zur bürgerlichen Selbstdarstellung verhält, ist deshalb auch gegenüber der *zirkulationssphärenbestimmten Naturalisierungstendenz der kapitalistischen Produktionsverhältnisse kritisch.*[12]

Die Analyse der allgemeinen Verlaufslogik des Kapitals nimmt in der

---

8 *Grundrisse,* S. 25.

9 *Das Kapital Bd. I,* MEW 23, S. 118.

10 Vgl. Hans-Jürgen Krahl, *Konstitution und Klassenkampf,* Frankfurt/M. 1971, S. 39 und 370.

11 Vgl. Rancières Diskussion der Jugendmanuskripte und des *Kapital* in *Der Begriff der Kritik und die Kritik der politischen Ökonomie von den „Pariser Manuskripten" zum „Kapital",* Berlin 1972.

12 Vgl. Krahls Erläuterungen, teils im Essay über die Marxsche Warenanalyse, teils in den Schulungskommentaren, a.a.O., S. 360f.

Kritik der politischen Ökonomie eine zentrale Stellung ein. Dieser abstrakte und allgemeine Kapitalverlauf wird, was das Gesamtkapital angeht, als Durchschlag des Wertgesetzes beschrieben.(Dazu das Konstitutionsverhältnis).

Eine kapitalistische Produktion ist gleichzeitig eine Akkumulation, womit sich das Kapitalverhältnis auf stets erweitertem Grund wiederholt. (Dazu die Geschichtstheorie).

Die Kritik der politischen Ökonomie konstituiert also eine immanente Logizität und keine historisch-konkrete Spezifität. Der allgemeine Begriff des Kapitals („das Kapital im allgemeinen“) ist ein entwicklungslogisches Muster für die kapitalistische Produktionsweise und damit für die bürgerliche Gesellschaft.

Der Begriff des Allgemeinen ist an die Wertbewegung und -abstraktion gebunden, mit welchen die Darstellungsproblematik der Marxschen Forschung verknüpft ist. Außerhalb dieser Wertabstraktion fällt die Forschungs-Darstellungsproblematik und damit der Begriff des Allgemeinen weg. Zurück bleiben Generalisierungen und Forschung.

Dies deutet zugleich an, weshalb Marx die kapitalistische Gesellschaft mit Ausgangspunkt in ihrer Ökonomie analysiert, weshalb die politische Ökonomie als Anatomie der bürgerlichen Gesellschaft bestimmt wird: im kapitalistischen Produktionssystem wird die Ökonomie vergesellschaftet.

Das Kapital ist seiner Natur nach *universell,* als zivilisatorisches Moment entwickelt es eine vielseitige Vergesellschaftung, die Ausdruck für den Durchschlag der politischen Ökonomie ist. „Die universelle Tendenz des Kapitals erscheint hier, die es von allen früheren Produktionsstufen unterscheidet. Obgleich seiner Natur nach selbst borniert, strebt es nach universeller Entwicklung der Produktivkräfte und wird so die Voraussetzung neuer Produktionsweise, die gegründet ist nicht auf die Entwicklung der Produktivkräfte, um einen bestimmten Zustand zu reproduzieren und höchstens auszuweiten, sondern wo die – freie, ungehemmte, progressive, und universelle Entwicklung der Produktivkräfte selbst die Voraussetzung der Gesellschaft und daher ihrer Reproduktion bildet; wo die einzige Voraussetzung das Hinausgehn über den Ausgangspunkt. Diese Tendenz – die das Kapital hat, aber die zugleich ihm selbst als einer bornierten Produktionsform widerspricht und es daher zu seiner Auflösung treibt – unterscheidet das Kapital von allen frühren Produktionsweisen und enthält zugleich das in sich, daß es als bloßer Übergangspunkt gesetzt ist.“[13]

Hierin liegt der geschichtliche und geschichtsgenerierende Charakter des Kapitals. Das Verständnis dieser universellen Tendenz des Kapitals wird für

---

13 *Grundrisse,* S. 438.

eine Literatursoziologie, die sich innerhalb der Kritik der politischen Ökonomie konstituieren will, wichtig. Es ist damit eine Prolematik angedeutet.

Ich habe hier für die Aufgabe des Basis/Überbau-Modells argumentiert. Gleichzeitig wurde das Kapitalverhältnis als Ausgangspunkt für erneute Manöver in einer bewußtseinssoziologischen Regie bestimmt. Als Ausgangspunkt dient die Tatsache, daß die Marxsche Theorie kein Globalindex ist, sondern eine Wesens-Logizität angibt. Insofern hier nach den Grenzen der Kapitallogik gefragt wird, stellt sich eine Reihe von Problemen zum Verhältnis zwischen der Kritik der politischen Ökonomie und der elementaren Literatursoziologie. Ich will im folgenden versuchen, diese anzudeuten.

3. Über Literatursoziologie und das Kapitalverhältnis

Eine Literatursoziologie, die sich optimal zur Kritik der politischen Ökonomie verhalten will, muß sich innerhalb der verschiedenen analytischen Niveaus der Theorie definieren.

In den zwei ersten Bänden des *Kapital* behandelt Marx den *allgemeinen Begriff des Kapitals* (I: mit besonderem Hinblick auf den unmittelbaren Reproduktionsprozeß; II: mit Hinblick auf Reproduktion und Zirkulation). Der dritte Band beschäftigt sich mit den *notwendigerweise produzierten Erscheinungsformen* (z. B. der Erscheinungsform des Mehrwerts als Profit, der des Gesamtkapitals in Gestalt der zahlreichen, untereinander konkurrierenden Einzelkapitalien, usw.).

Keiner der drei Bände enthält eine durchgeführte Analyse einer historisch spezifischen „Situation".

Die kapitalistische Gesellschaft schließt sowohl die allgemeinen Wesensbestimmungen, deren Erscheinungsformen wie auch die Spezifikationen des historischen Verlaufs in einem bestimmten Land zu einer bestimmten Zeit ein. Eine Realanalyse umfaßt somit ein grundlegendes Verständnis der logischen Strukturen der Entwicklungsgesetze und Tendenzen des Gesamtkapitals, sowie ein Verständnis der für dieses Gesamtkapital notwendigen Erscheinungsformen, d. h. ein Verständnis des gegenseitigen gesetzmäßigen Verhältnisses der einzelnen Kapitalien. Diese Logizität ist die Voraussetzung für die Analyse einer spezifischen regionalen Entwicklung, für eine Analyse, die die Verschleierungen der konkreten historischen Erscheinungsformen durchdringen kann.[14]

---

14 Zum Begriff des Gesamtkapitals oder des Kapitals im allgemeinen siehe beson-

Es ist wichtig, diese drei Momente der analytischen Praxis festzuhalten. Damit ist weiter unterstrichen, daß die Kritik der politischen Ökonomie keine spezifischen Antworten geben kann. Sie ist kein Globalindex. Sie stellt eine Forschungslogik bereit, welche die *innere Struktur* der bestehenden Gesellschaft in den historischen Bedingungen analysiert.

Wird an den historischen Erscheinungsformen als dem Gegenstand der Analyse festgehalten, so muß ein Forschungsverfahren, das sich selbst als Realanalyse im Verhältnis zur Kritik der politischen Ökonomie versteht, sowohl die Analyse des Wesens als auch der Erscheinungsformen umfassen (diese systematisch *und* konkret). Diese mit der Realanalyse verbundenen Fragen sollen im folgenden spezifiziert werden:

Die Marxsche Theorie äußert sich kategorial präzis darüber, was man als kapital*interne* Verhältnisse bezeichnen könnte (d. h. über die Elemente des produktiven Kapitals, die Gesetze und Tendenzen der Produktionsweise und das Verhältnis zwischen den einzelnen Kapitalien). Von Marx selbst ist die Theorie begrifflich und kategorial am stärksten um den Produktionsprozeß entwickelt.

In bezug auf kapital*externe* Verhältnisse ist die Theorie kategorial gesehen weniger ausgeführt.

Den kapitalinternen und kapitalexternen Verhältnissen ist ihre Bestimmung durch die historische Durchschlagsbewegung der politischen Ökonomie gemeinsam, ihre Zuordnungs- und Vermittlungsverhältnisse sind jedoch selbstverständlich verschieden.

Diese Subsumtionsfähigkeit des Kapitals ist durch den Marxschen Warenbegriff in den kapitalinternen Verhältnissen (Warenproduktion, Arbeitskraft als Ware) bestimmt. Für die kapitalexternen Verhältnisse müssen Kategorien und Begriffe geschaffen werden, die durch die kapitallogischen Bestimmungen festgelegt sind und die kapitalexternen Sektoren, die warenformal nicht subsumiert sind, in ihrer Entwicklung erklären zu können.[15]

Als Voraussetzung für die Analysen geht Marx im *Kapital* davon aus, daß die Faktoren, die für die Reproduktion des Kapitalverhältnisses notwendig sind und als kapitalextern definiert werden müssen (z. B. die allgemeine Entwicklung der Qualifikation der Arbeitskräfte), real vorausgesetzt werden können.

---

ders Rosdolsky, *Zur Entstehungsgeschichte des Marxschen „Kapital“*, Frankfurt/M. 1969.

15 Vgl. Hans Jørgen Schanz: „Es kann sich im folgenden als sinnvoll erweisen, mit einer in erster Linie funktionellen Distinktion zwischen folgenden Momenten in der bürgerlichen Gesellschaft zu operieren:

a) Der explizite Kapital-Zirkulant-Kreislauf, der sämtliche Kapitalelemente in

Einige der nicht direkt kapitalinternen Momente sind für die Reproduktion des Kapitalverhältnisses notwendig.

Sie gehören zu den allgemeinen Reproduktionsbedingungen des Kapitalverhältnisses, das immer historisch konkret analysiert und begriffen werden muß.

Solche kapitalexterne Sektoren müssen natürlich Kategorien entwickeln, welche die Formsubsumtion des Kapitals auf diesen Gebieten reflektieren können.

In dem Maß, wie Begriffe von analytischem Charakter wie ‚kapital*intern*' und ‚kapital*extern*' berührt werden, stellt sich auch die Frage nach den Grenzen der Dialektik und der Kapitallogik, d.h. ihrer *Umfangsgültigkeit*.[16]

---

der Produktion und Reproduktion eines Kapitals umfaßt: Produktion – Zirkulation – Konsumtion, oder die Totalität der Gebiete in der bürgerlichen Gesellschaft, die direkte Träger der Einheit in den drei Kreisläufen sind, welche Marx am Anfang des zweiten Bandes darstellt (die Einheit der Kreisläufe des Waren-, Geld- und Produktionskapitals).
b) Die Momente, die außerhalb der obenstehenden Gebiete (a), aber innerhalb der bürgerlichen Gesellschaft als Totalität, liegen. Diesen Momenten ist gemein, daß sie Systeme für die Produktion und Konstitution von indirekt kapitalsichernden Produktions- und Reproduktionsbedingungen bilden.

Selbst wenn die Warenform der Arbeitskraft die Garantie für die Perpetuierung der simplen Reproduktion der kapitalistischen Produktionsformen durch die kapitalistische Produktionsweise darstellt, ist die Warenform der Arbeitskraft keineswegs eine hinreichende (obschon entscheidende) Instanz für die Aufrechterhaltung der kapitalistischen Produktion. In hohem Grad sind eine Reihe von Systemen, die hier unter (b) subsumiert sind, notwendig für die Aufrechterhaltung und Funktionalität des Kapitals, ohne im unmittelbar wertmäßigen (besser: kapitalmäßigen) Kreislauf integriert zu sein. Der bürgerliche Staat steht als Organisator der meisten dieser Systeme. Die Begründung für diese Distinktion ist doppelt: sie erleichtert den theoretischen Zugang zur Empirie in einer Realanalyse eines konkreten historischen Total-Kapitals. Darüber hinaus gibt sie an, daß für das Stattfinden der direkten Kapitalproduktion eine Menge kapitalexterner Systeme notwendig sind. Die Logizität dieser Systeme ist immer historisch spezifisch, da es (außer als schlechte Philosophie) keinen identitätsphilosophischen Totalisierungsmodus für das Kapital gibt. Der Ausbildungssektor macht in vielen Hinsichten ein solches System aus: selbst wenn die unmittelbare kapitalistische Produktion (durch die Warenform der Arbeitskraft, welche durch die Lohnarbeit festgehalten ist) die Reproduktion der kapitalistischen Formbedingungen sichert, so ist es mit den identischen Formen nicht zureichend, daß hier Kapital produziert werden kann. Die gegebenen und notwendigen Qualifikationsstrukturen der Arbeitskraft werden gewöhnlich nicht in der unmittelbaren Kapitalproduktion hervorgebracht, es werden beim Eintritt in den Produktionsprozeß eine lange Reihe von Qualifikationspotenzen vorausgesetzt." *Arbejdspapirer om videnskab og kapital. Studenterrådets årsberetning 1972–73*, S. 93f.

16 Mit entschlossener Betonung von Hans Jørgen Schanz in seinem epochemachen-

Dieses Problem, das natürlich unmittelbar die Literatursoziologie angeht, kann vorerst dahingehend schematisiert werden, daß es eine Präzisierung des Dialektikbereichs und des *Begriffs der Totalität* umfaßt. Ich werde diese Problematik im folgenden skizzieren.

Das Dialektikverständnis der neueren Marxforschung unterscheidet sich wesentlich von postmarxistischen Theorien, indem es die Grenzen der Dialektik, d. h. die Umfangsgültigkeit betont. Sie steht einer althergebrachten marxistischen Theoriekonzeption gegenüber, die von der Tradition der universaldialektischen Aspiration des alten Engels bestimmt ist. Diese dialektische Konzeption bezeichnen wir im folgenden als *identitätslogisch,* d. h. als Position, die eine apriorische und pandialektische Struktur des Bewußtseins, der Gesellschaft und der Naturprozesse geltend macht. Diese natur- oder pandialektische Konzeption ist ahistorisch und formal.

Auf der anderen Seite steht eine Tradition mit Ausgangspunkt in Georg Lukács' *Geschichte und Klassenbewußtsein,* deren wichtigste Inspiration Rosdolskys Arbeit am Grundrisse-Text war. Diese Konzeption versteht die Dialektik als Bewegungsform, die direkt und explizit mit der Spezifität ihres Gegenstandes verknüpft ist. Sie ist untrennbar mit dem *Wertgesetz* verbunden, welches eine historisch spezifische Form der Steuerung der gesellschaftlichen Produktion im Kapitalismus darstellt.

Während die erste Tradition eine universalhistorische Konzeption der Dialektik geltend macht, geht die zweite von einer restringierten aus, welche die Dialektik an spezifische, objektive Rationalitätsverhältnisse in der kapitalistischen Produktion bindet.

Die Dialektik ist die notwendige Form einer bestimmten Tatsache, eine Vermittlungsform von privater und öffentlicher Arbeit; sie ist deshalb mit einer gesellschaftlichen Vernunft als aposteriorische Regulierung hinter dem Rücken der individuellen Arbeitsprozesse identisch.[17]

Wird diese Auffassung, die hier natürlich postulatorischen Charakter hat, als richtig betrachtet, bedeutet dies, daß die Umfangsgültigkeit der Dialektik festgesetzt ist. Im Bereich der Dialektik (oder Kapitallogik) erweist es sich als sinnvoll, mit Begriffen wie ,*Wesen*' und ,*Erscheinungsform*' zu arbeiten. Außerhalb dieses Gebiets stellen sie einen identitätslogischen Ansatz dar, der auf einer sowohl *subjektiven* (bewußtseinsmäßigen) wie *objektiven Dialektik* beruht, die natürlich für Literaturwissenschaftler und Literatursoziologen verlockend ist.

---

den Buch *Til rekonstruktionen af kritikken af den politiske økonomis omfangslogiske status,* Århus 1973, zur Sprache gebracht.

17 Siehe Hans Jørgen Schanz, a.a.O.; ferner Ole Marguardt, *Om nogle problemer ved*

Da die Marxsche *Darstellungsform* zugleich untrennbar mit der Dialektik verbunden ist, gehören Untersuchungen außerhalb der Umfangsgültigkeit der Dialektik gezwungenermaßen nicht mehr zum Forschungsbereich der Marxschen Theorie.

Als nächste Präzisierung der Literatursoziologie im Verhältnis zur Marxschen Theorie muß der *Totalitätsbegriff* verdeutlicht werden.

Seine emphatische Anwendung im Postmarxismus hat ihre Ursprung in Georg Lukács' *Geschichte und Klassenkampf,* wo dieser den Totalitätsbegriff als ultimativ für jede marxistische Forschung geltend macht. Der Begriff ist bei Lukács methodisch von entscheidender Bedeutung, da er eine bestimmte Forderung nach einem Zusammenhang hervorhebt: ein jedes Element der Gesellschaft ist, so wird behauptet, ein Teil der Totalität und wird durch sie bestimmt, womit der Teil ein historisches Resultat ist.

Mit diesem Begriff der Totalität fällt Lukács in pandialektische Positionen zurück, die er sonst in *Geschichte und Klassenbewußtsein* kritisiert. Welche Gültigkeit dürfen wir dem Begriff zumessen? Marx selbst löst das Problem durch die Anwendung der Begriffe ‚*Gesamtheit*' und ‚*Totalität*'. Die Gesamtheit ist für die Forschung unmittelbar gegeben, die Totalität ist eine wesenslogisch bedingte Totalisierung. Der Totalitätsbegriff ist mit dem Subsumtionspotential der Wertbewegung verknüpft. Mit anderen Worten: die Totalität ist – ausschließlich – mit den zu einem bestimmten Zeitpunkt warenformal subsumierten Verhältnissen identisch. Wie schon angedeutet, zeigt dieses Verhältnis, daß die Totalisierung progredierend ist, was aber nicht zusammenfällt mit der Behauptung, sie sei allumfassend – (einem identitätslogischen Standpunkt).

Die Totalität ist also umfangslogisch nicht mit der Gesellschaft als solcher, der ganzen Gesellschaft identisch.

Bei Marx ist der Totalitätsbegriff ein Produkt der *Darstellung,* nicht der Ausgangspunkt der Forschung. Sie ist ein Resultat, und nicht die Voraussetzung der Erkenntnis. Bewegen wir uns außerhalb dieses in der Kritik der politischen Ökonomie subsumtionslogisch bestimmten Feldes, können wir es einzig mit materialistischen, aber politökonomisch orientierten Forschungsformen bearbeiten.

In erster Linie sind diese Unterschiede analytisch bestimmt durch die Verschiedenheit zwischen kapital*internen* und *-externen* Sektoren der Gesellschaft. Der Forschungsbereich der Literatursoziologie ist im kapitalexternen Sektor lokalisierbar.

---

en videnskabsteori, Århus 1973 und Helmuth Reichelt, *Zur logischen Struktur des Kapitalbegriffs bei Marx,* Frankfurt/M. 1970.

4. Über die Marxsche Forschungslogik und die Literatursoziologie

Was ich bisher angedeutet habe, sind *teils* Bestimmungen in kapitalinternen Sektoren, *teils* solche in denjenigen kapitalexternen Sektoren der Gesellschaft, die notwendige Voraussetzungen und Bedingungen für die Reproduktion des Kapitals sind (z. B. das Vorhandensein von qualifizierter Arbeitskraft in Warenform auf dem Markt).

Es gibt aber kapitalexterne Sektoren, die sich nur in begrenztem Umfang in ein Verhältnis zu den kapitalexternen, aber für das Gesamtkapital notwendigen Reproduktionsbedingungen bringen lassen. Ein solches Gebiet ist die Literatursoziologie.

Damit wird unmittelbar klar, daß nicht von einem *direkten* Verhältnis zwischen den Bestimmungen der Marxschen Theorie und der bürgerlichen literarischen Produktivität und Konsumtion die Rede ist.

Die Literatur gehört zu den kapitalexternen gesellschaftlichen Sektoren, die für die Reproduktion des Kapitalverhältnisses *nicht* (absolut) notwendig sind.

Sie ist es zwar für die Einzelkapitalien in der Buchproduktion, aber sie ist nicht notwendig, geschweige denn eine Voraussetzung für die Reproduktion des Gesamtkapitals.

Diese Problematik ist zentral für eine Literatursoziologie, die von der Kritik der politischen Ökonomie ausgeht.

Die Marxsche Forschungslogik als Basis für die literatursoziologischen Bestimmungen ist wichtiger als die diversen verstreuten Bemerkungen von Marx und Engels über Literatur.[18]

Eine Aufarbeitung dieser Probleme hat sich hierzulande erst in den letzten Jahren entwickelt.

Diese kategorialen Überlegungen betreffen das eigentliche Thema der Literatursoziologie – nicht in identitätsphilosophischem, sondern spezifisch historischem Verstand: welche Elemente enthält der bürgerliche Begriff ‚Literatur'; was bestimmt diese Konstituenten im Literaturbegriff; welche bewußtseinsmäßigen, institutionellen und klassenmäßigen Relationen sind maßgebend für den bürgerlichen Kunstbegriff, usw.?

Alle diese Fragen sind besonders relevant. Man kann aber nicht sagen, sie seien grundlegend beantwortet worden, und das wird auch in diesem Essay nicht der Fall sein. Sie *müssen* aber gelöst werden, wenn eine Literatursoziologie imstand sein soll, präzise Fragen zu stellen. Es handelt sich hier im eigentlichen Sinn des Wortes um *elementare* Problembereiche.

18 Z. B. die Ausgabe in zwei Bänden von Marx und Engels, *Über Kunst und Literatur,* Berlin 1968.

Hinzu kommt, daß eine Literatursoziologie nur in Verbindung mit der Entwicklung und als Moment einer Bewußtseinssoziologie einen Sinn hat.

Eine materialistische Literatursoziologie muß eine Reihe Probleme berühren, die die bürgerliche Soziologie gewöhnlich vernachlässigt. Es gilt, die politisch-ideologische Funktion der Literatur in der bürgerlichen Gesellschaft zu erklären und zu beleuchten. Eine marxistische Literaturkritik/-soziologie, die von einer Marxkonzeption wie in diesem Essay ausgeht, kann nicht positiviert werden, sondern muß die bürgerliche Literatur als kapitalistisch kritisieren. Ferner müssen die grundlegenden Phänomene des literatursoziologischen Bereichs beleuchtet werden: es gilt, die Naturalisierungskategorien der bürgerlichen Literaturforschung zu durchbrechen, die Genesis der Werkform und somit der Literarität zu untersuchen, die Entstehung und Funktionsarten der literarischen Institutionen zu erklären, die Veränderungen der bürgerlichen Literatur in der Geschichte der bürgerlichen Gesellschaft zu analysieren, ihre inhaltliche Bindung an die bewußtseinsmäßigen Implikationen der Zirkulationssphäre zu verstehen, die Unterordnung der Literatur unter die Kapitalverwertung und ihre damit verbundene Veränderung zur Bewußtseinsindustrie zu bestimmen usw.

Eine Literatursoziologie muß versuchen, den gesellschaftstheoretischen Begründungszusammenhang, der in der kapitalistischen Produktionsweise für die literarische Produktivität gilt, zu verstehen und darzustellen. Letzteres ist natürlich notwendig, wenn die bürgerliche Literatur in ihrer historischen Bestimmtheit und Veränderung verstanden werden soll.

Es gilt somit, an einer Reihe Bestimmungen festzuhalten, die für gewöhnlich nicht berücksichtigt werden, wo nur Teilelemente wie die Verfasserschaft oder das einzelne Werk zur Behandlung kommen und wo die *Privatheit der literarischen Produktion* (wie auch die *Privatheit der Konsumtion*) als Voraussetzung für die Analyse hingenommen werden muß.

Die literatusoziologische Reflexion will als *elementare* Literatursoziologie aufzuzeigen versuchen, wie sich diese Privatheit zusammensetzt.

Eine solche begriffliche Aufzeichnung der allgemeinen Bedingungen bürgerlicher Literatur kann die spezifische historische Logizität, an welche sie gebunden ist, darstellen, d. h. sie kann die historischen Veränderungen als Formen der grundlegenden inneren Struktur der literarischen Produktion und Konsumtion analysieren, deren Konstitutionszusammenhang in den bürgerlichen Produktionsverhältnissen gegeben ist.

Der Begriff ‚allgemeine Verhältnisse‘ hat für die Literatur die Bedeutung von ‚reell‘ oder ‚normal‘ und darf nicht im Sinn der Kapitalanalyse verstanden werden.

5. Über die Marxsche Logik als kritische formgenetische Rekonstruktion

> Die Arbeit, um die es sich zunächst handelt, ist *Kritik der ökonomischen Kategorien* oder, if you like, das System der bürgerlichen Ökonomie kritisch dargestellt. Es ist zugleich die Darstellung des Systems und durch die Darstellung Kritik desselben.
> Marx, Brief an Lasalle, 1858[19]

Ich habe bisher mehrmals hervorgehoben, daß die Marxsche Kritik von einer formgenetischen Rekonstruktionsintention getragen ist.

Das Verhältnis zwischen Kritik und Rekonstruktion (Marx: „Darstellung") ist nicht äußerlich vermittelt, sondern inwendig bedingt: der Ausdruck der Kritik ist die Rekonstruktion und diese ist in sich selbst kritisch.

Der Marxsche Kritikbegriff ist somit weder moralistisch noch reduktionistisch.

Der Kritikbegriff der Marxschen formgenetischen Rekonstruktion ist durch eine *Reallogik* bestimmt, also durch die Tatsache, daß diese Gesellschaft eine formgenetisch-realabstrahierende Wirklichkeit mit sich führt, die sich selbst in verkehrter und verschleierter Form darstellt. Die Reallogik bedingt die Marxsche Darstellungsform.

Die Marxsche Theorie rekonstruiert das gesellschaftliche Wesen hinter und in seiner verkehrten Erscheinung und erklärt zugleich die Verkehrungsformen als notwendige Momente in der Produktionsweise.[20] Diese Problematik wird schon in der Warenanalyse selbst deutlich. Die Untersuchung geht von der Form 'x Ware A = y Ware B' (z.B. 10 Ellen Leinen = 1 Mantel) und somit davon aus, daß die Wertform der Ware A gleich der Naturalform der Ware B ist, daß also der abstrakte, als Tauschwert erscheinende Wert sich in die Gebrauchswert-Gestalt der anderen Ware verwandelt.

Diese absurde Formel setzt Gleichheitszeichen zwischen Gegensätzen. Diese Identität von Widersprüchen ist nur möglich, weil eine Form (B's Naturalform) zur Erscheinungsform ihres Gegensatzes (des Werts), d.h. der gesellschaftlichen Arbeit, wird. Sobald die gesellschaftliche Arbeit also ausgedrückt wird, verwandelt sie sich in einen Gegenstand, in die Naturalform der Ware B, wodurch die gesellschaftliche Arbeit verdeckt, versachlicht wird. Die Absurdität löst sich in dem Augenblick auf, in dem die Erklärung nicht in ihr selbst (der Zirkulation), sondern außerhalb gesucht wird. Wird die Gleichung nun als eine durch die Abwesenheit der Erklärung bestimmte Relation betrachtet, kann Marx' Analyse des *Doppelcharak-*

19 MEW 29, S. 550.
20 Vgl. hier wieder Krahls Untersuchung der Marxschen Warenanalyse, sowie Rancière.

ters der Arbeit ihre Irrationalität auflösen, indem die Arbeit zugleich konkret, privat (Arbeitsprozeß) und abstrakt gesellschaftlich (Verwertungsprozeß) ist.

Von dieser Doppelheit aus kann Marx die Gleichung problematisieren: der Doppelcharakter der Arbeit ist das Resultat eines gesellschaftlichen Prozesses, der Trennung von Produzent und Produktionsmittel, d. h. der Entstehung der Lohnarbeit.

Die fehlende Erklärung, zu der uns Marx' Analyse zurückführt, sind die gesellschaftlichen Produktionsverhältnisse.

Also: die gesellschaftlichen Prozesse manifestieren sich in einem Verhältnis zwischen ökonomisch bestimmten Dingen (Waren), wobei dieser Zusammenhang zugleich verschleiert wird. Dies gilt selbstverständlich nur für die in Wertform oder warenformal vermittelten Bereiche.

Marx beginnt seine Analyse mit der Zirkulation, geht aber, um ihre Verschleierungen und Irrationalitäten aufzulösen und zu erklären, weiter zur Produktion.

Gleichzeitig werden die Möglichkeiten und die Notwendigkeit der Verschleierungen rekonstruiert.

Diese Analyselogik kann mit anderen Begriffen, die ich früher angewendet habe, formuliert werden: in der Zirkulation *erscheint* das gesellschaftliche *Wesen* gezwungenermaßen verschleiert.

Diese maßgebende Unterscheidung der Marxschen Theorie bestimmt kein zufälliges Verhältnis zwischen Wesen und Erscheinungsformen, sondern eine notwendige, gesetzmäßige Relation.

Es muß weiter gesehen werden, daß das Wesen nicht in sich selbst zugänglich, sondern nur durch sein verkehrtes Erscheinen begreifbar ist.

Hinter dem verkehrten Erscheinen versteckt sich ein gesellschaftliches Wesen, dessen Inhalt ein Zwangsverhältnis, dasjenige zwischen Lohnarbeit und Kapital ist. Dieses wird jedoch von den Fetischierungen und Ideologisierungen der Zirkulation verdeckt. Damit ist die erste Verbindung zwischen dem Kritik- und dem Rekonstruktionsbegriff hergestellt.

Wenden wir uns nun den geschichtlichen Aspekten der Kritik der politischen Ökonomie zu, werden folgende Bestimmungen deutlich:

Die präkapitalistischen Produktionsverhältnisse haben eine andere Geschichte. Die geschichtlichen Bewegungen sind regional und zufällig. Mit der kapitalistischen Produktionsweise entsteht eine *Weltgeschichte,* eine dynamische und akzelerierende Bewegung, welche durch die Kapitalakkumulation bestimmt ist.

Trotzdem bezeichnet Marx diesen ganzen Zeitraum als *Vorgeschichte* der Menschheit. Wir leben also in der Vorgeschichte.

„In großen Umrissen können asiatische, antike, feudale und modern bürgerliche Produktionsweisen als progressive Epochen der ökonomischen Gesellschaftsformation bezeichnet werden. Die bürgerlichen Produktionsverhältnisse sind die letzte antagonistische Form des gesellschaftlichen Produktionsprozesses, antagonistisch nicht im Sinn von individuellem Antagonismus, sondern eines aus den gesellschaftlichen Lebensbedingungen der Individuen hervorwachsenden Antagonismus, aber die im Schoß der bürgerlichen Gesellschaft sich entwickelnden Produktivkräfte schaffen zugleich die materiellen Bedingungen zur Lösung dieses Antagonismus. Mit dieser Gesellschaftsformation schließt daher die Vorgeschichte der menschlichen Gesellschaft ab."[21]

Eine Wissenschaft, die von den Marxschen Bestimmungen ausgeht, ist notwendigerweise kritisch.

Die Kritik ist durch das Thema dieser Wissenschaft festgesetzt. Jede Wissenschaft ist ein Moment in der Aufhebung der Vorgeschichte – oder sie stellt ein Glied in ihrer Reproduktion dar. Es gibt keine unschuldigen Wissenschaften.

Wird nun der Marxsche Begriff der Geschichte als Vorgeschichte der Menschheit mit den Verschleierungs- und Verkehrungsmechanismen, wie ich sie oben angetönt habe, kombiniert, so ist eine wissenschaftliche Darstellung nur als Kritik und Erklärung dieser Verkehrungen und Verschleierungen möglich.

Dies gilt auch außerhalb der warenvermittelten Bereiche, wo diese Phänomene im Durchschlag der Kapitallogik und der Sozialisation als Ideologie deutlich werden.

Die Marxsche Theorie konstituiert die Kritik nicht moralisch, sie wird genausowenig individuell oder anthropozentrisch legitimiert.

Der Marxsche Kritikbegriff wird real, nämlich im spezifischen vorgeschichtlichen Charakter der Produktionsverhältnisse begründet, d. h. in den inneren Gegensätzen und dem transitorischen Charakter der fortschreitenden Produktionsweise. Hiermit wird die Kritik untrennbar mit dem Kapitalismus verbunden. Die Objekte der Darstellung beinhalten einen Widerspruch.

Die Marxsche Theorie ist eine kritische formgenetische Rekonstruktion der kapitalistischen Gesellschaft und ihrer Bewegungsgesetze.

Marx beschreibt die Ware in theologisierenden Wendungen: sie ist ein sinnlich-übersinnliches Ding (d. h. empirisch ein Gebrauchsgegenstand mit einer nicht-empirischen, d. h. übersinnlichen Einheit, dem Wert, den gesellschaftlichen Produktionsverhältnissen). Also eine ironische Bestimmung der

21 MEW 13, S. 9.

Ware als metaphysischen Gegenstand. Sie impliziert, daß die *Wirklichkeit in sich selbst spekulativ ist, sich selbst verschleiert und in mystifizierenden Formen darstellt. Man kann deshalb nicht unmittelbar an der Erscheinungsform der Wirklichkeit erkennen, wie sie fungiert* – oder mit Marx' Formulierung: „Es steht daher dem Wert nicht auf der Stirn geschrieben, was er ist. Der Wert verwandelt vielmehr jedes Arbeitsprodukt in eine gesellschaftliche Hieroglyphe. Später suchen die Menschen den Sinn der Hieroglyphe zu entziffern, hinter das Geheimnis ihres eignen gesellschaftlichen Produkts zu kommen, denn die Bestimmung der Gebrauchsgegenstände als Wert ist ihr gesellschaftliches Produkt so gut wie die Sprache. Die späte wissenschaftliche Entdeckung, daß die Arbeitsprodukte, soweit sie Werte, bloß sachliche Ausdrücke der in ihrer Produktion verausgabten menschlichen Arbeit sind, macht Epoche in der Entwicklungsgeschichte der Menschheit, aber verscheucht keineswegs den gegenständlichen Schein der gesellschaftlichen Charaktere der Arbeit. Was nur für diese besondre Produktionsform, die Warenproduktion gültig ist, daß nämlich der spezifisch gesellschaftliche Charakter der voneinander unabhängigen Privatarbeiten in ihrer Gleichheit als menschliche Arbeit besteht und die Form des Wertcharakters der Arbeitsprodukte annimmt, erscheint, vor wie nach jener Entdeckung, den in den Verhältnissen der Warenproduktion Befangenen ebenso gültig, als daß die wissenschaftliche Zersetzung der Luft in ihre Elemente die Luftform als eine physikalische Körperform fortbestehn läßt."[22]

Der Charakter einer kritischen Wissenschaft liegt deshalb in der Erklärung des Fetischismus und seiner strukturellen Notwendigkeit, womit sie die Form des gesellschaftlichen Charakters der Arbeit aufzeigt.

Ferner deckt sie die antagonistischen Formen auf, in denen sich das Kapital totalisiert. In diesem Sinn ist von einer kritischen formgenetischen Rekonstruktion die Rede.

Die Entwicklung der bürgerlichen Produktion schafft, wie im *Kapital* gezeigt wird, Formen, in denen sich der erste Gegensatz, der Doppelcharakter der Ware und der Arbeit, bewegen kann; dazu gehören auch Formen der nicht-wertvermittelten Reproduktion. Das Ziel der Analyse muß es sein, zu zeigen, wie diese Reproduktionsbedingungen im Akkumulationsverlauf affirmativ und somit ein Moment des Klassen- und Ideologiekampfes werden.

Eine Literatursoziologie, die von der Darstellung und der Forschungslogik der Kritik der politischen Ökonomie ausgeht, muß deshalb auch eine kritische Wissenschaft sein.

---

22 *Das Kapital Bd. I,* MEW 23, S. 88.

Also: eine Literatursoziologie muß über die unmittelbaren literarischen Formen hinaus treten, um ihre Entstehung aufzuzeigen und die literarische Produktion im historischen Entwicklungsverlauf der kapitalistischen Gesellschaft, d. h. ihrer Kapitalakkumulation zu analysieren.

6. Über die Marxsche Forschungslogik und die Literatursoziologie. Ein Beispiel: Georg Lukács in „Die Linkskurve"

In diesem Abschnitt sollen die obigen theoretischen Überlegungen des Verhältnisses zwischen der Marxschen Darstellung und der Literatursoziologie durch eine Diskussion von Lukács' theoretischen Positionen in den Artikeln in der Zeitschrift „Die Linkskurve" konkretisiert werden.

Am Beispiel von Lukács' Pandialektik und Positivierung der marxistischen Literaturkritik sollen Grenzen und Umfang des Verhältnisses zwischen Kapitallogik und Ästhetik, überdies der politische Kampf diskutiert werden.

Ich gehe in erster Linie vom Artikel *Tendenz oder Parteilichkeit?* aus.[23] Das Problem in diesem Artikel ist die bornierte Unterscheidung der bürgerlichen Ästhetik zwischen *Kunst* auf der einen Seite als Bereich für sich und *Tendenz* als gesellschaftlicher, moralischer Haltung außerhalb der Kunst; Gesellschaft wird hier (im Verhältnis zur Kunst) zu einer abgetrennten Sphäre.

Seit Beginn der bürgerlichen Ästhetik finden wir eine Theorie von der „reinen Kunst". Die Gegenüberstellung von Kunst und Nicht-Kunst liegt in der Konstitution des bürgerlichen Kunstwerks, in seiner immanenten Sozialität.

Aber erst in einem entwickelten Kapitalismus, d. h. erst mit dem Auftreten des Proletariats auf der historischen Bühne als Klasse von politisch organisierten Lohnarbeitern erhält die innewohnende Polarität die Form einer engen Gegenüberstellung zwischen „Tendenz" und „reiner Kunst", d. h. zwischen Nicht-Kunst und Kunst.

Die folgende Debatte über Kunst und Nicht-Kunst ist nicht primär theoretisch. Die Erkenntnisinteressen, welche sie tragen, sind nicht in erster Linie an eine Erkenntnisaspiration im Verhältnis zum künstlerischen Gegenstand gebunden. Das Interesse ist politisch-praktisch: die literarische Institution (vgl. darüber später) ist als solche in der bürgerlichen Gesellschaft ein Glied in der Klassenherrschaft und deshalb, von einem revolutionären

23 Georg Lukács, *Tendenz oder Parteilichkeit? Die Linkskurve IV/6 (1932);* hier zitiert nach G. L., *Schriften zur Literatursoziologie* (hrsg. v. Peter Ludz), Neuwied 1961.

Standpunkt gesehen, politisch kritisierbar. Das eigene Interesse des Proletariats an dieser Problematik ist mit den Bestrebungen verflochten, eine proletarische Kulturpolitik, u. a. auch eine klassenbewußte Literatur zu schaffen. Selbst wenn der Tendenzbegriff einleuchtenderweise relativ ist und nicht die bestehende, sondern nur die oppositionelle Tendenz als solche bezeichnet werden kann, ergibt sich eine Reihe entscheidender Probleme für die Ausarbeitung einer proletarischen Kulturpolitik, die sich praktisch besonders in den 1920er Jahren stellten:

a) Ist die traditionelle Literatur mit ihren Formen als Muster für eine proletarische Literatur anwendbar? Wenn nicht, was dann?
b) Die Literatur wird im Verhältnis zum Klassenbewußtsein diskutiert. In welchem Grad ist die Literatur (die traditionelle oder eine evtl. proletarische) im Kampf für die Entwicklung des proletarischen Klassenbewußtseins anwendbar?

Die Diskussion über die Literatur und den Tendenzbegriff beinhaltet eine revolutionär-didaktische Perspektive.

In der *Linkskurve* wurde dieses Problem diskutiert (1928–33). Eine eingehende Klarlegung der zahlreichen Aspekte findet sich in Helga Gallas' Buch *Marxistische Literaturtheorie.*[24] Hier braucht nur der Rahmen und der Zusammenhang angedeutet zu werden, in welchem Lukács seine Artikel schrieb.

Die Zeitschrift umfaßt eine Reihe zusammenhängender Intentionen, die folgenderweise referiert werden können:

1. Die Entwicklung einer proletarisch-revolutionären Literatur.
2. Die Entwicklung einer proletarisch-revolutionären Literaturtheorie.
3. Eine Kritik der bürgerlichen Literatur.
4. Eine Organisierung aller proletarisch-revolutionären Schriftsteller.
5. Eine Verteidigung der UdSSR.

Lukács' Artikel stehen ganz auf der Linie der Zeitschrift und sind als zeitbestimmte Beiträge zur Entwicklung und Verwirklichung obenstehender Programmpunkte zu verstehen.

Sein Artikel *Tendenz oder Parteilichkeit?* kann anhand dieses Programms durchgegangen werden.

Zuerst seine *Kritik der bürgerlichen Literatur(theorie):*
Die Argumentation geht von einer fundamentalen Unterscheidung zwischen zwei Grundbedeutungen des *Tendenzbegriffs,* einer *subjektiven* (bürgerlich-moralistischen) und einer *objektiven* („marxistischen") aus. Die subjektive Bestimmung des Tendenzbegriffs, den wir in der bürgerlichen Theorie fin-

24 Helga Gallas, *Marxistische Literaturtheorie,* Neuwied und Berlin 1971.

den, setzt Tendenz mit Streben, Bestrebung gleich. Tendenz wird somit synonym mit subjektiven Gedanken, Ansichten u. ä., kurz gesagt: Moral.

Die andere Bedeutung, die im Artikel den entscheidenden konstruktiven Faktor darstellt, ist von Marx übernommen. Tendenz wird hier als Durchführungsweise der gesellschaftlichen, politökonomischen Gesetzmäßigkeiten verstanden, als Gesetz, „dessen absolute Durchführung durch gegenwirkende Ursachen aufgehalten, verlangsamt, abgeschwächt wird.“[25]

Dieser Tendenzbegriff ist, da durch die gesellschaftliche Reproduktionsmechanismen festgesetzt, unabhängig von Moral und Subjektivität. Bei seiner Kritik der bürgerlichen Literaturtheorie geht Georg Lukács von dieser Unterscheidung aus.

Das Problem besteht darin, daß sich die Unterscheidung zwischen Kunst und Tendenz, ein bürgerlicher Topos, auch in der keimenden sozialistischen Literaturtheorie eingebürgert hat. Das Resultat sind rein eklektische Versuche einer Versöhnung von Tendenz und Kunst, also widersprüchliche Lösungen, welche die Ausweglosigkeiten, von denen die Zweiteilung ursprünglich herstammt, reproduzieren. Die revolutionäre Theorie fällt in bürgerliche und moralische Positionen zurück, falls sie diese Ausweglosigkeiten der bürgerlichen Kunsttheorie nicht kritisiert.

Darauf versucht Lukács zu zeigen, wie diese Dichotomie von Kunst und Tendenz, über die Arbeitsteilung, auf der bürgerlichen Gegenüberstellung von Individuum und Gesellschaft, die auf dem ästhetischen Gebiet als Gegensatz zwischen Kunst und Gesellschaft erscheint, aufbaut.

Mit Ausgangspunkt in solchen Aporien muß jede emanzipatorische Reflexion der Ästhetik in Moralismus zurückfallen.

Demgegenüber bestimmt Lukács den proletarisch-revolutionären Standpunkt folgendermaßen: eine sozialistische Kulturpolitik muß die gesellschaftliche Notwendigkeit, die den Platz des subjektiven Faktors in der Geschichte bedingt, verstehen. Er entwickelt diesen Begriff aus der privilegierten, erkenntnistheoretischen Position des Proletariats, wie er ihn in *Geschichte und Klassenbewußtsein* behandelt hat. Der Terminus ist eine Erweiterung des Marxschen Begriffs der Arbeit als Erkenntniskategorie: nur was in der Gesellschaft produziert, d. h. das Resultat einer subjektiven Praxis ist, kann erkannt werden, da die Arbeit den Stoffwechsel mit der Natur über die gesellschaftliche Konstitution als interaktive Sphäre vermittelt.

Entscheidend für diese Position, die hier nur summarisch beleuchtet werden kann, ist die Tatsache, daß die Bedingungen, die ein wahres Bewußtsein ermöglichen, mit dem Verhältnis des erkennenden Subjekts zu den gesell-

25 Marx, aus dem Vorwort zum *Kapital I,* zit. nach G. Lukács, a.a.O., S. 109.

schaftlichen Produktionsbedingungen identisch sind. Die Erkenntnis in einer Klassengesellschaft ist deshalb klassenspezifisch.

Eine wahre Wissenschaft muß als Folge davon proletarisch sein, der Standpunkt des Proletariats ist der der adäquaten Erkenntnis. Wissenschaftlichkeit und Parteilichkeit fallen zusammen. Proletarisch-revolutionäre Schriftsteller und Literatur sind deshalb eng mit der privilegierten Erkenntnisposition des Proletariats verbunden. Ein solcher Autor und seine literarische Produktion ist deshalb notwendigerweise parteilich.

Mit dieser Bestimmung kann Lukács nun eine qualitativ neue geschichtliche Position einführen.

Schriftsteller wie Balzac und Tolstoj konnten, wenn auch unbewußt, ohne Absicht und oft gegen ihren eigenen Willen eine Einsicht in die objektiv treibenden Kräfte der Wirklichkeit (in die politökonomischen Gesetzmäßigkeiten) formulieren. Bei diesen bürgerlichen Schriftstellern besteht eine Divergenz zwischen Klassenstandpunkt und Erfahrung, die es beim proletarisch-revolutionären Autor nicht gibt, da er von einer Position schreibt, aus der man die Gesellschaft als *Totalität* erkennen und deshalb als *Ganzes,* also nicht fragmentarisch, beschreiben kann.

Der proletarisch-revolutionäre Schriftsteller erkennt so – zum ersten Mal in der Geschichte – mit Absicht, bewußt und reflektiert. Deshalb schreibt er auch mit Absicht. Die ausgedrückte Tendenz ist der Wirklickeit eigen. Sie ist nicht moralisch oder subjektiv gewollt.

Von diesen Standpunkten aus bestimmt Georg Lukács nun die proletarisch-revolutionäre Ästhetik.

Wenn dieser und alle übrigen Artikel aus jener Periode gründlich analysiert werden, wird ein bestimmter pandialektischer Jargon deutlich bemerkbar: der Autor soll die Wirklichkeit *dialektisch* abbilden, seine Darstellung soll *dialektisch* sein, er soll einen Standpunkt einnehmen, der „die Gestaltung des Gesamtprozesses als zusammengefaßte Totalität seiner wahren treibenden Kräfte, als ständige, erhöhte Reproduktion der ihm zugrunde liegenden dialektischen Widersprüche möglich macht."[26]

Gleichzeitig weist er auf Balzac und Tolstoj hin. Beide schilderten nach Lukács' Ansicht, wenn auch widerwillig und unbewußt, die Wirklichkeit objektiv. Der Inhalt der allgemeinen und abstrakten Bestimmungen wird deshalb zu einem literarischen Programm entfaltet; Lukács ist über die Erkenntnisposition zu einer Positivierung der Kritik gelangt: der proletarisch-revolutionäre Schriftsteller *muß* realistische Methoden anwenden, sein Realismus kann nur *sozialistischer Realismus* sein, da er eine bewußte Darstellung der gesellschaftlichen Totalität darstellt, usw.

26 G. Lukács, a.a.O., S. 119.

Hiermit hat Lukács sowohl die Widersprüche der bürgerlichen Ästhetik aufgelöst, wie auch die bürgerliche, realistische Tradition für den proletarisch-revolutionären Schriftsteller und seine Literatur erobert.

Mit diesem Programm, das in anderen Artikeln der Zeitschrift weiter ausgeführt wird, trat Lukács in eine Debatte über Inhalt und Form der proletarischen Kultur. Er entwickelte dabei Ansichten, die allmählich zu Parolen der sowjetischen Kulturpolitik wurden.

Von diesem Standpunkt aus kann er Ottwalt, Brecht, Benjamin u. a. wegen Kleinbürgerlichkeit und Verrat an der Sache der Sozialismus angreifen; beispielsweise kritisiert er die Reportageform, da sie in purer Phänomenalität stecken bleibe. Demgegenüber hebt er die Fähigkeit der realistischen Gestaltung hervor, sowohl Wesen wie Erscheinungsformen ergreifen, d. h. die Wirklichkeit künstlerisch so gestalten zu können, daß die Phänomenalität in ihrer wahren Bewegung, im dialektischen Verhältnis zwischen Wesen und Erscheinungsform durchleuchtet wird.

Damit postuliert er, daß teils die gesellschaftliche Totalität faktisch im bürgerlichen Kunstwerk zum Vorschein kommt, was an und für sich diskutabel ist, teils – und das ist entscheidend – die Konstitution und die Erfahrungszusammenhänge des bürgerlichen Kunstwerks für das Proletariat emanzipatorisch gültig gemacht werden können. Daran kann man mit guten Gründen seine Zweifel haben. Summarisch dazu bis auf weiteres folgendes: eine marxistische Bestimmung des bürgerlichen Kunstwerks muß dieses als kapitalistisch kritisieren. Es ist futil, dieses Medium für bürgerliche Selbstbetrachtung mit einer emanzipatorisch bewußtseinsmäßigen Potenz zu versehen.

Helga Gallas hat Lukács' normative Ästhetik in folgendem Schema zusammengefaßt:[27]

Geschichtsphilosophie	Klassenlage	Widerspiegelung der Wirklichkeit	Kennzeichen	Literarische Strömung		„schöpferische Methode"
Dialekt. Materialismus	proletar. bzw. bürgl. (‚naiv')	Einheit von Wesen und Erscheinung	Parteilichkeit	Realismus		Gestaltung (geschl. Formen)
Idealismus	bürg./kleinb.	Wesen	‚reine Kunst'	Formalismus	Dekadenz	Reportage, Montage, Verfremdung usw. (offene Formen)
Vulgärmaterialismus		Erscheinung	Tendenz	Naturalismus		

27 H. Gallas, a.a.O., S. 172.

Damit stellt Lukács eine Typologie der Kunstformen auf, an der er mit verschiedenen kleineren Modifikationen in seinen weiteren Arbeiten festhält.

Diese Typologie ist, marxistisch gesehen, zweifelhaft, um nicht zu sagen, sinnlos. Sie ist nicht historisch (es ist also nicht von Epochentypen die Rede), sondern ontologisch begründet (es ist, mit einer anderen Bezeichnung von Max Weber, die Rede von Idealtypen).

Diese Ontologisierung der Literatur hängt mit dem pandialektischen Jargon, dessen er sich im übrigen Artikel bedient, zusammen.

Eine elementare Analyse der Begriffe des Schemas wird rasch die Vagheit seiner Begriffsanwendung aufzeigen können. Beispielsweise muß die Kategorie ‚Wesen' im obigen Schema verschiedene Dinge bedeuten, je nach ihrer Anwendung in politökonomischem Zusammenhang oder in Verbindung mit dem essenzsuchenden Symbolismus, wo Wesen eher im ‚Jargon der Eigentlichkeit', wie Adorno es ausdrückte, charakterisiert werden muß, was einleuchtenderweise auch dann nicht dasselbe wie der Marxsche Begriff ist, wenn es in universaldialektischen Zusammenhängen gebraucht wird.

Es wird nun deutlich, daß die Marxrezeption hinter Lukács' Artikel nicht bloß von der, für die ich oben plädiert habe, sondern auch von seinen eigenen, früheren Ansätzen in *Geschichte und Klassenbewußtsein* abweicht. Halten wir an der in Verbindung mit dem umfangslogischen Konzept lancierten Position fest, so fällt die von Lukács *theoretisch gesehen* weg.

Infolgedessen läßt sich die Literatur oder die Literatur-, Kulturpolitik nicht dialektisch herleiten, da sie nicht zum Gültigkeitsbereich der Dialektik gehört. Sie kann deshalb nur historisch oder substantiell bestimmt werden.

Die Grundlage für Lukács' normative Ästhetik fällt in sich zusammen. Die proletarisch-revolutionäre Literatur kann nicht dialektisch bestimmt werden, weshalb der reale Inhalt von Lukács' Argumentation die Wiederholung der Kunstfetischierung, nun nicht länger bloß für das Bürgertum, sondern auch für das Proletariat darstellt.

Durch seine Positivierung der ästhetischen Theorie fällt Lukács in die klassische bürgerliche Ästhetiktradition zurück, die er in proletarisch-revolutionäre Parolen umformuliert.

Obenstehendes sollte zeigen, wie entscheidend das Festhalten an der bestimmten umfangslogischen Deutung von Marx ist, soll die Literaturtheorie nicht in falsche Bahnen gelenkt werden.

Eine marxistische Literaturkritik und -soziologie ist nur als Kritik der kapitalistischen Kunst aufzufassen. Nur eine pandialektische Konzeption ermöglicht die Positivierung der Literaturtheorie. Es führt kein theoretisch zusammenhängender Weg von der korrekten Theorie der privilegierten erkenntnistheoretischen Position des Proletariats zur falschen und normativen Theorie des sozialistischen Realismus.

III. Produktion – Zirkulation – Konsumtion

Im Maß wie es [das Kapital] sich der gesellschaftlichen Produktion bemächtigt, werden Technik und gesellschaftliche Organisation des Arbeitsprozesses umgewälzt, und damit der ökonomisch-geschichtliche Typus der Gesellschaft.
Das Kapital, Bd. II[1]

1. Einleitende Bemerkungen

So gut wie sämtliche bürgerlichen literaturhistorischen und -soziologischen Darstellungen übertragen Literaturform und -verständnis der bürgerlichen Gesellschaft auf feudale, antike u.a. Gesellschaftsformen.

Durch diese unproblematisierte Übertragung der bürgerlichen Konzepte wird ein bestimmtes Kunstverständnis *naturalisiert.* Es erscheint seinen Apologeten folglich mit universalhistorischer Gültigkeit.

Zusammen mit den bürgerlichen Kunstkonzepten erfährt auch die bürgerliche *Einfühlungsästhetik* eine Universalisierung als vorherrschende Interpretations- und Erlebnismethode.

Die bürgerliche Leseweise wird als *die* Leseweise, *die* Verständnisform schlechthin naturalisiert.

Demgegenüber ist die elementare Literatursoziologie, wie sie auf diesen Seiten ausgeführt wird, kritisch.

Sie mißt ihren Überlegungen keine universalhistorische Gültigkeit bei.

Da das Wertgesetz ihre erkenntnismäßigen Möglichkeiten bedingt, ist sie durch die bürgerlichen Gesellschaftsformen bestimmt und begrenzt.

Zwei Tatsachen müssen in diesem Zusammenhang kurz klargelegt werden: eine solche kritische Literatursoziologie muß gezwungenermaßen die bürgerliche Ästhetik kritisieren. Zentral für diese Kritik wird es sein, die Anthropologisierung (oder Subjektivierung) des Geschmacksurteils durch die bürgerliche Ästhetik nachzuweisen. Ungeachtet einer beabsichtigten Allgemeinheit des Geschmacksurteils (wie z.B. bei Kant), ist sie durch und in Subjektivität konzipiert. Dieses spezifische Verhältnis zwischen dem Allgemeinen und dem Subjektiven ist gleichzeitig für bürgerliche Anthropologisierungen bezeichnend. Es sollte unmittelbar klar sein, daß die Kritik der politischen Ökonomie diesen Anthropologismus, seine Konstitutionszusammenhänge und Geschichte, seinen Konnex mit der Etablierung des bürgerlichen Ich-Individuums, der *Existenz,* nachzuweisen vermag.

1 *Das Kapital Bd. II,* MEW 24, S. 61.

Gleichzeitig bedeutet diese Anthoropologisierung/Subjektivierung in Verbindung mit der Ästhetik eine Regreßmöglichkeit: sowie die ästhetische Reflexion ihre erkenntniskritischen und didaktischen Implikationen verliert, verfällt sie selbstgefälligem Empfinden und Fühlen.

Wenn oben und wiederholt in diesem Essay betont worden ist, daß ich nicht in universalhistorischen Kategorien und Bestimmungen spreche und daß der Bereich, der hier das Thema der Erkenntnis darstellt, zusammen mit der gesellschaftlichen Gesamtheit historisch ist, so muß selbstverständlich festgehalten werden, daß das Wort einen kognitiven Inhalt besitzt, den ich hier zu verdeutlichen versuche: a) das Objekt der Marxschen Analyse, d. h. die bürgerliche Gesellschaft in ihrer Gesamtheit als tendenziell totalisiert, ist historisch; b) deshalb ist die Theorie der gesellschaftlichen Totalität auch historisch. Diese Tatsache führt c) eine notwendige Parallelität zwischen der Entwicklung des Objekts und den Theorien davon mit sich. Von entscheidender Bedeutung ist, daß d) die Theorie mit einer klassenspezifischen Problematik verbunden, ihr analytisches Interesse nicht bloß die Analyse schlechthin, sondern die Herleitung der emanzipatorischen Voraussetzungen des Objekts ist. Eine Literatursoziologie muß deshalb auch das emanzipatorisch-didaktische Potential ihres Bereichs untersuchen. Eine solche Reflexion wird in diesem Essay laufend stattfinden.

2. Über Produktion – Zirkulation – Konsumtion

In der kapitalistischen Gesellschaft ist die *Produktion* der entscheidende Faktor. Diese bestimmte Produktionsform stellt *Waren* her, die darauf in der *Zirkulationssphäre* zirkulieren, ehe sie in der *Konsumtionssphäre* realisiert werden.[2]

Mit Marx als Ausgangspunkt werde ich im folgenden das Verhältnis zwischen Produktion, Zirkulation und Konsumtion als verschiedene Teile einer Gesamtheit, als Unterschiede einer Einheit, darstellen, wo diese verschiedenen Sphären folglich nicht nebeneinander, sondern gegenseitig voneinander abhängig verstanden werden.

Ausgangspunkt bildet die *Einleitung* der *Grundrisse* . . . .

Diese Einleitung ist kein eindeutiger Text: teils behauptet er, in Zusammenhang mit diesen drei Sphärenbegriffen, mit allgemeinen Wendungen zu arbeiten, die „wirklich das Gemeinsame hervorheben, fixieren, und uns da-

2 Eine Sphäre bezeichnet die Bereiche und Sozialitäten, in welchen sich Produktion, beziehungsweise Zirkulation und Konsumtion abspielen.

her die Wiederholung ersparen"[3], teils deuten alle Formulierungen zu dieser Begriffsproblematik auf die kapitalistische Produktionsweise und somit auf die Bestimmungen, die in den *Grundrissen* . . . und dem *Kapital* entwickelt werden.

Man muß die Doppelheit in großen Teilen dieser Einleitung, die stellenweise ein besonders dunkler Text ist, beachten.[4]

Trotzdem hat die *Einleitung* gegenüber dem Mosaik aus Texten und Zitaten von verschiedenen Stellen der Kritik der politischen Ökonomie den Vorteil, daß sie eine Reihe entscheidender Momente dieser Kategorien auf übersichtliche Weise zusammenfaßt.

Erst unter kapitalistischen Produktionsverhältnissen erhalten diese Kategorien eine emphatische Bedeutung: beispielsweise totalisiert sich das Kapital erst durch die Zirkulationssphäre, erst der Warenaustausch in einer auf kapitalistischer Basis beruhenden Produktion hebt die Bedeutung der Zirkulationssphäre hervor, und erst die Produktionsform des Kapitals zivilisiert die Konsumtion als Norm einer allseitigen Entwicklung.

In der bürgerlichen Produktionsweise treten die Sphären dem Einzelnen als „die verschiednen Formen des gesellschaftlichen Zusammenhangs . . . als bloßes Mittel für seine Privatzwecke entgegen, als äußerliche Notwendigkeit. Aber die Epoche, die diesen Standpunkt erzeugt, den des vereinzelten Einzelnen, ist grade die der bisher entwickeltsten gesellschaftlichen (allgemeinen von diesem Standpunkt aus) Verhältnisse."[5]

Marx entwickelt hier also die Kategorien der Produktion, Zirkulation und Konsumtion ohne sie explizit im Verhältnis zur Wertbewegung zu bestimmen, geht aber dennoch überall unexpliziert von ihr aus. Ohne eben die Wertbewegung als verbindenden Faktor könnte Marx diese Kategorien nicht als zusammenhängende, sich gegenseitig bedingende Größen darstellen.

Diese Tatsache wird noch deutlicher, wenn wir folgende Teilkonklusion in der *Einleitung* betrachten: „In der Gesellschaft aber ist die Beziehung des Produzenten auf das Produkt, sobald es fertig ist, eine äußerliche und die Rückkehr desselben zu dem Subjekt hängt ab von seinen Beziehungen zu andren Individuen. Es wird desselben nicht unmittelbar habhaft. Auch ist die unmittelbare Aneignung desselben nicht sein Zweck, wenn es in der Gesellschaft produziert."[6] Die Gesellschaft, von der Marx hier in

3 *Grundrisse,* S. 7.

4 Einen Teil davon hat Krahl in seinem oben zitierten Buch ausgezeichnet dargestellt (vgl. S. 360ff.).

5 *Grundrisse,* S. 6.

6 ebenda, S. 15

der bestimmten Form spricht, ist natürlich nicht irgendeine, sondern die kapitalistische. Dies wird unter anderem dadurch deutlich, daß die anfangs scheinbar rein Hegelsche Bestimmung der Beziehung zwischen dem Subjekt und der objektivierten Arbeit als äußerlich (vgl. Hegels „Entäußerung") in den folgenden Sätzen zu einem realen Phänomen präzisiert wird: das Subjekt und sein objektiviertes Produkt sind in der gesellschaftlichen, d. h. kapitalistischen Produktion getrennt: „Zwischen den Produzenten und die Produkte tritt die *Distribution.*"[7] So kann Marx eine Seite weiter über die Problematik der Distribution schreiben: „Ein Individuum, das in der Form der Lohnarbeit an der Produktion teilnimmt, nimmt in der Form des Arbeitslohns an den Produkten, den Resultaten der Produktion teil. Die Gliederung der Distribution ist vollständig bestimmt durch die Gliederung der Produktion."[8]

Dieses Verständnis des Marxschen Textes wird im folgenden vorausgesetzt. Weiter setze ich voraus, daß von Materialproduktion, also von Naturaneignung die Rede ist, daß der Ausgangspunkt jeder Untersuchung der Produktionskategorie gesellschaftlich produzierende Individuen sind, deren gegenseitige gesellschaftliche Beziehung durch das Wertgesetz bedingt wird, weshalb das Interesse ihre gesellschaftsbestimmte Produktion ist. Ferner wird davon ausgegangen, daß die Produktionsweise historisch vermittelt ist. Marx spricht daher nie über Produktion „im allgemeinen" in Zusammenhang mit dem Realkonkreten, sondern immer von einer „besonderen" Produktion.

3. Darlegung der inneren Abhängigkeit der Kategorien

In der *Produktion* wird für menschliche Bedürfnisse produziert. Die *Distribution* bestimmt das Verhältnis, in welchem der Einzelne in der Zirkulation an diesen Produkten durch Tausch teilhat. In der *Konsumtion* werden die Produkte Gegenstand individueller Aneignung, wobei in dieser allgemeinen Darstellung von der Konsumtionsart abgesehen wird, die dem Ersatz und der Erweiterung der Produktionsmittel in natura dient. „In der Produktion objektiviert sich die Person, in der Person subjektiviert sich die Sache; in der Distribution übernimmt die Gesellschaft in der Form allgemeiner, herrschender Bestimmungen die Vermittlung zwischen der Produktion und Konsumtion; in dem Austausch sind sie vermittelt durch die zufällige Bestimmtheit des Individuums."[9]

7 ebenda, S. 15f.
8 ebenda, S. 16.
9 ebenda, S. 11.

Es scheint auf den ersten Blick ein Gegensatz zwischen Produktion und Konsumtion zu bestehen, der sich jedoch auflöst, indem die *Produktion*, durch die Entwicklung von Gebrauchsfertigkeiten, unmittelbar auch Konsumtion ist, Konsumtion von Lebenskräften und Produktionsmitteln. Andererseits ist die Konsumtion unmittelbar auch Produktion, indem der Mensch sich durch sie beständig reproduziert. Durch Reproduktion wird das Bedürfnis in verfeinerter Form reproduziert. Dies bedeutet, daß die Produktion als *produktive Konsumtion*, die Konsumtion als *konsumtive Produktion* zu verstehen ist.

Die Konsumtion produziert das Produkt, teils durch die Realisierung seines Gebrauchswerts, teils indem sie das Bedürfnis für eine neue Produktion schafft. Die Produktion liefert dementsprechend eben den Gebrauchsgegenstand, bestimmt durch dessen spezifischen Charakter die Form der Konsumtion und bringt materiell ein Bedürfnis im Konsumten hervor. Dieses Bedürfnis objektiviert sich erst in der Produktion.

„Das Bedürnis des Austauschs und die Verwandlung des Produkts in reinen Tauschwert schreitet voran im selben Maß wie die Teilung der Arbeit, d. h. mit dem gesellschaftlichen Charakter der Produktion. Aber in demselben Maße wie dieser wächst, wächst die Macht des *Geldes*, d. h. setzt sich das Tauschverhältnis als eine den Produzenten gegenüber äußere und von ihnen unabhängige Macht fest. Was ursprünglich als Mittel zur Förderung der Produktion erschien, wird zu einem den Produzenten fremden Verhältnis. In demselben Verhältnis, wie die Produzenten vom Austausch abhängig werden, scheint der Austausch von ihnen unabhängig zu werden und die Kluft zwischen dem Produkt als Produkt und dem Produkt als Tauschwert zu wachsen. Das Geld bringt diese Gegensätze und Widersprüche nicht hervor; sondern die Entwicklung dieser Widersprüche und Gegensätze bringt die scheinbar transzendentale Macht des Geldes hervor.“[10]

Die *Distribution* ist die gesellschaftliche Regulierung des subjektiven Konsumtionsanteils, der in der Zirkulation vorausgesetzt wird. Die Zirkulation erscheint als selbständige Sphäre neben und außerhalb der Produktion. Es handelt sich hier um ein Scheinverhältnis, da die Distribution selbst ein Produkt der Produktionsform ist. Ehe die Distribution zu einer Zirkulation von Produkten wird, ist sie Distribution von Produktionsmitteln und Gesellschaftsmitgliedern unter den verschiedenen Produktionsarten. Die Produktionsweise subsumiert also nicht nur die unmittelbaren Produzenten, die überlieferten Arbeitsformen, Handwerke usw., sondern auch

10 ebenda, S. 64f.

die Zirkulation und Konsumtion – wenn auch die Zirkulation im Handels- und Kaufmannskapital vor der Verwandlung des Kapitals zu Industriekapital entsteht.

Es ist somit nicht haltbar, die Produktion ohne Rücksicht auf die ihr innewohnende Distribution zu betrachten. Dem Einzelnen gegenüber erscheint die Zirkulation als selbständiges, gesellschaftliches Gesetz, das seine Stellung in der Produktion bedingt und kraft der Zirkulationssphäre, als Ort der Realisierung der Ware und somit des Mehrwerts, der ständige und produktive Wohnsitz und die reale Basis der bürgerlichen Ideenbildung ist.[11]

Der einzelne Konsument eignet sich die Produkte an, aber die Distributionsform stellt die Logik dieser individuellen Aneignung dar, die natürlich sowohl in der Produktion wie in der Konsumtion stattfindet. Eine weitere Voraussetzung für den Tausch ist die *Arbeitsteilung*. Die Bedingung für Privattausch ist Privatproduktion. Intensität und Extension dieser Transaktionen sind durch die Entwicklung und Organisation der Produktion, d. h. durch den Verlauf der Kapitalakkumulation bestimmt.

4. Über die literarische Produktion – Zirkulation – Konsumtion

Indem ich diese Überlegungen mit Hinblick auf die literarische Produktion präzisiere, soll in erster Linie hervorgehoben werden, daß sie sich nicht in diesen Kategorien behandeln läßt, die, wie wir gesehen haben, nicht irgendeine Produktion, sondern eben die spezifische, durch den Doppelcharakter der Arbeit bedingte Produktionsform, zum Inhalt haben. Damit sind Produktion und produktive Arbeit nicht länger durch eine Beziehung zwischen dem unmittelbaren Produzenten und seiner Objektivierung in einem Produkt bestimmt. Produktive Arbeit ist unter kapitalistischen Produktionsverhältnissen durch die Wertbewegung festgelegt: sie produziert Mehrwert. Wenn diese Erwägungen trotz der kapitalexternen Art der literarischen Produktion von Bedeutung sind, so deshalb, weil sich die kapitalistische Produktionsweise durch die *Zirkulation* totalisiert.

Das literarische Werk zirkuliert durch die gewöhnliche gesellschaftliche Zirkulationssphäre, die oben behandelt wurde.

Die literarische Produktion wird nicht der kapitalistischen Verwertungslogik untergeordnet, aber sie wird gezwungenermaßen durch die Zirkulationsform der kapitalistischen Warenproduktion vermittelt. Es ist deshalb wichtig, die Kategorie der Zirkulationssphäre, die somit zur Instanz wird,

11 Vgl. die Erläuterungen später in diesem Essay, besonders den Ideologieabschnitt.

welche das literarische Werk in der bürgerlichen Gesellschaft vermittelt, zu vertiefen. Die Vergesellschaftung der Literatur in der bürgerlichen Gesellschaft ist an die Entwicklung der Warenzirkulation durch die Produktionsverhältnisse gebunden.

In seiner bürgerlichen Bestimmtheit legt der Zirkulationsprozeß eine Reihe von Beziehungen als gesellschaftlich dominant fest, ob dies der einzelne Teilnehmer am Prozeß nun wünscht oder nicht: „In der Zirkulation als der Realisierung der Tauschwerte ist enthalten: 1. daß mein Produkt[12] nur Produkt ist, sofern es für andre ist; also aufgehobnes Einzelnes, Allgemeines; 2. daß es nur für mich Produkt ist, soweit es entäußert worden, für andre geworden ist; 3. daß es nur für den andren ist, soweit er selbst sein Produkt entäußert; worin schon 4. liegt, daß die Produktion nicht als Selbstzweck für mich erscheint, sondern als Mittel. Die Zirkulation ist die Bewegung, worin die allgemeine Entäußrung als allgemeine Aneignung und die allgemeine Aneignung als allgemeine Entäußrung erscheint."[13]

Dies führt mit sich, daß dieser gesellschaftliche Prozeß immer als *objektiver Zusammenhang,* als Totalität erscheint, die „zwar aus dem Aufeinanderwirken der bewußten Individuen hervorgeht, aber weder in ihrem Bewußtsein liegt, noch als Ganzes unter sie subsumiert wird. . . . Die Zirkulation, weil eine Totalität des gesellschaftlichen Prozesses, ist auch die erste Form, worin nicht nur . . . das gesellschaftliche Verhältnis als etwas von den Individuen Unabhängiges erscheint, sondern das Ganze der gesellschaftlichen Bewegung selbst."[14] Die Zirkulation ist die „erste Totalität unter den ökonomischen Kategorien."[15]

Soll irgendein Produkt gesellschaftlich, d. h. zwischen den Bürgern der Gesellschaft vermittelt werden, so muß dies notwendigerweise zwischen partikularisierten, voneinander unabhängigen Individuen geschehen, es muß sich deshalb den Zirkulationsbestimmungen unterordnen. Dies erfolgt entweder durch eine Subsumierung unter die kapitalsubsumtive Form der Zirkulation, die Warenform, und/oder durch die kapitalaffirmativen Instanzen (vgl. über die literarische Institution, Kapitel V, Abschnitt 2). Unter allen Umständen muß eine Beziehung zu den bewußtseinsmäßigen und ideologischen Implikationen und Potenzen der Zirkulation bestehen.

Im folgenden müssen diese Zirkulationsprobleme im Hinblick auf eine Analyse ihrer Bedeutung für das Verständnis des gesellschaftlichen Seins des literarischen Werks diskutiert und behandelt werden.

12 Man muß hier beachten, daß „Produkt" nicht irgendein Produkt, sondern eines in einer bestimmten Form, der Warenform, bezeichnet.

13 *Grundrisse,* S. 111.

14 ebenda

15 ebenda

In erster Linie muß festgehalten werden, daß die Kunst in Warenform vorliegt, indem sie durch die Zirkulationsapparate der bürgerlichen Gesellschaft (Buchhandel, Kioske, usw.) zirkuliert. Dieser Warencharakter ist aber „sekundär", da die Kunst nicht kapitalistisch (unter formeller oder reeller Subsumtion des Kapitals), sondern eben privat, individuell produziert wird. Die Individuumsbestimmung ist insofern die erste Bestimmung. Die Kunst gehört danach zu den Dingen, „die an und für sich keine Waren sind, z. B. Gewissen, Ehre usw. . . . durch ihren Preis die Warenform erhalten" können.[16] Da die Kunst keine Ware in kapitalistischem Sinn und deshalb nicht direkt dem Kreislauf des Kapitals untergeordnet ist, aber dennoch als Ware in die Zirkulation eintritt, wird ihr eine besondere Aura unter den Waren verliehen: sie ist frei von Bindungen und Bestimmungen gesellschaftlicher Art, weshalb sie als sie selbst erscheint, das Menschliche und Natürliche – kurz: das Schöne schlechthin tragend. Dies ist die ästhetische Abstraktion in ihrer mystifikatorischen Pracht.

Nicht die Warenform der Kunst, sondern die Mystifikationen, der Gebrauchszusammenhang und die Erfahrungsvermittlung, die durch die Kunst, d. h. ihre kapitalistische Bestimmtheit stattfinden, sollen kritisiert werden.

---

16 *Das Kapital Bd. I,* MEW 23, S. 117.

IV. Einleitend über das bürgerliche Kunstwerk

Die Ausmerzung des positiv Realen und die Einsetzung der kreativen Phantasie . . .
Hugo Friedrich[1]

1. Über den epochentypischen und historischen Charakter der elementaren Literatursoziologie

In diesem Kapitel sollen eine Reihe genereller Funktionsbestimmungen der Kunst in der bürgerlichen Gesellschaft entwickelt werden.

Die Schwierigkeiten des Stoffs bestimmen durchwegs die Darstellungsform und das Verfahren.

Die oben formulierte Absicht der elementaren Literatursoziologie schließt die Form interdisziplinärer Untersuchungen mit ein, wie sie für die Kritik der politischen Ökonomie konstituierend ist. Die elementaren literatursoziologischen Analysen müssen somit *außerhalb* des literarischen Bereichs, d. h. in der Gesellschaftstotalität beginnen. Das traditionelle Literaturverständnis, welches die Literatur mit Literatur (oder Bewußtsein mit Bewußtsein) „erklärt", ist tautologisch.

Eine elementare Literatursoziologie will die wesentlichen Abläufe der literarischen Produktivität aufarbeiten.

Da hier nicht ein spezifisches literatursoziologisches Problem analysiert, sondern der Versuch, die generellen Funktionsbestimmungen der bürgerlichen Literatur zu erarbeiten, unternommen wird, darf der generalisierende und exemplifizierende Charakter der Darstellung nicht vergessen werden.

Ihr komplexes Gebiet umfaßt einen weiten Bereich geschichtsphilosophischer und wissenschaftstheoretischer Probleme; sie muß soziologische, ökonomische, staatswissenschaftliche, historische, ideologische und bewußtseinsmäßige Aspekte berücksichtigen, wenn sie überhaupt in der Lage sein soll, ihre Aufgabe zu lösen.

Ein weiterer Zug wird durch die Tatsache bestimmt, daß ich *„Literatur"* als *epochentypische Kategorie,* d. h. als Norm für die „Literatur" einer bestimmten Gesellschaftsform verstehe.

---

1 Hugo Friedrich, *Die Struktur der modernen Lyrik. Von Baudelaire bis zur Gegenwart,* Hamburg 1959, S. 3.

Deshalb sind die folgenden literatursoziologischen Bestimmungen an die Geschichte der kapitalistischen Gesellschaft gebunden. Sie können also nicht ungeachtet der geschichtlichen Situation auf formal gesehen gleiche Konstellationen übertragen werden. Wie der Klassenbegriff in der Kritik der politischen Ökonomie in strengem Sinn mit dem Kapitalverhältnis verbunden und deshalb keine universalhistorische Kategorie ist, so bezeichnen beispielsweise die Begriffe *„literarische Institution“* oder *„relative Autonomie“* spezifische Elemente der Literatur in den kapitalexternen Sektoren der bürgerlichen Gesellschaft.

Die Beispiele werden nur auf Grund ihres *exemplarischen* Charakters angeführt; sie sind wegen ihrer Repräsentativität und nicht wegen ihrer spezifischen Nuancen oder ihrer besonderen Art gewählt worden. Die Argumentation will folglich *Tendenzen* und *Entwicklungslinien* deutlich machen. Diese erscheinen natürlich immer historisch konkret und fächern sich in mannigfache Bestimmungen und Modifikationen auf.

Die untenstehenden Argumentationen für eine Bestimmung der Kunst in Warenkategorien bedeutet nicht, daß ich behaupte oder annehme, der Warencharakter der Kunst sei allein für die kapitalistische Gesellschaft typisch.

Aber erst in und durch die kapitalistische Produktionsweise nimmt die Kunst Warenform als *Norm* an (beispielsweise hatten die Volksbücher lange vor der bürgerlichen Literatur Warenform).

Nur wenn an diesem exemplarischen Aspekt festgehalten wird, ist ein Verständnis der folgenden Überlegungen möglich.

2. Über die Genese des bürgerlichen Kunstwerks

In der zweiten Hälfte des 18. Jahrhunderts verschiebt sich offenbar die Bedeutung einer Reihe Begriffe, die im weitesten Sinn mit unserem Thema zu tun haben: nicht zuletzt die Begriffe *„Kultur“* und *„Kunst“*.

Diese Wörter erhalten allmählich eine Bedeutung, die nur in Verbindung mit der Entstehungsgeschichte der bürgerlichen Gesellschaft verstanden werden kann.

Während „Kunst“ in der vorherigen Gesellschaft hauptsächlich eine Fähigkeit, ein Können oder eine Fertigkeit bezeichnete, löscht die neue Bedeutung den handwerklichen Akzent des Wortes völlig aus.

Wir erhalten jetzt einen begrifflichen Inhalt, der auf die *Phantasie* und somit auf die Fähigkeit, sich *Fiktivitäten* vorstellen zu können, hindeutet. In gleichem Maß, wie die handwerkliche von der industriellen Produktion unter kapitalistischer Regie verdrängt wird, löst sich die Verbindung von

Handwerk und „Kunst“. Gleichzeitig erscheint eine individuelle, naturgewachsene Handlungslogik der handwerklichen Produktion implizit als Modell für das Kunstverständnis der Literatur: die reiche, ursprüngliche Produktion, die Person, das Individuum als Persönlichkeit, als Subjekt. Dabei verschwindet jede Überlegenheit über die Tatsache, daß das individuelle Handeln gesellschaftlich bestimmt ist und durch die sentimentale Bindung an vergangene Handlungsarten reproduziert wird.

So markieren die Bedeutungsverschiebungen der Begriffe das, was gesellschaftlich, real stattfindet: nämlich, daß die Kunst die Verbindung zum Handwerk und dem unmittelbaren Gebrauchszusammenhang verliert. Eine Verbindung, die nicht nur äußerlich vermittelt war, sondern einem inneren Zusammenhang entsprach.

Mit der Entwicklung der bürgerlichen Gesellschaft wird die Beziehung zwischen dem Handwerk und der „Kunst“ zu einem äußerlichen Verhältnis. Die Kunst emanzipiert sich vom Handwerk. Und kehrt die „Kunst“ zu ihm zurück, dann nur als *Kunst*handwerk.

Es handelt sich bei dieser Entwicklung um einen eigentlichen Prozeß. Genau wie die Entstehung der bürgerlichen Gesellschaft kein plötzliches fait accompli, sondern Ausdruck eines langen und peinlichen Ablaufs war, ist diese semantische Verschiebung nicht augenblicklich vor sich gegangen.

Deshalb können die für die bürgerliche Literatur typischen Verhältnisse auch schon früher, in ihren Keimformen, sporadisch und regional erkannt und untersucht werden.

Auf die gleiche Weise wie der Kunstbegriff seinen konkreten Inhalt verliert, verliert der Begriff *„Kultur“* seine konkrete und agrikulturelle Bedeutung. So wie die „Kunst“ sich faktisch in der Geschichte der bürgerlichen Gesellschaft emanzipiert, so erscheint die „Kultur“ als etwas Losgerissenes, etwas an-und-für-sich-selbst, das behauptet, um seiner selbst willen dazusein.

Damit wird die faktische Geschichte im Bedeutungsbereich der Begriffe markiert: „Kunst“ und „Kultur“ werden von einer unmittelbaren Verbindung mit dem gesellschaftlichen Produktions- und Reproduktionsprozeß losgerissen.

Erst dadurch erhalten wir eine *Kunst* und eine *Kultur* im modernen, d.h. bürgerlichen Sinn.

Kunst und Kultur etablieren sich in einer Sphäre für sich.[2] Beide nehmen Warenform an.

---

2 Vgl. dazu die Einleitung zu Raymond William, *Culture and Society,* New York 1958; ebenfalls sein Buch *Gesellschaftstheorien als Begriffsgeschichte. Studien zur historischen Semantik und Kultur,* München 1972.

Etabliert sich die Kunst für-sich, dann ist auch die Möglichkeit für ein abstraktes Verständnis beispielsweise der Literatur gegeben. Erst in der bürgerlichen Gesellschaft läßt sich also die Idee von der Literatur als solcher formulieren. Diese Vorstellung hängt mit den Verhaltensnormen zusammen, welche an die bürgerliche Kunst gebunden sind, Regeln, die den schönen Gegenstand zum Objekt und Fixpunkt der Kontemplation machen.

Das Kunstwerk wird im gesellschaftlichen Umgang somit festgelegt als etwas an-und-für-sich-selbst. Vor der bürgerlichen Gesellschaft war ein Begriff der Kunst als festgelegter und besonderer Größe nicht möglich, und so auch keine *Ästhetik,* sofern man darunter eine Disziplin versteht, die verschiedene Formen und Ausdrucksweisen der Kunst reflektiert. Gesellschaftlich haben keine Gegenstände oder Phänomene vorgelegen, die als besondere Entitäten den Realhintergrund einer begrifflichen und systematischen Fixierung hätten bilden können.

Die Bezeichnung Ästhetik versammelte ursprünglich eine Reihe erkenntnismäßiger Probleme, die das besondere Thema und seine erkenntnistheoretischen Spezifikationen betrafen. Erst allmählich hat die bürgerliche Ästhetik dieses erkenntniskritische Interesse verloren und ist der Einfühlungslehre oder pragmatischen Analyseinteressen verfallen.

Zusammenfassend kann also gesagt werden, daß erst die Entwicklung der bürgerlichen Gesellschaft mit ihren Produktions- und Zirkulationsverhältnissen, besonders auch der bürgerlichen Öffentlichkeit als Integrationsform gesellschaftlicher Erfahrung und somit als allgemein bürgerlichem Erfahrungshorizont, die klassische Ästhetik ermöglicht.

Es leuchtet ein, daß ihre Entstehung ein Symptom für eine Reihe von Funktionsveränderungen ist, die die „Kunst“ erfahren hat, d. h. für die Tatsache, daß die Gebrauchszusammenhänge, in welche das Kunstwerk tritt, und die Produktionsverhältnisse, denen es unterworfen ist, ihren Charakter geändert haben.

Der Ausgangspunkt ist somit die Entstehung der Warengesellschaft und die Wandlung ihrer überlieferten Produktionsstrukturen zur kapitalistischen Produktionsweise. Diese Veränderung wird vom 18. Jahrhundert an deutlich.

Mit der gesellschaftlichen Warenproduktion entwickelt sich notwendigerweise eine Gesellschaft, deren Organisation auf *Privatproduktion* baut, eine Gesellschaft, in der sich das Gesellschaftliche der Privatarbeit erst a posteriori zeigt.

Privatproduktion bedeutet Produktion für einen Markt. Damit wird der Markt als eine entscheidende Sphäre in der Gesellschaft institutionalisiert: die *Zirkulationssphäre.*

Die Produktion basiert in der kapitalistischen Gesellschaft auf der durchgeführten Arbeitsteilung und der Entwicklung des Doppelcharakters der Arbeit, somit auf dem Durchbruch des Wertgesetzes *hinter* dem Rücken der Leute – und *in* ihrem Kopf.

Die Elementarform des bürgerlichen Reichtums ist die *Ware,* seine Vermittlungsinstanz der Markt/die Zirkulation. Eng mit der Expansion der Warenproduktion in unterschiedlichen Formen (Handels-, zinstragendes oder Industriekapital) verbunden sind die theoretische Entwicklung des Öffentlichkeitsprinzips und die Versuche zur Verwirklichung einer faktischen Öffentlichkeit. Das Öffentlichkeitsprinzip, basierend auf einer allgemeinen, gegen sämtliche feudalen und absolutistischen Privilegien gerichteten Vernunft, bedeutet die horizontale Expansion der Warenproduktion in idealisierter, d. h. ideologisierter Form. Diese Öffentlichkeit ist in erster Linie die „Sphäre" der kulturellen Aktivität.

In einer Gesellschaft, deren Organisation auf Privatproduktion für den Markt basiert, nehmen kulturelle Produkte notwendigerweise Warenform an: sie werden für den Markt hergestellt und durch ihn vermittelt. Dies geschieht nicht auf Wunsch des einzelnen Schriftstellers. Es besteht kein Willensverhältnis, sondern Marktzwang. In einer warenproduzierenden Gesellschaft wird die Warenform die notwendige Kommunikationsgestalt literarischer Produkte.

Dies bedeutet, daß die Waren- und Zirkulationsform der Produktivität außer-literarisch bestimmt werden.

Die durch das Prinzip des Mehrwerts bestimmte Distribution bedingt auch Form und Zirkulation der Produkte, die nicht für den Mehrwert produziert werden.

Dieses Verhältnis ist geschichtlich deutlich zu beobachten: Mit der bürgerlichen Gesellschaft wird die Bindung der Kunst an die *Repräsentivität* nicht-bürgerlicher Gesellschaftsformen aufgelöst.

Die ehemalige Stellung der Kunst in den Reproduktionsformen dieser Gesellschaften verschwindet gleichzeitig mit der horizontalen Ausbreitung der bürgerlichen Produktions- und Zirkulationsformen und damit der gradweisen Auflösung der vertikalen Machthierarchie der präbürgerlichen, d. h. feudalen Gesellschaften.

Während das Kunstwerk früher in der Regel für die Gelegenheit, den direkten Gebrauch produziert wurde und deshalb oft von bestimmten Personen, z. B. Mäzenen, in Verbindung mit ihren Repräsentationsfunktionen verwendet wurde, verwandelt sich der Mäzen nun in den Verleger. Diese Veränderung vom Mäzenentum zum Verlagssystem vollzieht sich natürlich nicht auf einmal. Sie braucht Zeit, und es gibt verschiedene Übergangsformen (z. B. das Subskriptionssystem).

Mit der Veränderung von der Repräsentativität zur Kommunikation über das Verlagssystem ist die Entwicklungstendenz schon seit Beginn des 18. Jahrhunderts angedeutet.

Das *Buch* wird zu der Form, durch die das literarische Werk distribuiert wird.

Das Buch wird eine Ware, die für einen ständig expandierenden Markt distribuiert wird.

Die Kunst erhält Warenform.

Eine fundamentale Voraussetzung für diese große Expansion des Buchmarktes ist natürlich Gutenbergs Erfindung des Buchdrucks (um 1440).

Es ist wichtig zu sehen, daß mit der Entstehung der bürgerlichen Gesellschaft, die mit der Expansion der Zirkulationssphäre beginnt, die Zirkulationsform der „Kunst" und der „Literatur" verändert wird.

Ebenso wichtig ist es, an der Tatsache festzuhalten, daß *die Produktionsform der „Kunst" nicht dem Kapital untergeordnet wird. Das künstlerische Schaffen wird privatisiert und subjektiviert.*

Die Organisation des Buchmarktes durch die Verlangsbranche, die, wie erwähnt, die Entwicklungstendenz bildet, bleibt in unentwickelten und frühkapitalistischen Formen der künstlerischen Produktivität stecken.

Mit dem Fabriksystem tendiert das Kapital, diese Produktionsformen aufzuheben.

Mit dem neuen Produktionsprozeß entstehen die Lohnarbeit und das Kapital, die Proletarier und die Kapitalisten.

Im Verhältnis dazu befindet sich der Schriftsteller in einem Niemandsland; er ist normalerweise weder Lohnarbeiter noch Kapitalist – er liegt dazwischen.

Mit dem kapitalistischen Produktionssystem wird das Buch und somit die *Kunst säkularisiert.*

Die bürgerliche Gesellschaft hat keinen Gebrauch für vom Himmel heruntergeholte Vorstellungen. Sie holt die Kategorien für ihr Selbstverständnis von den Darstellungsformen der gesellschaftlichen Produktionsweise. Deshalb steht die bürgerliche Gesellschaft am Ende eines Säkularisierungsprozesses, der natürlich entscheidende Konsequenzen für die Kunst hat: als säkulares Produkt ist sie nun Gegenstand für Diskussion und Kritik.

Die Kunst wird also verbürgerlicht und das theologische (und repräsentative) Primat wird gebrochen. Diese Verbürgerlichung ist Ausdruck einer Strukturveränderung im lesenden Publikum, die ihrerseits das Symptom für eine grundlegende gesellschaftliche Strukturveränderung mit Konsequenzen für die Funktion der Literatur ist. Das abstrakt-anonyme Publikum setzt seine Forderungen als solche des Bürgertums an die Literatur durch. Sie zeigen sich beispielsweise im Aufdecken der Intimsphäre, des Familienlebens, des Moralischen (vor dem Theologischen), wie dies im sentimentalen bürgerlichen Drama, beziehungsweise den erbaulichen, moralischen Wochenschriften der Fall ist, die alle mit einer bestimmten didaktisch-exemplarischen Absicht arbeiten: überall werden Beispiele zu Nachahmung gezeigt. Das *praktische* Leben gelangt zum Durchbruch in der Literatur (ja, sogar in den Predigten in der zweiten Hälfte des 18. Jahrhunderts, die dazu neigen, mehr von der Landwirtschaft als vom Herrgott zu handeln). Als Folge entwickelte sich eine praktische Prosa, die imstand war, ein bürgerliches Selbstverständnis zu formulieren. Diese Entwicklung stellt natürlich neue Bedingungen an das Kunstwerk: die Möglichkeit zu praktischer Kritik und Diskussion, eine thematische Expansion, die mit der geschichtlichen und progressiven Rolle der bürgerlichen Gesellschaft zusammenhängt.

Eine solche Diskussion und Kritik beispielsweise von Kingos *Hosianna*[3] wäre undenkbar. Man kann nicht über ein sakrales Gedicht diskutieren. Ein solches Werk *repräsentiert* nicht nur den absoluten Monarchen, sondern das absolute System und somit die kosmische, von Gott geschaffene Ordnung. Die kosmische Ordnung und den Herrgott kann man nicht diskutieren. Die kosmische Ordnung kann nicht zum Gegenstand von Rezensionen und Beurteilungen gemacht werden, wie dies mit dem Buch möglich ist. Und genau das wird die Bestimmung der Kunst in der bürgerlichen Gesellschaft: das Buch wird ein Medium für Teile der bürgerlichen Diskussion. Es wird Gegenstand von Kritik und Beurteilung. Damit ist seine Repräsentativität aufgelöst. Ihre Doppelheit aus *Dar-/Vor*stellung und *Vergegenwärtigen* – diese sakrale Idee mit Wurzeln in der christlichen Inkarnationslehre – verschwindet mit den bürgerlichen, horizontalen Produktionsverhältnissen. Repräsentation und Bürgerlichkeit können nicht vereint werden. Das Kunstwerk und das Buch werden ein *Medium für die bürgerliche Diskussion, d. h. für die Thematisierung des bürgerlichen Selbstverständnisses.*

Historisch gesehen, verhält es sich so, daß die Literaturkritik zusammen mit der bürgerlichen Literatur entsteht.

Zusammen mit der bürgerlichen Kunst entsteht die Kunstkritik als Ausdruck eben dieses spezifischen Nicht-Repräsentativen, dieses Säkularen der bürgerlichen Kunst, dieses Diskutierbaren.

Dies bedeutet ferner, daß die Urheber und die Konsumenten sowie deren stellvertretende und beratende Kritiker in einer spezifisch bürgerlichen Organisationsform vereint werden: der *Institution Kunst.*

3 *Hosianna* ist ein Gelegenheitsgedicht des dänischen Barockdichters Thomas Kingo (1634–1703) anläßlich der Salbung des dänischen Königs Christian V. im Jahre 1671.

Wenn künftig von *der* Literatur als aus *Werken* bestehend gesprochen wird, so ist von einer *epochentypischen Kategorie* die Rede. Literatur in Werkform läßt sich nicht außerhalb der besonderen Entwicklungsgeschichte der bürgerlichen Gesellschaft bestimmen. Sie läßt sich folglich nicht zu einem Idealtypus generalisieren.

Mit der dem Kunstwerk auferlegten Warenform als Vermittlungsinstanz in der Öffentlichkeit, wird das Werk via die Marktinstitution *prinzipiell* allgemein zugänglich. Ein Kunstwerk ist fortan selten ein Bestellungswerk von Institutionen oder Einzelpersonen zu ihren Festen oder Gedenkfeiern – ein Kunstwerk wird jetzt im Prinzip für *alle,* d. h. ein unabgeschlossenes Publikum, eine Abstraktion produziert.

Die Kunstkonsumenten behandeln natürlich die produzierten Werke gemäß ihren neuen Bestimmungen: das Bild des Verstorbenen wird nun nicht länger mit dem Toten zerstört (oder begraben). Es wird an die Wand gehängt. Es wird von der Gebrauchssituation unabhängig gemacht, es hat einen Wert in-sich-selbst und für-sich-selbst erhalten.

Es versteht sich ferner von selbst, daß, indem das literarische Werk Warenform annimmt und durch die Gebrauchszusammenhänge der Öffentlichkeit vermittelt wird, es seine Bestimmungen ändert, aus der früheren Gebrauchsfunktion befreit und aus der gesellschaftlichen Reproduktion auf folgende spezifische Art losgerissen wird: es erscheint für das unmittelbare Bewußtsein losgelöst von der Reproduktion der Totalität, aber es wird ideologisch in die Bewegung der Reproduktion integriert (vgl. beispielsweise die Stellung der Literatur in den Ausbildungsinstitutionen). Also: die Kunst wird von ihrer unmittelbaren Verbindung mit der Repräsentation der früheren Gesellschaft und der handwerklichen Produktion losgerissen. Dies kann u. a. an der Bedeutungsverschiebung des Begriffs der Gelegenheitsdichtung im 18. Jahrhundert abgelesen werden. Die barocke Gelegenheitsdichtung ist zur Anwendung bei einem spezifischen Anlaß bestimmt. Die Funktion dieser Dichtung ist es, diese Gelegenheit zu illuminieren und ihr durch ihre sprachliche Pracht (d. h. Repräsentativität) Bedeutung und Fülle zu verleihen.

Mit Goethe erhält der Begriff der Gelegenheitsdichtung einen ganz anderen Inhalt. Für ihn ist sie eine Dichtung für des Dichters *eigene* Gelegenheit. Während die Gelegenheitsdichtung des Barock Geburt, Hochzeit, Tod usw. akkompagniert, begleitet Goethe sich selbst. Deshalb sind seine Gedichte Ausdruck eines „inneren" Lebens, nach dem man in der Gelegenheitsdichtung des Barock vergebens sucht.

Die barocken Gelegenheitsgedichte formulieren allgemeine (d. h. meistens offizielle) Vorstellungen, die nicht durch ein Ausdrucksbedürfnis bestimmt sind. Mit der bürgerlichen Dichtung wird sie subjektiviert und gleichzeitig zur reinen Stimme der ganzen Menschheit deklariert.

Mit der Loslösung der Dichtung von der Reproduktion wird eine „Freilegung“ des „Sinns“ ermöglicht: die inhaltliche Substanz des literarischen Werks wird nicht länger unmittelbaren politischen Machtfaktoren, sondern der nicht-machtvermittelten Öffentlichkeitssphäre unterworfen. Es wird frei für ein „inneres“ Leben, für ein persönliches Ausdrucksbedürfnis.

Also: Mit der Vermittlung der Warenform in der Öffentlichkeit erhält das Kunstwerk Werkform, wodurch es via den Markt prinzipiell für alle freigegeben wird. Diese Freilegung stellt gleichzeitig eine Privatisierung dar. Mit der Warenproduktion und Warenform entsteht der Begriff von einem (Kunst/Literatur) Werk im modernen Sinn.

Ein Kunstwerk ist nun etwas, das sich nicht mehr aus dem unmittelbaren Verhältnis zum gesellschaftlichen Reproduktionsprozeß, zu den Machtstrukturen und Repräsentationserfordernissen, deren Voraussetzungen ja mit der bürgerlichen Gesellschaft aufgehoben werden, definieren läßt.

Ich habe die Art dieser Loslösung zu skizzieren versucht. *Indem die Kunst in der Öffentlichkeit vermittelt wird, erscheint sie als etwas in-sich-selbst und für-sich-selbst. Im Warenaustausch zeigt sich das Werk losgelöst von den gesellschaftlichen Zusammenhängen, d. h. sein gegenständliches Sich-selbst-Sein wird hervorgehoben. Das Kunstwerk wird fetischiert.* Die literarische Institution entscheidet von jetzt an, was unter einem Kunstwerk verstanden werden soll (vgl. darüber später).

Das Werk wird sichtbar und *prinzipiell* für *alle* zugänglich. *In Wirklichkeit* wird die Kunst aber Ausdruck für die Erfahrungen einer bestimmten Klasse. Sie wird hauptsächlich ein Medium der Selbstdarstellungen dieser Klasse und damit der Verbreitung nicht nur psychologischer und moralischer Einsichten, sondern *praktischen* Wissens überhaupt.

Durch die Entstehung der bürgerlichen Gesellschaft wird das Primat der früheren Kultur gebrochen und die Literatur im weitesten Sinn des Worts ist imstand, ein generelles Wissen über die bürgerliche Gesellschaft und ihre Kultur zu vermitteln.

Dies führt natürlich eine zivilisatorische Hebung des bürgerlichen Wissens- und Bildungsniveaus mit sich, die wiederum eine Bedingung für die spezifische ästhetische Entwicklung der Literatur in der bürgerlichen Gesellschaft darstellt.

Somit wird die Literatur insbesondere ein Moment der individuellen Bildung *innerhalb* der Klassenschranken der bürgerlichen Gesellschaft. Daß es sich so verhält, kann nur die Apologeten der bürgerlichen Produktionsweise überraschen: *alle* bedeutet nicht wirklich *alle;* ein Kunstwerk oder die bürgerlichen Kunstwerke allgemein handeln nicht von allem für alle. Die Kategorie ‚alle‘ ist eine Abstraktion, die durch den verselbständigten Tauschwert und die Abstraktion der Zirkulationssphäre ermöglicht wird. ‚Alle' ist eine idealisierte Bezeichnung für die Bürgerklasse.

3. Über die Genese der bürgerlichen Ästhetik

In dem Maß, wie das literarische Werk in die bürgerliche Öffentlichkeit eintritt, zirkuliert es prinzipiell unter *allen*. Seine Leser und Verbraucher sind nun nicht länger im voraus bestimmte Personen, die es bestellt haben oder für die es aus verschiedenen Gründen geschrieben ist. Seine Abnehmer sind alle.

Indem das Werk sich an alle schlechthin wendet, erscheint es „zweckfrei" (Kant) und allgemein, d.h. interesselos (Kant: „zwecklos").

Verschiedene Varianten von Autonomietheorien oder Theorien der „reinen" Kunst sind somit schon seit Beginn der bürgerlichen Ästhetik untrennbar mit der ästhetischen Reflexion verknüpft. Schon in den ersten Formulierungen der klassischen Ästhetik ist diese Konzeption tendenziell ausgedrückt (Baumgarten). Sie findet ihre klassische Form bei Kant.

Baumgarten taufte die Disziplin Ästhetik, indem er *Poetik*, verstanden als Wissenschaft vom Gedicht, und *Ästhetik*, als Wissenschaft von der Poetik, unterschied.

Für ihn ist die Ästhetik somit eine Metawissenschaft, deren Interesse es ist, den Gegenstand der Disziplin philosophisch und erkenntnistheoretisch zu begründen.

Mit Baumgarten wird deutlich, daß die Genese der Ästhetik an ein Teilstück, dessen Inhalt „die schönen Künste" sind, d.h. an die Präzisierung des ästhetischen Bereichs als eines spezifischen Feldes, gebunden ist.

Die Klärung des Bereichs der Ästhetik gehört zur damaligen Diskussion der Erkenntnis. Die Abtrennung dieses Bereichs ist ein Glied in der Präzisierung jener Erkenntnisbereiche, die nicht intellektuell und rationell, deswegen aber nicht eo ipso minderwertig sind. Baumgarten geht es darum, die allgemeinen erkenntniskritischen Züge der ästhetischen Aktivität nachzuweisen.

Zu diesem Zwekc bestimmt er in den *Meditationes philosophicae de nonnullis ad poema pertinentibus* (1735) die sensuelle (oder sensitive) Vorstellung positiv und kann so die Gesetzmäßigkeiten, die sich im Bereich der sensitiven Erkenntnisfähigkeiten geltend machen, diskutieren. Die Kunst wird Ausdruck der „Vollkommenheit der sinnlichen Erkenntnis" („perfectio cogitionis sensitivae"): das Gedicht ist die vollkommene sensitive Sprache.

Durch die Disziplin ‚Ästhetik' können also die menschlichen Erkenntnisformen reflektiert werden. Die Ästhetik ist mit einem erkenntniskritischen Interesse verbunden, daß allmählich in jene ästhetische Tradition verfällt, die rein sensualistisch wird und das Gedicht in Sensualität schlechthin verwandelt (z. B. A. E. Housmann).

Von Bedeutung in diesem Zusammenhang ist weiter, daß Baumgarten in seiner Betonung der sinnlichen Erkenntnis als einer im Verhältnis zu anderen Erkenntnisformen (z. B. der wissenschaftlichen, philosophischen) besonderen Erkenntnisdimension, in Erweiterung der rationalistischen Tradition, feststellt, daß das Schöne als besonderes Gebiet mit eigenen Gesetzmäßigkeiten abgetrennt ist.

Kant führt dies weiter, aber wieder innerhalb eines allgemeinen erkenntniskritischen Interesses: in seinem Einsatz liegt der Versuch einer philosophisch-erkenntnistheoretischen Begründung der Ästhetik als selbständiger Entität neben der Wissenschaft und der Ethik. In diesem Zusammenhang interessieren uns folgende Elemente in Kants Ästhetik:

Für Kant ist das ästhetische Geschmacksurteil uninteressant; es handelt sich bei ihm exklusiv um die Anschauung des Schönen. Wir sind nicht praktisch an der Existenz des Schönen interessiert. In der Betrachtung des Schönen liegt eine Freiheit von Neigungen und praktischen Imperativen, die das ästhetische Urteil indifferent und kontemplativ machen. Durch ihr Desinteresse sind die ästhetische Betrachtung und das Geschmacksurteil allgemein und beruhen ganz auf dem sensus communis des Geschmacks. Zugleich sind sie, über das Gefühl, eine Reflexion. Das ästhetische Urteil, im Unterschied zum theoretischen, ist somit *allgemein, persönlich reflektiert und apriorisch unbeweisbar.*

Mit dieser Theorie des uninteressierten Geschmacksurteils und der kontemplativen Haltung zum Schönen hat Kant dem ästhetischen Bereich und Urteil eine Sonderstellung eingeräumt. Es setzt so die Abtrennung des Ästhetischen und der ästhetischen Aktivität, die wir bei Baumgarten beobachten konnten, fort.

Gleichzeitig erarbeitet er eine spezifizierte Theorie der Eigenart des ästhetischen Urteils im freien Zusammenspiel der Erkenntniskräfte (Phantasie und Verstand) in der Anschauung des Schönen/des schönen Gegenstands. Die reglementierte Freiheit ist eine Bestimmung in Kants Reflexionen über das ästhetische Geschmacksurteil.

Da das Schöne in seiner Ästhetik zugleich ein Symbol des sittlich Guten ist, ist die ästhetische Aktivität mit der Vorstellung von einem ethischen Leben verbunden.

Gleichzeitig ist das ästhetische Urteil persönlich reflektiert, da es bei Kant von der Person, d. h. dem lesenden (beurteilenden) Subjekt, mit seiner besonderen, wenn auch allgemein reflektierten Gefühlswelt, Phantasie und Lust-/Unlustempfindung ausgeht. Diese Bestimmung beruht auf der bürgerlichen Gegenüberstellung von Individuum und Sozialität (von Subjekt-Objekt); seine Ästhetik wird eine moralisierende und kontemplative Theorie des schönen Objekts. Das ästhetische Objekt erscheint dann als „die Versinnlichung sittlicher Ideen".

Von der direkten Bindung des ästhetischen Geschmacksurteils an das bürgerliche Ich-Individuum leiten sich die Verfallspotentiale der Ästhetik her. Diese Aspekte sollen in einem späteren Abschnitt behandelt werden.

Die Bestimmung des Kunstwerks als geistig-sinnlicher Gegenstand und ihre Paarung mit der Vorstellung des freien Spiels im ästhetischen Geschmacksurteil sind zentral. Dieser Schlüsselpunkt in der klassischen Ästhetik ermöglicht die ideengeschichtlichen Verbindungen der ästhetischen Reflexion (z. B. mit Platon, Plotin, Aristoteles u. a.) und, verbunden mit der individuellen Produktionsweise des Kunstwerks, eine Reihe ideologischer Verständnisformen: die Fetischierung, das Geniekonzept, die Privatisierung usw.

Was isoliert erscheint, ist immer gesellschaftlich bedingt. So auch Kants bornierter Interessebegriff. Näheres darüber später.

4. Über Fetischismus, Autonomie und Literarität

Wird an den Bestimmungen der zwei vorhergehenden Abschnitte festgehalten, ergibt sich unmittelbar, daß das bürgerliche Kunstwerk als Werk, als eine geschlossene, referenzlose Entität erscheint, in der die Sozialität nicht augenfällig ist.

Schon bei Baumgarten und Kant erfährt das Schöne eine Sonderbestimmung, aber sie ist noch von einem erkenntniskritischen Interesse getragen, das auf den wirklichen Funktionen der Kunst in den ersten Phasen der bürgerlichen Gesellschaft beruht.

In gleichem Maß, wie die politökonomischen Aspirationen des Bürgertums verwirklicht werden, verlieren Kunst und Literatur ihre Funktionen in der bürgerlichen Öffentlichkeit. Die literarische Öffentlichkeit wird zu einem exotischen Bereich für Schöngeister und philosophierende Ästheten.

Parallel zu dieser Strukturveränderung in der bürgerlichen Gesellschaft verändert sich die Ästhetik in exotische und esoterische Reflexionen, wie beispielsweise im Symbolismus. Die generellen erkenntniskritischen Interessen der ästhetischen Reflextion werden zu fetischierten Theorienbildungen über das *Gedicht* und seine metaphysischen Möglichkeiten. Gleichzeitig wird die ästhetische Reflexion in verschiedenen neukritischen Schulbildungen pragmatisiert. Ich werde mich im folgenden auf die *Autonomiekonzeption* des literarischen Werks und die *Literaturtheorien* des russischen Formalismus konzentrieren. Ich sehe eine klare Verbindung zwischen diesen Theorien und grundlegenden Zügen der Konstitution des bürgerlichen Kunstwerks. Beide Konzepte liegen schon in der klassischen Ästhetik bereit. Die Verdrängung der Kunst aus dem Zentrum der bürgerlichen Öffentlichkeit und das, u. a. literarische, Erscheinen des Proletariats verleihen diesen Tendenzen neue Bedeutung und rufen eine Reihe von Theoriebildungen hervor, von denen der russische Formalismus und der amerikanisch-englische New Criticism hier diskutiert werden sollen.

Die Entstehung solcher Theorien ist somit generell doppelbestimmt: teils durch die gesellschaftliche Bedeutungslosigkeit der Kunst in der bürgerlichen Öffentlichkeit, teils durch das literarische Erscheinen des Proletariats. Das Heranwachsen der bürgerfeindlichen Klasse aktualisiert notwendigermaßen das Konzept der Interesselosigkeit der klassischen Ästhetik, indem es eine Aussonderung der Tendenzkunst aus dem literarischen System dringlich macht. Klassengrundlage und Klassenziel der Tendenzkunst stehen der herrschenden bürgerlichen Richtung negativ gegenüber. Dabei kann nur die oppositionelle Tendenz als solche bezeichnet werden. In diesem Konfliktbereich entwickelt die bürgerliche Ästhetik verschiedene Theorien von „reiner" Kunst, die mit Bezeichnungen wie ‚Holismus' und ‚Autonomie' zusammengefaßt werden können. Die Entwicklung geht zusammen mit der Privatisierung der Kunst auf inhaltlich stets ärmere und wirklichkeitsfernere Gestaltungen hin.

Eine phänomenale Tatsache der Kunst des 20. Jahrhunderts wird durch verschiedene literaturwissenschaftliche Begriffe wie *Holismus, Autonomie* und *Literarität* charakterisiert.

Die ersten zwei Begriffe entstehen in Zusammenhang mit dem angelsächsischen *New Criticism,* der dritte in der Tradition des russischen Formalismus.

Die beiden Richtungen – die keineswegs identisch sind – sollen in diesem Essay als Beispiele für konstitutive Momente der bürgerlichen Literaturwissenschaft dienen.

Aus der untersuchten phänomenalen Situation heraus wächst die *Autonomietheorie.*

Diese Theorie und ihre Entwicklungsgeschichte werden hier im Detail behandelt. Sie ist – auch im Selbstverständnis des New Criticism – die Voraussetzung, die ein von ihr abgeleitetes Verständnis des Werks ermöglicht: den *Holismus.*[4]

4 Hier muß festgehalten werden, daß der russische Formalismus nicht *holistisch* ist. Dies ist nur beim New Criticism der Fall.

Eine Kritik des Autonomiebegriffs betrifft deshalb automatisch auch den Holismus. Sie ist ferner eine Kritik der Geschichtslosigkeit oder der antihistorischen Haltung, die die Bewegung des New Criticism kennzeichnet, und die eine Variante der allgemeinen Naturalisierungstendenz der kapitalistischen Gesellschaft darstellt. Ein Beispiel für eine solche strukturelle Naturalisierung selbst spezifischer Züge des Modernismus ist T. S. Eliots berühmter Essay, *Tradition and the Individual Talent.* Die Tatsache, daß diese antihistorische Einstellung in enger Verbindung *einerseits* zum Südstaatenmilieu mit seinen Träumen von präkapitalistischen Produktionsverhältnissen, in welchem der amerikanische New Criticism heranwächst, *andererseits* zum europäischen Modernismus mit seinen aristokratisch-faschistischen Tendenzen (vgl. Ezra Pound, T. S. Eliot und H. D. Lawrence) steht, ist wichtig, da sie die spezifischen geschichtlichen Umstände, unter denen die Autonomietheorie mit ihren Implikationen gedeihen *konnte,* sichtbar macht.

Da die Werkfetischierung die Grundlage der Autonomietheorie, des Holismus und der Geschichtslosigkeit der Doktrinen, welchen der New Criticism huldigt, ist, wird deutlich, daß *diese Doktrinen auf einem einfachen kategorialen Irrtum aufbauen.* Die Theorie verwechselt eine spezifische Ausformung mit einer universalhistorischen Bestimmung.

Damit wird ein historisch vermitteltes Verhältnis als ein ontologisches Diktum verstanden.

Ein amerikanischer Kritiker wie John Crowe Ransom hat diese ontologische Bestimmung zur fixen Idee entwickelt. Bei ihm läßt sich dieser spezifische Kategoriefehler in einer prägnanten Ausformung studieren.

Die subtilere Vorstellung von *Literarität,* die besonders vom russischen Formalismus erarbeitet wurde, hat gewisse Ähnlichkeiten mit der angelsächsischen Autnonomietheorie, darf aber nicht mit ihr verwechselt werden.

Ausgangspunkt ist nicht ein holistisches, sondern vielmehr ein *intertextualitätsbestimmtes Werkverständnis,* das schon bei den ersten klassischen Formalisten (z. B. Viktor Schklowskij in seiner Untersuchung des Don Quichote) beobachtet werden kann. Der russische Formalismus ist überhaupt von größerer theoretischer Einsicht als der New Criticism und von einer strengeren begrifflichen Stringenz, die, in den weitreichenden Traditionen vom tschechischen zum französischen Strukturalismus und Semiotik, wichtige Erkenntnisse ermöglichte.

Im folgenden soll keine tiefschürfende Diskussion des Literaritätsbegriffs des russischen Formalismus unternommen, sondern nur eine Seite dieses Begriffs erläutert werden.

Die Kunstkonzeption des Formalismus beruht auf einer theoretischen Vorstellung von der differentia specifica des literarischen Werks als bestimmt durch dessen Literarität, durch das Zurückwenden der Aussage, vom *selbstreflexiven Charakter des Kunstwerks.*

Mit der Werkform ist auch die Möglichkeit und Voraussetzung für die Literarität gegeben.

Unter Literarität versteht Roman Jakobson eine Aktualisierung der poetischen Prozedur im Text, eine „Zentrierung auf die Nachricht um ihrer selbst willen.“[5] Der Prager Formalist Jan Mukařovský bezeichnet es als das „Zurückwenden zu sich selbst“ des Aussageaktes.[6]

Diese selbstreflexive Eigenschaft der Poesie charakterisiert Roman Jakobson semantisch: „In der Dichtung tendiert nicht nur die phonologische Abfolge, sondern in gleicher Weise auch jede Folge semantischer Einheiten dahin, eine Übereinstimmung herzustellen. Similarität, die Kontiguität überlagert, verleiht der Dichtung ihre durchgehende symbolische, vielfältige, polysemantische Essenz . . . . In Dichtung, wo Similarität zusätzlich zur Kontiguität eingeführt wird, ist jede Metonymie leicht metaphorisch und jede Metapher leicht metonymisch. Mehrdeutigkeit ist ein immanenter, unabtrennbarer und notwendiger Bestandteil jeder Nachricht mit ‚Einstellung‘ auf sich selbst.“[7]

Diese Überlegungen ergänzt Jan Mukařovský: „. . . es bleibt immer noch das Gefühl, daß jedes Wort, sobald es in den Bereich der Poesie gelangt, einen ‚bildlichen‘ Eindruck hervorruft, ganz gleich, ob es in übertragener oder eigentlicher Bedeutung angewendet wird.“[8] Und er kann fortsetzen: „Dieser Widerspruch kann nur dann überwunden werden, wenn wir die Beziehung zwischen bildlicher und eigentlicher Benennung als dialektische Antinomie auffassen, die in jedem Benennungsvorgang wirksam ist. Jede Benennung, ganz gleich ob sie dichterisch oder mitteilend ist, wird von dieser Antinomie geprägt und tendiert zu einem ihrer Pole hin.“[9] „Neigt die Benennung dem Pol der Bildlichkeit zu, ist diese Annäherung – wiederum in unterschiedlichem Maße – vom Gefühl begleitet, daß die benannte Sache noch anders bezeichnet werden könnte und daß umgekehrt die gegebene Benennung noch viele andere Sachen bezeichnen könnte. Unter diesen Umständen drückt eine Benennung die Sache nicht als Komplex von Eigenschaften

5 Roman Jakobson, „*Linguistik und Poetik*“, in J. Ihwe (Hrsg.), *Literaturwissenschaft und Linguistik, Bd. II/1,* Frankfurt/M. 1971, S. 151.

6 Jan Mukařovský, „*O jazykovém stylu*“, in *Slovo a slovesnost 1941/7,* S. 28–37.

7 R. Jakobson, a.a.O., S. 169.

8 J. Mukařovský, „*Zur Semantik des dichterischen Bildes*“, in *Studien zur strukturalistischen Ästhetik und Poetik,* München 1974, S. 200.

9 ebenda, S. 202.

aus, sondern hebt einen ihrer Aspekte, eine bestimmte Eigenschaft hervor, die sie so zur Dominante macht. . . . das Moment der *Wahl* der Benennung wird deutlich spürbar."[10]

Dieses Mosaik von Zitaten soll Umfang und Komplexität des Begriffs Literarität umreißen. Das Selbstreflexive und das Polysemantische bedingen einander gegenseitig.

Nach Roman Jakobson und Jan Mukařovský besteht die Literarität, d. h. die „differentia specifica" (Roman Jakobson[11]) des literarischen Werks, darin, daß es aus „praktischen Funktionen" (Jan Mukařovský) – also aus Gebrauchszusammenhängen, vgl. oben die Entwicklung der Gelegenheitsdichtung – losgerissen wird, so daß es die Eigenart erhält, sich als interessant in sich selbst darzustellen.

Roman Jakobson und Jan Mukařovský sind davon überzeugt, daß die Literarität eine ontologische Eigenschaft der Kunst sei: Literatur ist Literarität.

Dies bedeutet natürlich, daß sie in ihrer Darstellung, was die Konstituenten der Literatur betrifft, keine wesentlichen Unterschiede zwischen beispielsweise Homer, Dante, Shakespeare, Dickens und H. C. Andersen sehen.

Die Implikation ihrer theoretischen Entwicklung ist folglich eine Enthistorisierung des geschichtlich vermittelten Materials.[12]

Sie schreiben korrekt, daß die faktische Loslösung der bürgerlichen Kunst von allen unmittelbar praktischen Funktionen Literarität hervorbringt und machen somit auf einen phänomenalen Zug der unmittelbar erscheinenden Kunstform der bürgerlichen Gesellschaft aufmerksam. In ihrer Forschung verdoppeln sie diese Eigenschaft der Form, aber sie erklären sie nicht. Ihre Festlegung auf das Phänomen verhindert eine formgenetische Erklärung.

Dies bedeutet aber nicht eine Reduktion des Formalismus auf dasselbe flache Niveau, wie es beim New Criticism die Regel ist. Der Formalismus ist eine komplexere Angelegenheit als der New Criticism. Die ästhetische Spekulation ist für einige Formalisten mit entschieden emanzipatorischen Interessen verbunden (z. B. Medvedev, Volosinov, Bachtin). Schließlich ist ihr materialhistorischer Hintergrund bekanntlich ganz verschieden von der Reaktion der amerikanischen Südstaaten. Der russische Formalismus entsteht

---

10 ebenda, S. 202f.

11 R. Jakobson, a.a.O., S. 143.

12 Ich will hier betonen, daß ich in dieser Darstellung z. B. spezifische Entwicklungen, die man u. a. im Prager Formalismus finden kann, nicht berücksichtige, sondern mich nur für typische Züge der Literaritätskategorie interessiere.

mit der russischen Revolution und seine Theorien treten in eine direkte Diskussion mit ihr.[13]

Unter allen Umständen muß festgehalten werden, daß der New Criticism und der Formalismus darin recht haben, daß die poetische Funktion tatsächlich bestimmend ist für ein literarisches Werk in einer bürgerlichen Gesellschaft mit ihrer kontemplativen Bestimmung der ästhetischen Situation, wo Literatur um ihrer selbst, um der Schaffung eines literarischen Produkts willen geschrieben wird. Wie ich oben argumentiert habe, ist dies auf die Konstitution des bürgerlichen Kunstwerks und den *Werkbegriff* zurückzuführen.

Daß ähnliche Prozeduren in früheren „Kunstwerken" beobachtet werden können, ändert nichts an der Sache, denn sie haben dort eine ganz andere Funktion als im bürgerlichen Kunstwerk.

Die „Literarisierungen" in Kingos *Hosianna* können als Beispiel dienen. *Diese Literarisierungen dienen nicht dem Kunstwerk, sondern dem Anlaß.* Dies ist das Entscheidende.

Die „Literarisierungen" – die wir unmittelbar beispielsweise mit den barocken Verzerrungen des Modernismus identifizieren – sind nur formal mit der Kunst der bürgerlichen Gesellschaft verwandt. *In den Deformierungen des Modernismus dient die „barocke" Literarisierung dem Werk und nichts anderem:* sie ist sein Warenzeichen schlechthin. Entscheidend ist deshalb nicht, *daß* das, was wir mangels eines besseren Ausdrucks „künstlerische Stilmittel" nennen, schon vor der Kunst der bürgerlichen Gesellschaft irgendwo zur Anwendung gelangt; dies ist natürlich der Fall. Ausschlaggebend ist vielmehr die Funktion dieser Prozeduren: ob sie dem Werk zur eigenen Illumination, zu seiner glänzenden selbstreflexiven Selbstdarstellung, oder ob sie spezifischen Gebrauchszusammenhängen dienen.

Durch die Literarisierung wird das Werk als solches deutlich. Dies führt natürlich auch mit sich, daß beispielsweise das Interesse des Expressionismus an der barocken Dichtung (z. B. an Gryphius und Góngora) auf einem Mißverständnis dieser Dichtung beruht, die gerade nicht expressiv im modernen Sinn ist.

Die Undurchsichtigkeit des Modernismus ist Ausdruck der Selbstspiegelungen der reinen Literarität.

Die Undurchsichtigkeit des barocken Sprachgebrauchs dient einem ganz anderen Zweck. In *Hosianna* beispielsweise ist sie eine Form der Pracht, die Schwierigkeiten der Sprache stehen in Zusammenhang mit der „Ästhetik" der Repräsentativität.

---

13 Vgl. beispielsweise Leo Trotzkijs Diskussion des Formalismus in *Literatur und Revolution*, Berlin 1968.

Während die Literarität das Werk als solches „deutlich" macht, wird gleichzeitig die sozial bedingte Textlichkeit verschleiert. Die Literarität ist eine Fetischkategorie.

Während die Warenform einerseits die Voraussetzung für die Verbreitung des Werks in der Öffentlichkeit ist – und in diesem Sinn einen expansiven Charakter hat –, müssen andererseits die Grenzen, die die Warenform dem Werkbegriff auferlegt, hervorgehoben werden.

Die Warenform macht zwar das Buch für die Öffentlichkeit, für das kritische Publikum frei, aber unter dem Aspekt der Kunst bedeutet das auch, daß das Werk aus praktischen und unmittelbaren Gebrauchszusammenhängen, die über die private, d. h. partikularisierte Konsumtion hinausgehen, losgerissen wird.

Es gewinnt keinen Gebrauchswert in konkreten Situationen des gesellschaftlichen Lebens.

Es spricht zu allen über alles.

Die Werkform ermöglicht also auf der einen Seite eine gewaltige Entwicklung der künstlerischen Themata (siehe unten im 5. Abschnitt dieses Kapitels).

Auf der anderen Seite führt sie die Tatsache mit sich, daß diese Expansion nur zufällig und in äußerlichen Beziehungen mit spezifischen Gebrauchssituationen verbunden werden kann.

Der Künstler, der etwas geschichtlich „Neues" schaffen will, d. h. sich im Klassenkampf engagiert, muß deshalb aus dem magischen Zirkel der Literarität ausbrechen.

Hier wird deutlich, daß die Literarität und die verschiedenen Gattungen Grenzen darstellen, die nicht wesentlich übertreten werden können, wenn der Künstler *Künstler* im bürgerlichen Sinn des Wortes bleiben will. Man braucht in diesem Zusammenhang nur an die vielen Diskussionen der bürgerlichen Öffentlichkeit über das Verhältnis zwischen Kunst und Tendenz zu denken, um die Grenzen dieses Kunstverständnisses sehen zu können.

Zwar gibt es bürgerliche Kunstwerke, deren recht explosive Erfahrungen und Darstellungen nur schwerlich im bürgerlichen Dekorum Platz finden. Aber hier sorgt die Literarität für ihre Neutralisation, d. h. für die Unschädlichmachung in ihrem selbstreflexiven Spiegelkabinett.

Die verschiedenen Gattungen, die diversen konkreten, spezifischen Gestalten der Warenform, sind, vom Standpunkt des Klassenkampfes aus betrachtet, sehr problemreich. Die hier aufgeworfene Frage ist für das Erkenntnisinteresse dieses Essays entscheidend: welche Progressivität besitzt die Ästhetisierung der Kunst in der Warenform geschichtlich? und weiter: welches emanzipatorische Interesse verbindet sich mit der ästhetischen Reflexion in der Vergangenheit und heute?

Ich werde im folgenden versuchen, dieses Feld zu umreißen.

Vorerst ein Beispiel: P. A. Heibergs[14] politischer Kampf Ende des 18. Jahrhunderts ist ein Moment im progressiven Kampf des Bürgertums für seine Interessen gegenüber einer semifeudalen, absoluten Machtstruktur. Heibergs (u. a.) politische Literatur in dieser Situation wurde im allgemeinen nicht in den vorherrschenden Gattungen der bürgerlichen Literatur (Roman, Novelle) geschrieben, sonders es wurden solche gewählt, die durch besondere Wirkungskraft gekennzeichnet waren, also pamphletische wie das Lied, das Flugblatt u. ä.

Wer in direkte politische Aktion treten will, muß die Kreise der bürgerlichen Literatur verlassen.

Nun setzt Heibergs politischer Kampf die Entwicklung einer eigentlichen bürgerlichen Literatur voraus, die als (nicht unwesentliches) Moment in der Entstehung eines subjektiven Klassenbewußtseins des Bürgertums verstanden werden kann.

Unter Voraussetzung dieser Entwicklung ist es Heiberg und anderen möglich, dieses anderenorts entstandene Klassenbewußtsein in die politische Aktion hineinzuziehen.

Was hier über die Ästhetisierung der Kunst in Werkform im 18. Jahrhundert, d.h. den Entstehungsprozeß der bürgerlichen Literatur gesagt wurde, deutet darauf hin, daß diese *Literarisierung und Loslösung aus dem unmittelbaren Reproduktionszusammenhang entscheidende progressive Momente beinhaltet, und daß ferner diese progressiven Momente an die progressive, objektive Situation des Bürgertums in der zweiten Hälfte des 18. Jahrhunderts gebunden sind.*

In gleichem Maß, wie die Kunst mit der bürgerlichen Gesellschaft in der progressiven Phase des Bürgertums verbunden ist, stellt die Ästhetisierung der Kunst auch einen Fortschritt von entscheidender Wichtigkeit dar. Die weitere Verbindung der Kunst mit der Entstehung der Individualität unterstreicht das obige.

Hier kann ich jedenfalls unmittelbar die Konsequenz ziehen, die sich aus dem Gesagten ergibt: indem die Kunst sektoral mit dem Heranwachsen der bürgerlichen Öffentlichkeit verbunden ist, gehorcht sie derselben Doppeldeutigkeit. Ihre formale Entwicklung stellt eine historische Progressivität dar, die in Erinnerung behalten werden muß, wenn an den transitorischen Bestimmungen der Kapitalanalyse und damit an einem emanzipatorischen Verständnis der kapitalistischen Gesellschaft festgehalten werden soll. Also: je-

---

14 Peter Andreas Heiberg (1758–1841), dänischer politischer Satiriker, 1799 zusammen mit M. Bruun (vgl. Anm. 22) des Landes verwiesen (Anm. d. Übers.).

der Traum von einer Rückkehr zu vorkapitalistischen Kunstformen und somit vorkapitalistischen ästhetischen Reflexionen ist *direkt* reaktionär.

Mit einem zweiten Beispiel will ich versuchen, die Problematik auf die letzte Frage hin zu führen: es ist die Möglichkeit einer emanzipatorischen Ästhetik.

Nexøs *Pelle der Eroberer*[15] ist ein besonders verwickeltes Beispiel eines Kreuzungsfeldes zwischen einem bürgerlichen Genre (dem Bildungsroman) und seinen bürgerlichen Bildungsstrategien und proletarischen Erfahrungen. In der Kreuzung zwischen diesen beiden Momenten wird es selbst zu eben dem intrikaten Punkt. Der Antagonismus zwischen den zwei Schichten des Werks verwandelt sich gegen den Schluß hin zu seinem Motiv. Hier kann gezeigt werden, wie bürgerliche und proletarische „Strategien" einander korrumpieren.

Die entscheidende Begrenzung der emanzipatorischen Möglichkeiten der bürgerlichen Dichtung liegt natürlich in ihrer Bürgerlichkeit, d. h. sie behandelt die Befreiung *außerhalb der Produktion* und deshalb tendenziell gegen diese.

Dies gilt auch für die bürgerliche Emanzipationsvorstellung, die im Gegensatz zur Konzeption des Klassenkampfes entwickelt wurde, welche eben durch den Produktionsprozeß gekennzeichnet ist, weshalb sie den *Moralismus* und *Anthropologismus* der bürgerlichen Emanzipatorik ausschließt. Eine mögliche revolutionäre marxistische Ästhetik muß sich selbst *dialektisch* verstehen: ihre Aussicht liegt in einer *exemplarischen* und konkreten Darstellung.

Zu diesem Zeitpunkt dürfte es sich lohnen, auf die Diskussion in Verbindung mit Georg Lukács' pandialektischer Begründung einer bestimmten Literaturform, des Realismus und des sozialistischen Realismus zurückzukommen.

Lukács' Realismusbegriff beinhaltet einen Aspekt und eine Perspektive, die für gewöhnlich aus der Diskussion verschwinden, da sich diese leicht am Standpunkt seiner Gegner und ihren ästhetischen Ideen orientiert, welche dann alternativ als Wahrheit hingestellt werden. Worauf stützt Lukács sein Literaturverständnis? Was motiviert sein Beharren auf dem Realismus? Sein Interesse kann als didaktisch bezeichnet werden; sein Ausgangspunkt ist in einem proletarischen Sinn kulturpolitisch. Seine Literaturtheorien sind ein

---

15 Martin Andersen Nexø (1869–1954), *Pelle Erobreren;* dt. Übers. *Pelle der Eroberer,* Leipzig 1912. Tetralogie, erster wirklicher Arbeiterroman der dänischen Literatur. (Anm. d. Übers.)

Moment in der Ausarbeitung einer antikapitalistischen Kulturpolitik und im Denken einer arbeiterdidaktischen Strategie.

In diesem Zusammenhang ist also die Entwicklung des proletarischen *Klassenbewußtseins* wichtig.

Das Proletariat soll demzufolge, allgemein gesagt, Einsicht und nicht-fetischierte revolutionär-transzendierende Praxisform auf dem Grund eines Klassenbewußtseins entwickeln.

Lukács behauptet in *Tendenz oder Parteilichkeit?* folgendes: „. . .sein gesellschaftliches Sein macht es für das Proletariat (und damit für den proletarisch-revolutionären Schriftsteller) möglich, über diese Schranke hinwegzugehen, hinter den fetischistischen Formen der kapitalistischen Gesellschaft die Klassenbeziehungen, die Entwicklung des Klassenkampfes klar zu erblicken. Die Klarheit über diese Zusammenhänge, die Klarheit über ihre Entwicklungsgesetze bedeutet zugleich die Klarheit über die geschichtliche Wirksamkeit des Proletariats selbst, über die Rolle des subjektiven Faktors in dieser Entwicklung."[16]

In dieser Bewegung gegen den „Klasse-für-sich"-Standpunkt mißt Lukács der Literatur, d. h. dem bürgerlichen Realismus und dem Sozialrealismus eine Rolle bei. Diese Rollenzuteilung kann auf zwei Arten beschrieben werden: die Marxsche politökonomische Analyse mit ihrem spezifischen, dialektisch vermittelten Verhältnis zwischen Forschung und Darstellung, d. h. ihrem theoretischen Niveau, ist keine exemplarische, sondern eine theoretische Darstellung. Diese Theorie läßt sich deshalb zweifellos nur schwerlich aneignen. Ihre Darstellung der Anatomie der bürgerlichen Gesellschaft hat daher im Lauf der Zeit den Arbeiterdidaktikern zahlreiche Schwierigkeiten verursacht, die meist durch vereinfachte Rekonstruktionen der Marxschen Theorie, wie beispielsweise in Karl August Wittfogels traditionellen, arbeiterdidaktischen Büchern der 30er Jahre, gelöst wurden.

Die Arbeiterdidaktik muß somit ein Material finden, dessen Inhalt, auf exemplarische Weise, Einsicht in die Bewegungsgesetze der kapitalistischen Gesellschaft vermittelt. Zu diesem Zweck holt Lukács die realistische Prosa der bürgerlichen Literatur hervor. Sie kann, nach Lukács, Einsicht in die Widersprüche der bürgerlichen Gesellschaft ermöglichen. Soweit dies richtig ist – worauf er beharrt –, kann die althergebrachte bürgerliche Literatur erstens als exemplarisches Material in obiger Bedeutung und zweitens als Muster für eine proletarisch-revolutionäre Literatur dienen.

Hinter dieser Position liegen teils eine Reihe konkreter, kulturpolitischer Erfordernisse, die hier nicht untersucht werden können, teils eine Aktuali-

---

16 G. Lukács, *Schriften zur Literatursoziologie,* a.a.O., S. 117f.

sierung bestimmter Seiten der klassischen Ästhetik, welche wir näher betrachten wollen.

Es geht hier um Lukács' Reaktualisierung der klassischen Vorstellung vom Kunstwerk als der vom Geist durchdrungenen Sinnlichkeit. In diesem Grundzug der klassischen Reflexion über den ästhetischen Gegenstand finden wir die didaktischen Möglichkeiten des bürgerlichen realistischen Kunstwerks. Tauschen wir das idealistische Vokabular mit Lukács' Begriffen aus, bedeutet dies, daß die Dialektik (= die Widersprüche, die Bewegungsgesetze der bürgerlichen Gesellschaft) im realistischen Kunstwerk sinnlich, konkret, also exemplarisch dargestellt wird.

Das literarische Werk ist deshalb im Prozeß, in dem sich das Proletariat, u. a. die Partei und seine Kampferfahrungen, zu einer Klasse für sich entwickelt, didaktisch-emanzipatorisch anwendbar.

Von diesem Standpunkt aus lassen sich Lukács' normative Folgerungen über den Realismus hören und verstehen. Sie erscheinen nun nicht länger als notwendiges Resultat einer dialektischen Untersuchung, sondern didaktisch-politisch motiviert. Die theoretische Diskussion der Problematik muß nun durch eine praktisch-historische ersetzt werden.

In diesem Zusammenhang stellen sich eine Menge Probleme, die hier angedeutet werden sollen:

– indem die theoretische Begründung in Lukács' Argumentation wegfällt, bleibt der Wunsch zurück, eine parteiliche und progressive Literatur zu fördern. In welchem Ausmaß wiederholt Lukács hier den bürgerlichen Kunstfetisch?

– Lukács geht axiomatisch von der Existenz einer Literatur aus, die die Widersprüche der bürgerlichen Gesellschaft in sich selbst ausdrückt. Hier weist er über ein Engelszitat auf Balzac hin: Balzac war trotz seiner Absicht, die untergehende Klasse des französischen „l'ancien regime" zu verherrlichen, gezwungen, gegen seine eigenen Klassensympathien und politischen Vorurteile ein richtiges und erschöpfendes Bild der Gesellschaft seiner Zeit zu geben. Beiläufig weist Lukács auf Tolstoj „und eine Reihe von bedeutenden Schriftstellern des Bürgertums"[17] hin. In welchem Ausmaß sind Lukács' Analysen des bürgerlichen Realismus richtig?

Die Punkte, in denen Lukács und Engels einig sind, lassen sich mit den Momenten, die die Frankfurter Schule, besonders Adorno, aufgearbeitet hat, in einer Formel ausdrücken. Nach Adorno ist die Kunst ihrem Wesen nach eine geistig immanente Negation der bürgerlichen Gesellschaft; dieser Topos scheint mit typisch für die Kritik der Frankfurter Schule.

---

17 ebenda, S. 117.

Somit mißt Adorno der Kunst eine kritische Funktion bei, indem sie, in Form einer Vorwegnahme, den Schein eines befreiten, nicht-unterdrückten Zustands darstellt.

Für Adorno besteht das Gesellschaftliche der Kunst primär in diesem Charakter von notwendigem Schein und utopischer Vorwegnahme und nicht in positivierenden Propagandaphrasen.

In der Kritik des letzteren können wir Adorno beistimmen, in der Formulierung des ersten Prinzips nicht. Es scheint mir, als gebe er sich dadurch selbst eine *formelle* Legitimation, um ungestört über Kunst und Dialektik weiterschreiben zu können.

Engels, Lukács und Adorno reflektieren eine Doppelheit der Konstitution des bürgerlichen Kunstwerks, die sie auf verschiedene Weise zu einer progressiven und bewußtmachenden Eigenschaft des bürgerlichen Kunstwerks in sich selbst generalisieren.

Der springende Punkt in der Anwendung des bürgerlichen Kunstwerks durch die Arbeiterdidaktik ist der einleuchtende Versuch einer Vermittlung von Realeinsicht in die gesellschaftlichen Zusammenhänge durch die Literatur, unter anderem auch einer Verbindung dieser Einsichtsvermittlung mit organisatorischen Initiativen in verschiedenen Formen der Praxis.

In Adornos Kunsttheorie liegt explizit ein Verständnis des bürgerlichen Kunstwerks, das einen Kurzschluß zwischen diesem und der Praxis verhindert: es ist eine Illusion, „Geist“ und unmittelbares Eingreifen miteinander zu verbinden, denn der gesellschaftliche Charakter des bürgerlichen Kunstwerks ist immanent.

Die Doppelheit liegt somit im affirmativen Moment des Kunstwerks (vgl. untenstehende Beschreibung durch die Institutionskategorie als kapitalaffirmativer Kategorie) und seiner relativen Autonomie, seiner Selbstreflexion, d. h. der Freiheit des schaffenden Individuums und der Kritik in der geistigen Sphäre.

Diese für das bürgerliche Kunstwerk konstitutive Doppelheit besteht aus folgenden Momenten:

Wie schon erwähnt ist der Ausgangspunkt das Individuum als gesellschaftliches Atom, dem in seiner emanzipierten Beschäftigung mit Kunst(schaffung) eine geistige Freiheit verliehen wird, weshalb der Künstler in seinem Werk oft an einer individuellen Handlungslogik festhält, die gesellschaftlich schon längst als Nostalgie bestimmt ist.

In der gesellschaftlichen Bestimmtheit der Kategorie des Individuums liegt ihre Verbindung mit der gesellschaftlichen Reproduktionslogik. Kraft des ideologisch-utopischen Handlungsentwurfs des Kunstwerks wird die gesellschaftliche Bestimmtheit der Reproduktionslogik ausgeschieden und nicht beschrieben: in dem Ausmaß, wie die Reproduktion des Allgemeinen im Individuellen künstlerisch gestaltet wird, wird es auf Grund der Erkenntnisposition des kapitalistischen Individuums in der Regel als Ontologie reflektiert.

Die individuelle Erkenntnisposition formuliert Erfahrungshorizonte und Lebensfragemente des atomisierten Individuums, die somit zum vorherrschenden Erkenntnismodus erklärt werden. In ihrer Doppelheit als *öffentlich* vermitteltem *subjektivem Erfahrungsentwurf* ist sie weder wahr noch falsch. Sie ist ein Produkt eines kapitalistischen Individuums.

In dem Maß, wie die Kunst individuell angeeignet wird, beinhaltet sie individuelle kompensatorische Möglichkeiten und Erfahrungsvermittlungen, die für die Konsumenten individuelle Bedeutung haben können. Eine solche individuelle Erfahrungsmöglichkeit interessiert mich hier nicht.

Von Interesse ist dagegen in diesem Zusammenhang die Verbindung zwischen dem bürgerlichen literarischen Werk und arbeiterdidaktischen Initiativen. Kurz gesagt handelt es sich um eine Analyse der Problematik, die sich im Verhältnis zwischen der individuellen Logik der Literatur und der Erfahrungsaneignung der Arbeiterklasse, d.h. ihren revolutionären Erfahrungen, ergibt. Dieser historische Prozeß gestaltet sich als Lernprozeß, falls wir in diesem Zusammenhang Michael Vester folgen können (*Die Entstehung des Proletariats als Lernprozeß*). Hier wird die revolutionäre Erfahrung durch wirkliche, revolutionäre Praxis bestimmt und weiterentwickelt. Diese Bestimmung als Lernprozeß ist durch den objektiven Platz der Klasse in der gesellschaftlichen Produktion bedingt. Nur ein historisches, politisches und ökonomisches Verständnis ermöglicht es, die Art des revolutionären Erfahrungszusammenhangs zu erkennen.

Allgemein müssen wir der Literatur in diesem Zusammenhang eine verschwindend kleine Bedeutung beimessen. Durch seine Fixierung auf die individuelle Form reproduziert der bürgerliche Kunstfetisch das bornierte kapitalistische Individuum, das formelle Subjekt mit partikularisierten und atomisierten Erfahrungen. Wenn auch die Handlungsformen in subjektiver Gestalt erscheinen, so setzen die kapitalistischen Reproduktionsbedingungen kollektive, emanzipatorische Möglichkeiten fest.

Diesen Problembereich betrachte ich als entscheidende Begrenzung von Lukács' arbeiterdidaktischen Überlegungen, und ich meine, daß er bei seiner Ausarbeitung einer proletarischen Kultur- und Literaturpolitik diese Verhältnisse nur in geringem Ausmaß reflektiert. Dies schränkt meiner Meinung nach die Anwendbarkeit der Literatur als exemplarisches, klassenkampfdidaktisches und kulturpolitisches Material ein.

Inwieweit es heute überhaupt wichtig, d.h. inwieweit emanzipatorisches

Interesse mit der Entwicklung einer marxistischen, revolutionären Ästhetik verbunden ist, stellt ein ungelöstes Problem dar, das ich hier nur aufzeigen kann: jedenfalls führt es mit sich, daß das Gebiet der ästhetischen Reflexion *nicht* das zirkulierende Kunstwerk in der bürgerlichen Öffentlichkeit sein kann (vgl. *Pelle der Eroberer*), sondern sich in Aktionszusammenhängen entwickeln muß (Demonstrationen, Theater am Arbeitsplatz, usw.). Es ist ferner unmittelbar klar, daß die in Zusammenhang mit der geschichtlichen Entstehung der bürgerlichen Öffentlichkeit erwähnten Analysen keine Gültigkeit für die spätkapitalistische Öffentlichkeitsform besitzen. Diese Tatsache soll später diskutiert werden, *teils* in Verbindung mit der Entwicklung einer *Kulturindustrie, teils* in Verbindung mit der *Geschichte der bürgerlichen Intelligenz im Spätkapitalismus,* die ich mit der Diskussion des bürgerlichen Ich-Individuums behandle.

5. Über die Thematik des Kunstwerks

Durch das Werk und die Warenform und mit der Entwicklung der bürgerlichen Welt wird das Werk thematisch geöffnet.

Diese Freilegung tritt gleichzeitig mit der zweideutigen Entstehung des bürgerlichen Familienlebens und damit der Intimsphäre ein.[18]

Durch die Umgestaltung der gesellschaftlichen Produktionsverhältnisse zu kapitalistischer Produktion wird das Kapital die zivilisatorische Kraft, die vergesellschaftet. Diese Umgestaltung stellt die bürgerliche (und nicht die proletarische) Familie in eine eindeutige Beziehung zur Zirkulationssphäre, durch die, zusammen mit dem fehlenden Verhältnis zur gesellschaftlichen Arbeit (d. h. zur Mehrwertproduktion) – die eben durch diese Freiheit definiert ist – die Familie sich als Sphäre *freier* und *reiner Menschlichkeit,* als Stätte der illuminierenden Humanität versteht.

Die Ideenbildungen der Zirkulationssphäre entfalten sich im Schoß der Familie, und deshalb auch in der Literatur.

Die Warenform der Literatur und die Autonomie der Intimsphäre (im Selbstverständnis) als Stätte psychologischer Emanzipation und Entfaltung der bürgerlichen Ideale fallen in *einer literarischen Öffentlichkeit* zusammen.

Charakteristisch für diese bürgerlichen Ideenbildungen ist ihre nicht-historische Reflexionsform, die, individuumbestimmt, zusammen mit dem progressiven Bürgertum heranwächst und deren Klassenspezifität ausdrückt. Die

18 Diese Darstellungen zur Topologie der bürgerlichen Gesellschaft stützen sich auf Jürgen Habermas, *Strukturwandel der Öffentlichkeit,* Neuwied und Berlin 1974; dieses Buch ist für diesen Abschnitt sehr wichtig.

Intimsphäre und die entstehende Empfindsamkeit in der Literatur sind interdependente Momente in der gleichen Bewegung (Sterne, Shaftesburry, Rousseau und in Dänemark Ewald[19]).

Parallel dazu und als Glied in der Veränderung der Gesellschaft zu einer kapitalistischen, wird diese in *Staat* und *Gesellschaft,* in eine öffentliche und private Region, d. h. in ein Gebiet für öffentliche Justiz und eines für Privatheit, in das der Produktion und das der Familie, aufgeteilt.

Zwischen der privaten Gesellschaft und dem Staat wächst im 18. Jahrhundert eine Öffentlichkeit heran, die als kritische Vermittlungsinstanz zwischen Gesellschaft und Staat dient. Die kritischen Möglichkeiten in dieser Phase der Geschichte der bürgerlichen Öffentlichkeit sind ausschließlich an das Gegensatzverhältnis des Bürgertums zur feudalen (d. h. nicht-kapitalistischen und deshalb in Beziehung zum Kapital begrenzten), ökonomischen Machthierarchie gebunden.

Die Literatur wächst als Medium bürgerlicher Selbstdarstellungen in diese Öffentlichkeit hinein.

Ihr Thema sind die Erfahrungen der Familie. Sie wird somit zum Ort für bürgerliche psychologische und existentielle Experimente: die Fiktivität baut auf erlebter Intimität auf. Umgekehrt wird die fingierte Intimität an der wirklichen als mögliche Erfahrung geprüft. Diese Befreiung versetzt die Literatur in eine gewaltige Entwicklung seit Beginn des 18. Jahrhunderts. Diese literarische Expansion ist mit der zivilisatorischen Kraft, die durch die Entwicklung des Kapitalverhältnisses in Gang gesetzt wird, verbunden.

Die Klassenteilung der bürgerlichen Gesellschaft, die auf der Mehrwertproduktion beruht, bedeutet nicht bloß, daß jemand, nämlich die Lohnarbeiter, für andere Mehrwert, sonder auch *disponible Zeit* produziert. Die disponible Zeit ist die Zeit, die vom Arbeiter nicht zur notwendigen Arbeit verwendet wird;[20] und diese Zeit wird zu Mehrarbeit verwendet. Das Kapitalverhältnis bestimmt somit gleichzeitig mit der Ausbeutung der Mehrarbeit die der Zeit des Arbeiters als Mehrzeit für den Kapitalisten.

Metaphorisch bedeutet dies, daß die Zeit der Kapitalisten/Bürger freigemacht wird, daß alle disponible Zeit vom Arbeiter zum Kapital geführt wird. Diese disponible Zeit ist eine wichtige Voraussetzung für die Kunst und die Kultur in der bürgerlichen Gesellschaft, sie drückt in ihrer verkehrten Form die zivilisatorische Tendenz des Kapitals aus.

Diese Hervorbringung von „*viel disposable time* außer der notwendigen Arbeitszeit für die Gesellschaft überhaupt . . . diese Schöpfung von Nicht-Arbeitszeit erscheint . . . als . . .freie Zeit für einige. Das Kapital fügt hinzu,

19 Johannes Ewald (1743–81), dänischer Dichter. (Anm. d. Übers.)
20 *Das Kapital Bd. I,* MEW 23, S. 534.

daß es die Surplusarbeitszeit der Masse durch alle Mittel der Kunst und Wissenschaft vermehrt, weil sein Reichtum direkt in der Aneignung von Surplusarbeitszeit besteht; da sein *Zweck direkt der Wert,* nicht der Gebrauchswert."[21]

Somit ist eben die Erzeugung von disposable time die Voraussetzung für das *bürgerliche* Familienleben und damit für die Entwicklung der Kunst in ihrer bürgerlichen Form, was die Verknüpfung der Kunst mit der Zirkulationssphäre darstellt. Der Bereich der Familie und der Literatur ist der der disponiblen Zeit, wo die Aktivitäten erscheinen, als wären sie unabhängig von der Reproduktion des gesellschaftlichen Lebens.

In gleichem Maß, wie die Literatur psychologisch-existentielle und Erfahrungen der Familie darstellt, in gleichem Maß spricht sie in allgemeinmenschlichen und deshalb tendenziell essenzialisierenden Kategorien. Dadurch werden die Konstitutionszusammenhänge der Literatur verschleiert.

Dieses wirkliche Verhältnis wird ferner mit eben den spezifischen, ideologischen Funktionen der bürgerlichen Gesellschaft, d. h. den verkehrten Erscheinungsformen des gesellschaftlichen Wesens kombiniert.

Die von der Zirkulationssphäre bestimmten Formen dienen ideologisch als Entwicklungsort der bürgerlichen Ideen.

Dieser Zug soll hier kurz angedeutet werden, da er für die Verständnisformen der bürgerlichen Literatur von Wichtigkeit ist.

In den *Grundrissen* . . . finden wir ein kurzes Zitat, das den Umfang der Problematik andeutet und zugleich auf die Verbindung zwischen der literatursoziologischen Reflexion und der Bewußtseinssoziologie hinweist, die ansatzweise in der Kritik der politischen Ökonomie vorhanden ist. Marx schreibt: „Aus dem Akt des Austauschs selbst ist das Individuum, jedes derselben, in sich reflektiert als ausschließliches und herrschendes (bestimmendes) Subjekt desselben. Damit ist also die vollständige Freiheit des Individuums gesetzt: Freiwillige Transaktion; Gewalt von keiner Seite; Setzen seiner Mittel, oder als dienend, nur als Mittel, um sich als Selbstzweck, als das Herrschende und Übergreifende zu setzen; endlich das selbstsüchtige Interesse, kein darüberstehendes verwirklichend; der andre ist auch als ebenso sein selbsüchtiges Interesse verwirklichend anerkannt und gewußt, so daß beide wissen, daß das gemeinschaftliche Interesse eben nur in der Doppelseitigkeit, Vielseitigkeit und Verselbständigung nach den verschiednen Seiten, der Austausch des selbsüchtigen Interesses ist. Das allgemeine Interesse ist eben die Allgemeinheit der selbsüchtigen Interessen. Wenn also die ökonomische Form, der Austausch, nach allen Seiten hin die Gleichheit der Subjekte setzt, so der Inhalt, der Stoff, individueller sowohl wie sachlicher, der zum

21 *Grundrisse,* S. 595.

Austausch treibt, die *Freiheit.* Gleichheit und Freiheit sind also nicht nur respektiert im Austausch, der auf Tauschwerten beruht, sondern der Austausch von Tauschwerten ist die produktive, reale Basis aller *Gleichheit* und *Freiheit.* Als reine Ideen sind sie bloß idealisierte Ausdrücke desselben; als entwickelt in juristischen, politischen, sozialen Beziehungen sind sie nur diese Basis in einer andren Potenz. Dies hat sich denn auch historisch bestätigt. Die Gleichheit und Freiheit in dieser Ausdehnung sind grade das Gegenteil der antiken Freiheit und Gleichheit, die eben den entwickelten Tauschwert nicht zur Grundlage haben, vielmehr an seiner Entwicklung kaputtgehn. Sie setzen Produktionsverhältnisse voraus, die in der alten Welt noch nicht realisiert waren; auch nicht im Mittelalter."[22]

Diese Sphäre der Warenauswechslung, schreibt Marx im *Kapital,* „innerhalb deren Schranken Kauf und Verkauf der Arbeitskraft sich bewegt, war in der Tat ein wahres Eden der angebornen Menschenrechte. Was allein hier herrscht, ist Freiheit, Gleichheit, Eigentum und Bentham."[23]

In der Zirkulation wird die Produktion verdeckt; diese befindet sich deshalb an „verborgner Stätte"[24] – weshalb das Verhältnis zwischen Lohnarbeit und Kapital, die Kapitalrelation, im Selbstverständnis der bürgerlichen Ideologie, das seine Ideen von der Zirkulation holt, nicht berücksichtigt wird. Verlassen wir nun diese „Sphäre der einfachen Zirkulation oder des Warenaustausches, woraus der Freihändler vulgaris Anschauungen, Begriffe und Maßstab für sein Urteil über die Gesellschaft des Kapitals und der Lohnarbeit entlehnt, verwandelt sich, so scheint es, schon in etwas die Physiognomie unsrer dramatis personae. Der ehemalige Geldbesitzer schreitet voran als Kapitalist, der Arbeitskraftbesitzer folgt ihm nach als sein Arbeiter; der eine bedeutungsvoll schmunzelnd und geschäftseifrig, der andre scheu, widerstrebsam, wie jemand, der seine eigne Haut zu Markt getragen und nun nichts andres zu erwarten hat als die –Gerberei."[25]

Verlassen wir den magischen Zirkel der Zirkulationssphäre, finden wir, daß sich der Tausch von Äquivalenten, den die Zirkulation geltend zu machen schien, geändert hat, „absolute Scheidung von Arbeit und Eigentum und Aneignung fremder Arbeit ohne Austausch, ohne Äquivalent. Die auf den Tauschwert basierte Produktion, auf deren Oberfläche jener freie und gleiche Austausch von Äquivalenten vorgeht – ist in der Basis Austausch von *vergegenständlichter Arbeit* als Tauschwert gegen die lebendige Arbeit als Gebrauchswert oder wie das auch ausgedrückt werden kann, Verhalten

22 ebenda, S. 156.
23 *Das Kapital Bd. I,* MEW 23, S. 189.
24 ebenda
25 ebenda, S. 190f.

der Arbeit zu ihren objektiven Bedingungen – und daher zu der von ihr selbst geschaffnen Objektivität – als fremdem Eigentum: *Entäußerung der Arbeit.*"[26]

Die Analyse der allgemeinen Gesetzmäßigkeiten der bürgerlichen Gesellschaft, wie sie Marx in der Kritik der politischen Ökonomie vornimmt, zeigt den wirklichen Inhalt der bürgerlichen Ideen der Zirkulationssphäre: sie sind ideologische Verkehrungsformen der Produktionsweise, ein kapitalaffirmatives Bewußtseinsprodukt.

Entscheidend ist hier, daß die bürgerliche Literatur zu den Ideen der Zirkulationssphäre der bürgerlichen Gesellschaft, d. h. zu ihren ideologischen Funktionsformen, in einem bestimmten Verhältnis steht.

Eben die von der Zirkulation bestimmte Auffassung vom Menschen als einem gleichen, freien und somit unterschiedsverwischenden Wesen trennt die Interpretation von den gesellschaftlichen Bedingtheiten und verbindet sie mit einem ideologischen Begriff des Menschen.

Damit ist natürlich nur angedeutet, wie eine Strukturanalyse des ideologischen Bewußtseins der bürgerlichen Literatur kategorial vorgenommen werden kann.

Tritt nun zu diesen allgemeinen, bewußtseinssoziologischen Ansätzen die oben beschriebene Verbindung der bürgerlichen Literatur mit der Intimsphäre als der reinen, von gesellschaftlicher Produktion unbefleckten Stätte, bedeutet dies die Bindung der Literatur an die ideologische Dichotomie der bürgerlichen Gesellschaft. Diese Zweiteilung besteht zwischen: (i) dem Gebundenen, Äußeren, Zufälligen, Sozialen, Materiellen, oder in welchen abschätzigen Bezeichnungen es auch ausgedrückt worden ist, und (ii) einem Inneren, das „frei" und „ungebunden", d. h. frei von äußeren Einflüssen und Bestimmungen ist, ein humanes, allgemeines und geistiges Feld.

Dies heißt, daß die Literatur bis in die anthropologischen Strukturen hineinwirkt, die dem Selbstverständnis in den bürgerlichen Produktionsverhältnissen dienen. Hier neigt die Literatur dazu, das zweite Glied der Dichotomie darzustellen. Die Literatur baut nicht nur auf disponiler Zeit auf, sie bringt disponible Vorstellungen zum Ausdruck und anthropologisiert diese zu einem Bild vom liebenden, leidenden und spielenden Menschen – kurz gesagt, von einem ideologisch illuminierten Bürger – und daher von einer Abstraktion. Durch die Konstitution der Literatur in der entstehenden bürgerlichen Gesellschaft ist sie, kraft ihrer formalen Freiheit von der Reproduktion des gesellschaftlichen Lebens, ein Glied im bürgerlichen Selbstaufklärungsprozeß, der nach und nach das Kritisch-Politische in sich aufnimmt.

---

26 *Grundrisse,* S. 414.

Diese Allianz zwischen dem Literarischen und dem Politischen ist eine Tatsache in den aufsteigenden Phasen der bürgerlichen Gesellschaft, d.h. in ihrem Kampf gegen feudale und semifeudale Reste.

In Dänemark ist das Verhältnis aus der Entwicklung der bürgerlichen Literatur in der zweiten Hälfte des 18. Jahrhunderts bekannt: von Charlotte Dorothea Biehls bürgerlichen Familiendramen zu P. A. Heibergs oder Malthe Conrad Bruuns[27] politischer Aktivierung, einer Erfahrungsentwicklung, die auch in der Literatur und durch sie zum Ausdruck kommt.

Innerhalb der Grenzen, die durch die Bedingungen der bürgerlichen Literatur festgelegt sind, wirkt in der Literatur eine reelle Erfahrungsentwicklung. Diese Expansion der Erfahrung ist aber, wie aus ihrem Ursprung hervorgeht, nicht allgemein: die objektiven, politökonomischen Bedingungen legen die Allgemeinheit der Literatur als eine faktische Begrenzung fest, nämlich auf die Erfahrungswelt der disponiblen Zeit, welche die produktive und rezeptive Stelle dieser Expansion ist. Mit der Entwicklung der bürgerlichen Gesellschaft und der Verwirklichung ihrer politischen Forderungen verändert sich die Funktion der bürgerlichen Öffentlichkeit. Die Literatur verliert ihre zentrale kritische Stellung und wird in die ideologische Reproduktion der Gesellschaft, z.B. in den Ausbildungssektor integriert.

Die Genesis der Literatur und ihre gesellschaftliche Stellung bestimmen für ihre emanzipatorischen Möglichkeiten eine Reihe von Grenzen, die mit der rigiden Literarität, die ich oben beschrieben habe, zusammenfallen.

Deshalb beschränkt sich die bürgerliche Literatur – sofern sie sich als kritisch-emanzipatorisch versteht – sehr oft auf eine *Kritik der Interaktionsformen der Gesellschaft,* ohne, und dies ist von Bedeutung, ihre Notwendigkeit im gesellschaftlichen Prozeß verstehen und analysieren zu können. Die Literatur kann zwar die falschen Formen kritisieren, sie aber nicht in ihrer notwendigen Verbindung mit dem gesellschaftlichen Wesensverhältnis rekonstruieren. Deshalb ist die emanzipatorische Möglichkeit der bürgerlichen Literatur formal, sind ihre Bilder – auch wenn sie dem Möglichkeitsbereich der Abwesenheit angehören – mit ihrem Ausgangspunkt thematisiert. Ihre psychologische Blüte, dieses außerordentliche Interesse an den inneren Regionen, ist von der politökonomischen Entwicklung der Psychologie und der psychologischen Verständnisformen überhaupt geschaffen und begründet worden. Diese Psychofixierung wächst aus der Stellung der gesellschaftlichen Arbeit im Kapitalproduktionsverhältnis und aus der entsprechenden Privatisierung der Familie hervor.

27 Charlotte Dorothea Biehl (1731–88), dänische Dramatikerin, die u.a. das bürgerliche Tugenddrama in die dänische Literatur einführte. Malthe Conrad Bruun (1775–1826), Mitkämpfer Heibergs. (Anm. d. Übers.)

6. Über Ideologie und Ideologiekritik

Mit den bewußtseinssoziologischen Überlegungen sind auch ideologische Probleme zur Sprache gebracht. Da die Literaturforschung der letzten zehn Jahre eben diesen ideologischen Verhältnissen ein erhöhtes und emanzipatorisches Interesse gewidmet hat, ist es von Bedeutung, den Ideologiebegriff im Lichte der Kritik der politischen Ökonomie zu analysieren. Im folgenden sollen eine solche Untersuchung und ihre Implikationen *angedeutet* werden:

Die Ideologiekritik stellt auf verschiedene Weise eine Überschreitung der althergebrachten, humanistisch-hermeneutischen Interpretationstradition dar. Mit Hilfe ideologiekritischer Methoden konnte eine Kritik artikuliert werden, die den traditionellen, subjektfixierten Standpunkt zu überschreiten vermochte.

Gegenüber einer um individualisierte Probleme zentrierten Kritik konnte man auf generelle, d. h. gesellschaftliche Strukturen als Grundlage für die Logik hinweisen, in der die Forschungsobjekte konzipiert und die Forschungsresultate vermittelt und interpretiert werden.

Als Tendenz reicht die Ideologiekritik über die bloße Andeutung gesellschaftlicher Gesetzmäßigkeiten in der literaturwissenschaftlichen Produktion hinaus, bis hin zu einer Interessendeutung der ideologischen Phänomene. Solange sie aber „reine“ Ideologiekritik bleibt, kann sie die materielle Grundlage der Ideologien nur abstrakt, nämlich mit dem Hinweis auf den Kapitalismus oder das Bürgertum schlechthin präzisieren.

Diese rein rhetorische Bezugnahme auf die bürgerliche Grausamkeit in aller Unspezifiziertheit verändert sich bei der häufigen Wiederholung zu einer inhaltslosen Phrase ohne analytische Implikationen.

Das treibende Interesse der Ideologiekritik ist die *Enthüllung,* d. h. die Betonung des ideologischen Status der Aussage. Ein solcher Hinweis ist in der ideologiekritischen Forschungslogik eine Enthüllung der bürgerlichen Legitimierungen als solchen. Die Forschungsform ist rein reduktiv. Ihre Stärke und Schwäche hängen zusammen.

Ihre Stärke ist die Enthüllung der Illusion von der wertfreien Forschung, ihr Hinweis auf die „Unsachlichkeit“ hinter der Maske der „Sachlichkeit“, die Infragestellung der Objektivitätsvorstellung gewesen.

Ihre Schwächen wachsen aus ihren Fetischierungen der Ideologie heraus, die die reduktive Forschungslogik und gleichzeitig einen fragwürdigen Ideologiebegriff, nämlich die Vorstellung von der Ideologie als Legitimierung oder einfach als Verfälschung, bestimmt. Sowohl der Reduktionismus wie die Enthüllungsvorstellung sind als Folge der fehlenden Verankerung der Ideologiekritik in den Kategorien und Verständnisformen der Kritik der politischen Ökonomie zu sehen.

In den Thesen über Feuerbach hat Marx schon eine Kritik der Ideologiekritik als eines abstrakten, bürgerlichen, anthropologischen Reduktionismus umrissen. Marx vermißt und kritisiert bei Feuerbach eine formgenetische Rekonstruktion der ideologischen Formen.[28]

Gegenüber dem Feuerbachschen Reduktionismus ist die revolutionäre Forschungslogik durch eine Doppelbewegung gekennzeichnet: erstens eine Reduktion der Formen auf ihren gesellschaftlichen Zusammenhang (den Feuerbach nur abstrakt, d. h. als „menschliches Wesen" u. ä. verstehen kann); zweitens werden die Widersprüche dieses Zusammenhangs, welche die Entstehungsgeschichte der ideologischen Formen erklären kann, historisch-logisch begreiflich gemacht. Die Hervorhebung der bürgerlichen Gesellschaft als Geheimnis hinter dem naturalisierenden Gerede der Ideologie ist in sich selbst abstrakt, da sie die historische Bewegung und ihre besonderen Erscheinungsformen nicht untersuchen kann.

Die Tatsache, daß die Ideologiekritik die gesellschaftlichen Widersprüche nicht in ihrer Wirklichkeit verstehen kann, ermöglicht die Ideologiefetischierung. Dies bedeutet weiter, daß der Ideologie in der Ideologiekritik tendenziell eine bestimmte und fragwürdige Funktion in der gesellschaftlichen Reproduktion beigemessen wird. Während die Ökonomiekritik die Reproduktion in politökonomischen Zusammenhängen untersucht, werden diese Faktoren in der ideologiekritischen Form vernachlässigt, da sie das Historische abstrakt darstellt. Die Reproduktion der Gesellschaft und des bürgerlichen

28 Marx, *Thesen über Feuerbach,* MEW 3, S. 5–7. In diesen Thesen definiert Marx Feuerbach als „Ideologiekritiker" und die Feuerbachsche Ideologiekritik (die eigentlich eine Religionskritik ist) als reduktiv: die Ideologien werden auf das menschliche Wesen zurückgeführt. „Seine Arbeit besteht darin, die religiöse Welt in ihrer weltlichen Grundlage aufzulösen" (aus These 4). Nach dieser Auflösung der zum Himmel gerichteten Formen ins Irdische, d. h. Materielle, ist Feuerbachs Forschungsprozeß zu Ende geführt; eben diese Tatsache kritisiert Marx an Feuerbach. In Marx' Kritik bedeutet dies nämlich, daß Feuerbachs Materialismus abstrakt wird, da er nur die Bewegung von den Formen zurück zur Materialität oder dem „menschlischen Wesen" beinhaltet. Bleibt eine Ideologiekritik im Rahmen dieser reduktiven Forschungslogik stehen, ist sie ihrem Wesen nach ein bürgerlicher Kritizismus, der in der bürgerlichen Unterscheidung zwischen Wesen und Erscheinungsformen, wie wir sie beispielsweise aus der klassischen deutschen Philosophie kennen, enthalten sein kann. Was Marx bei Feuerbach vermißt, ist genau, was die Kritik der politischen Ökonomie in wissenschaftlicher Form zu liefern imstand ist. Marx kann es hier nur thesenartig formulieren: „Aber daß die weltliche Grundlage sich von sich selbst abhebt und sich ein selbständiges Reich in den Wolken fixiert, ist nur aus der Selbstzerrissenheit und Sichselbstwidersprechen dieser weltlichen Grundlage zu erklären. Diese selbst muß also in sich selbst sowohl in ihrem Widerspruch verstanden als praktisch revolutioniert werden." (aus These 4) Marx vermißt bei Feuerbach eine formgenetische Rekonstruktion dieser himmelgemachten Formen.

Elendes setzt die Ideologiekritik deshalb tendenziell in den bewußtseinsmäßigen Regionen an. Den Ideologien wird hier ein magischer Einfluß auf die Reproduktion beigemessen, derart, daß sie die gesellschaftlichen Gegensätze durch Verschleierung zusammenbinden, wodurch das Elend und die Gesellschaft unangefochten weiterbestehen können. Die Ideologiekritik hat deshalb die Tendenz, die bewußtseinsmäßigen Zusammenhänge zu hypostasieren, weshalb ihr im Bewußtsein der Ideologiekritiker oft ein privilegierter Platz eingeräumt wird: das Herunterreißen der Ideologien ist gleichzeitig eine Zerstörung der Gesellschaft – eine Sabotage an ihrem Reproduktionsprozeß. Alternativ wird somit das Bewußtsein zu dem Faktor, der die Gesellschaft verändern kann, was bedeutet, daß man es in bestimmter Form fetischiert.

Solche Fetischierungen können in der Kritik der politischen Ökonomie nicht legitimiert werden.

Ich will im folgenden versuchen, ein ökonomiekritisch reflektiertes Ideologieverständnis zu umreißen: dabei wird sich zeigen, daß ein ideologiekritisches Verständnis der Ideologie als primärer, somit illusionärer Legitimierung sehr bedenklich und verfehlt ist.

Ein verfehlter Ideologiebegriff führt natürlich zu verfehlten Problemstellungen und -lösungen.

Es geht nun um die spezifische Eigenschaft der kapitalistischen Produktionsweise, daß die allgemeinen Verhältnisse nicht unmittelbar in den Erscheinungsformen wahrgenommen werden können, sondern umgekehrt zwischen dem Wesen und den Erscheinungsformen eine schon erwähnte gesetzmäßige Verkehrungsbeziehung besteht, die ich durch die Analyse der Besonderheiten der Wertform angedeutet habe: in der Wert*form* sind die gesellschaftlichen Produktionsverhältnisse verschwunden. Also: die gesellschaftlichen Prozesse drücken sich in einer Relation zwischen ökonomischen Objekten aus, während gleichzeitig diese gesellschaftliche Beziehung verschleiert wird. Da die Erscheinungsformen unmittelbar wahrgenommen werden, bedeutet diese Verschleierung, daß die konkreten und spezifischen Eigenheiten auf den ersten Blick keine Spuren des gesellschaftlichen Wesens tragen. Die Problematik, die hier in Verbindung mit der Ökonomiekritik und dem Ideologiebegriff aktualisiert werden soll, weist darauf hin, daß die üblichen *Manipulations- und Indoktrinierungstheorien* nicht nur uninteressant, sondern für ein richtiges Verständnis der kapitalistischen Ideologie, d. h. der Kapitallogik als des übergreifenden Subjekts, direkt irreführend sind.

Die Voraussetzungen der ideologischen Verkehrungen liegen nicht in einem unwirklichen, nebulösen Verhältnis, sondern in den allgemeinen Verhältnissen der Produktionsweise.

Die Theorien der Manipulation und Indoktrinierung sind nur im Zusammenhang mit einer Analyse bewußter Apparate für Klassenpropaganda von Interesse. Aber von neuem: diese Apparate erfordern gerade die ideologische Voraussetzung im Verhältnis zwischen Wesen und Verkehrung in den Erscheinungsformen.

Das erste Resultat dieser Überlegungen ist somit folgendes: *die Wirklichkeit zeichnet sich in der kapitalistischen Gesellschaft dadurch aus, daß sie ihren eigenen Inhalt verschleiert.*

Diese Feststellung ist folgenreich. Sie führt unmittelbar mit sich, daß *in Zusammenhang mit Ideologien nicht von universalhistorischen Bestimmungen die Rede sein kann. Der Ideologiebegriff ist an die kapitalistische Gesellschaft gebunden und ist ein Ausdruck für die Funktionsform dieser Gesellschaft.*

Die Ideologie ist ein spezifisches Kennzeichen der kapitalistischen Produktionsweise.

Die Ideologie wird deshalb in die Widersprüche einer solchen Gesellschaft, d.h. diejenigen zwischen Lohnarbeit und Kapital, einbezogen und ist – in ihrer allgemeinen Form –, eben durch das Verschwinden der Produktionsweise, klassenspezifisch: die Ideologie ist Ausdruck für das reelle Interesse und die ganze politökonomische Daseinsform des Kapitals. Sie spiegelt deshalb das Bewußtsein dieser Klasse von den gesellschaftlichen Produktionszusammenhängen. Beispielsweise erscheint, wie schon früher angeführt, im Kapital der Mehrwert notwendigerweise in Profitform. Eine produzierte Ware muß vor der Konsumtion gezwungenermaßen in die Zirkulation eintreten, weshalb sie auf ihrer Wanderung zweimal die Form ändert: teils von Ware zu Geld, teils von Geld zu Ware (die dann aus dem ökonomischen Verlauf fällt, indem sie konsumiert wird). Um sich bewegen zu können, muß die Ware eine Preisform haben. In der Verwirklichung der Wertmasse erscheint ein Unterschied zwischen dem Übergang von der Produktion zur Zirkulation auf der einen und dem von der Zirkulation zur Konsumtion auf der anderen Seite. Dies führt mit sich, daß die Preisänderungen, wenn wir darunter die realisierte Wertmenge verstehen, in der Zirkulationssphäre stattfinden, oder anders ausgedrückt: die realisierte Wertmenge wächst in der Zirkulationssphäre. Hieraus entsteht die bürgerliche Verwechslung von Preis- und Wertänderung, woraus sich als Folge die Vorstellungen von der Zirkulation als Quelle des Werts entwickeln.

Dies stellt das erste Glied in der Kapitalfetischierung dar, das Marx als erstes Moment in der ökonomischen, trinitarischen Formel: Kapital schafft Profit, kritisierte.

Dieser Kapitalfetischismus ist konstitutiv für die bürgerliche Ideologie und kann nur durch die widersprüchliche Form der Warenzirkulation verstanden werden. Die Versachlichung der gesellschaftlichen Arbeit bewirkt, daß der Tauschwertaspekt der Materialform einer anderen Ware wegfällt, wodurch der Doppelcharakter der Arbeit eliminiert wird. Die spezifische Produktionsweise wird in der fundamentalen Versachlichung der gesellschaftlichen Produktionsverhältnisse durch die kapitalistische Gesellschaft aufgelöst.

Diese Versachlichung verschleiert die Aufhebung des Äquivalententausches zwischen Kapital und Arbeitskraft. Die Lohnform verdeckt den Unterschied zwischen notwendiger Arbeit und Mehrarbeit, und durch das Erscheinen des Mehrwerts als das eigene Produkt des Kapitals (als Profit) entsteht der Eindruck, das Kapital verwerte sich selbst und die Arbeit – nicht die Arbeitskraft – werde zu ihrem Wert bezahlt. Für diese Perzipierung der gesellschaftlichen Verhältnisse produziert *die Arbeit* ihren eigenen Wert, den Lohn, und nicht Mehrwert.

Dies bedeutet, daß juristische und ökonomische Verhältnisse in einer kapitalistischen Gesellschaft nicht voneinander getrennt werden können und daß das *Kontraktverhältnis* sich notwendigerweise aus der Versachlichung der Produktionsverhältnisse durch die Zirkulation ergibt, weshalb ökonomische, juristische und politische Verhältnisse in der Funktionsform der Produktionsweise untrennbar miteinander verbunden sind. Die Zirkulationsform, eine Instanz *in* der Produktionsweise, ist also die produktive Grundlage der bürgerlichen Ideologie, die sich somit politischen, ökonomischen und juristischen Kategorien, die sich nicht von der Produktionsweise lösen lassen, bedient. Es bedeutet ferner, daß das *Kontraktverhältnis* in Verbindung mit dem *Klassengesetz* verstanden werden muß, weshalb die Vorstellungen der Zirkulation klassenspezifisch sind: die Freiheit besteht für den Lohnarbeiter darin, seine Arbeitskraft dem einen oder anderen Kapitalisten zu verkaufen. Der Freiheitsbegriff der Zirkulation ist Zwang – für den Lohnarbeiter.

Das Verständnis dieser Tatsache ist sehr wichtig, da die Aufdeckung der Versachlichung der gesellschaftlichen Produktionsverhältnisse zeigt, daß *die Produktionsweise als solche in einer kapitalistischen Gesellschaft ideologisch ist.*[29]

---

29 Vielleicht sollte erneut betont werden, daß die Marxsche Analyse der bürgerlichen Gesellschaft mit Ausgangspunkt in der Anatomie dieser Gesellschaft zeigt, daß die bürgerliche Wirklichkeit nicht wahr ist. Ich denke an diese Tatsache, wenn ich oben behaupte, die bürgerliche Wirklichkeit sei spekulativ. Es ist unmittelbar klar, daß in dieser provozierenden und neuen Erkenntnis ein scharfer Unterschied zur bürgerlichen Wissenschaft liegt, und daß sie eine Reihe methodisch-erkenntnismä-

Dies wiederum heißt, daß die ideologischen Verhältnisse und Instanzen in einer kapitalistischen Gesellschaft nicht vom Himmel herunter geholt werden. Sie sind keine Legitimierungen schlechthin. Die ideologischen Formen werden nicht zufällig oder ad hoc gebildet, sondern aus dem Bereich der gesellschaftlichen Arbeit „hoch"-gezogen.

Sie sind deshalb nicht einfach Legitimierungen. Die ideologischen Verständnisformen sind keine Verirrungen, die die Ausbeutung rechtfertigen sollen, sondern Ausdruck für die tatsächliche Funktionsform der Produktionsweise.

Dies bedeutet, daß die ideologischen Formen einen gesellschaftlichen Zusammenhang ausdrücken und deshalb im Bewußtsein, das sie erfaßt, festigend auf die soziale und ökonomische Praxis der Kapitalistenklasse oder – falls die Ideologie hegemonisch ist – auf die verschiedenen Klassengruppierungen wirken. Selbstverständlich können ideologische Problemstellungen, ökonomiekritisch verstanden, nicht durch reine Reduktion erfaßt werden. Es wird nun klar, was die Ökonomiekritik zu geben hat. In der Klärung des Verhältnisses zwischen dem gesellschaftlichen Wesen und dessen Erscheinungsformen kann die Ökonomiekritik eine *generelle Logizität der ideologischen Strukturen liefern* und deren Begründungszusammenhänge nachweisen.

Aber damit ist das Analysefeld natürlich nicht erschöpft. Die Marxsche Kritik äußert sich über die allgemeinen Gesetzmäßigkeiten, deren historisch spezifische Erscheinungsformen dadurch nicht analysiert sind. Nur durch die Darstellung der allgemeinen Begriffe ist eine grundlegende, ausführliche Untersuchung möglich.

Damit können wir uns mit vertieftem Wissen wieder der ideologiekritischen Forschungslogik zuwenden. Eine Ideologiekritik, die nicht ökonomiekritisch eingestellt ist, wie beispielsweise Marx' eigene Kritik der politischen Ökonomen im *Kapital,* stellt tendenziell eine äußerliche Vermittlung zwischen der Kritik und dem gesellschaftlichen Realobjekt her.

Die Kritik ist in ihrem Verständnis des Stoffes eingeengt, da sie diese nicht im Sinn der Kritik der politischen Ökonomie, sondern als bürgerliche, d. h. als Kritik der konkreten Wirklichkeit schlechthin untersucht.

Dies führt zu einer Forschungslogik, die in vereinfachter Form folgender-

---

ßiger Problematisierungen aufwirft: die objektive Registrierung der „bestehenden" Wirklichkeit muß als *Reproduktion* betrachtet werden. Es geht darum, die Wirklichkeit in ihrer Konstitution (vgl. dazu die *gesamte* Argumentation von Krahl in seinem häufig erwähnten Buch) und somit auch die Negationen, durch welche sie verläuft, darzustellen. Deshalb wird die Darstellung kritisch. Das Erkenntnisinteresse ist emanzipatorisch.

maßen aussieht: Analyse des Stoffes – danach Kritik der Resultate dieser Untersuchung. Das Verhältnis zwischen der Analyse und der Kritik ist eine Willenssache, die ihren Zusammenhang in der untersuchenden Person selbst findet. Die Kritik hat die Methoden und deshalb auch ihre Resultate nicht durchdrungen. Der Unterschied zwischen einer solchen problematischen Ideologiekritik und einer bürgerlichen Wissenschaftlichkeit liegt nicht in der Analyse und ihrer methodischen Grundlage, sondern in der individuellen Stellungnahme des Analytikers gegenüber dem Gegenstand seiner Untersuchung. Die kritische Arbeit zerfällt somit in (i) eine bürgerlich analytische Praxis und (ii) eine moralisch begründete persönliche Indignation (meistens im Namen anderer).

Was eine solche Analyse nicht zu untersuchen vermag, sind die Faktoren, die ihre Situation überhaupt bedingen. Das abstrakte gesellschaftliche Gewissen, in welchem sich die Untersuchung durch die bürgerliche Öffentlichkeit äußert, ist auch in dem Sinn abstrakt, als artikulierte Kritik und gesellschaftliche Konsequenzen auseinanderfallen. Hier werden das ideale Selbstverständnis der Öffentlichkeit und die realen Gesetzmäßigkeiten des Kapitalismus getrennt. Die mit einer solchen Forschungslogik verbundene Emanzipationsvorstellung ist, wie wir schon gesehen haben, außerhalb der gesellschaftlichen Produktion angesiedelt. Der Moralismus liegt in der tendenziellen Abstandnahme oder Ignoranz der Produktionsverhältnisse. Darin unterscheidet sich die bürgerliche Emanzipatorik von der Konzeption des Klassenkampfes, welche von den Gesetzmäßigkeiten der Produktionsweise ausgeht.[30]

In dieser Tatsache liegt ein grundlegender Unterschied zwischen bürgerlicher und proletarischer Emanzipation. Diese Verschiedenheit hat für das Verständnis der Grenzen der Kritik eine Reihe von Folgen:

Es besteht eine bestimmte Beziehung zwischen den zwei Vorstellungen von Emanzipation: die zweite ermöglicht eine Aufarbeitung der Begründungszusammenhänge der ersten.

Die ökonomiekritisch ausgerichtete Kritik dieser Haltung kann in folgenden Bestimmungen zusammengefaßt werden:

– Sie ermöglicht keine oder nur begrenzte Einsicht in die Bewegungsgesetze der Gesellschaft. Sie kann deshalb das Kapital nicht geschichtlich ver-

30 In der Konzeption des Klassenkampfes werden die emanzipatorischen Möglichkeiten in Anknüpfung an die Bestimmung der Bewegungsgesetze der gesellschaftlichen Produktion, ihrer historischen Naturgesetze (mit Marx' paradoxem Ausdruck) bestimmt und lokalisiert. Dies bedeutet, daß die Klassenkampfkonzeption aus den inneren Möglichkeiten der Produktion selbst, also nicht durch eine von außen kommende Kritik, sondern durch die Bestimmungen der Produktion wächst.

stehen und seine formsubsumtive Interventionsmöglichkeit nicht reflektieren.[31] Sie bestimmt die gesellschaftliche Produktion als etwas außerhalb, d. h. als antagonistische Begrenzung der Emanzipation des Einzelnen, was eine entscheidende kritische Figur verursacht: der Einzelne wird in Gegensatz zur Gesellschaft gestellt und hypostasiert, wodurch sich die Kritik auf das Individuum konzentriert.

– Als Erweiterung ist die kritische Haltung anthropologisierend und liefert deshalb eine anthropologische Kritik, in der der Mensch nicht als der Kapitalverwertung, der Wertbewegung untergeordnet, betrachtet werden kann.[32] Das Verhältnis zwischen Produktion und Reproduktion einerseits und dem Individuum andererseits ist in dieser Verständnisform zufällig. Die systematische Figur der anthropologisierenden Kritik sieht folgenderweise aus: ihr Subjekt ist das privilegierte kritische Bewußtsein, ihr Gegenstand ist dessen Erfahrung, ihre Methode eine Darlegung dieser Erfahrung.[33]

– Die Kritik wird daher zu einer kritischen Spiegelung der Erscheinungsformen, die im kritischen Bewußtsein als das Konkrete als solches verstanden und gedeutet werden. Somit werden die Mechanismen der Versachlichung der kapitalistischen Gesellschaft auf subitle Art reproduziert.

31 Die „formsubsumtive Interventionsmöglichkeit des Kapitals“: dieser monströse, aber treffende Ausdruck ist meines Wissens zum ersten Mal von Hans Jørgen Schanz eingeführt worden. Er soll die Forsubsumtion, die nicht warenformal (wie in den durch Mehrwertproduktion vermittelten Sphären), sondern kapitalaffirmativ in den kapitalexternen Sektoren ist, benennen. Es handelt sich also um Sozialisierungskategorien.

32 Dies wenden die sogenannten humanistischen Kritiker als Vorwurf gegen die Marxisten und produzieren damit den totalen Unsinn und die absoluten Irreführungen.

Um der Klarheit willen folgendes: die Tatsache, daß der Marxismus die Menschen, d. h. die Lohnarbeiter, als dem Kapital und der Kapitalverwertung untergeordnet sieht, ist nicht Ausdruck für besondere Menschenfeindlichkeit oder widerlicher Mangel an Humanismus seitens der Marxisten – im Gegenteil. Sie ist Ausdruck dafür, daß die Marxisten reflektieren, was real im Produktionsprozeß, d. h. täglich um uns herum, stattfindet. Die Marxisten sind in der Lage, dies zu erkennnen, und die Marxsche Theorie ist als Waffe *gegen* diese Subsumtion der Arbeit unter das Kapital gedacht – sie ist selbstverständlich keine Huldigung an diesen Umstand.

Demgegenüber steht die humanistische Kritik auf dem bürgerlichen Standpunkt und reproduziert nur rhetorisch das bürgerliche Selbstverständnis in existentialen und situationellen Reflexionsformen, welche intim mit einem durch die kapitalistische Warenproduktion aufkommenden Bürgertum verbunden sind.

Der Marxismus wird aus vielen guten Gründen oft falsch verstanden. Diese Mißverständnisse werden täglich für die unmittelbare Betrachtung, die den Verkehrungen unterworfen ist und deshalb die Reproduktionslogizität der bürgerlichen Gesellschaft nicht durchdringen kann, entwickelt.

33 Vgl. beispielsweise Rancières Kritik an dieser Figur in seinem oben erwähnten Buch.

V. Die literarische Institution

1. Über Kommunikationstechnologie und Warenanalyse

Bisher ist eine allgemeine Behandlung der Zirkulation der Kunst in der bürgerlichen Gesellschaft unternommen worden. Es geht nun um eine Spezifikation der Analyse in der Zirkulation und um eine Bestimmung der *Zirkulationsform* der bürgerlichen Literatur. Diese Form wird durch die Warenanalyse nicht erschöpfend beschrieben.

Bei ihrer Beschreibung wird man unmittelbar auf eine Reihe verschiedener, schon formulierter und mehr oder weniger kategorial entwickelter Modelle greifen.

Ich wähle hier eine allgemeine Bezeichnung der bürgerlichen Spezifikation: *das (die) Kommunikationsmodell(e).* Die marxistische Bestimmung ‚Warenkategorie' verhält sich alternativ dazu.

Man kann somit die Zirkulationsform der Kunst in kommunikationstechnischen oder Waren-Kategorien (die dann durch ökonomiekritsch orientierte Sozialisierungskategorien konkret erweitert werden) darstellen.

Das Verhältnis dieser zwei Diskurse ist durch die Tatsache gekennzeichnet, daß der erste die Zirkulation nicht in ihrer bürgerlichen Bestimmtheit verstehen kann. Das Gerede von der Kommunikation verdoppelt das auf der Zirkulationssphäre basierte Selbstverständnis und somit die Versachlichung der bürgerlichen Gesellschaft. Der zweite Diskurs, der anhand der unterschiedlichen Schichten der Marxschen Analyse ausgebaut wird, bestimmt die literarische Produktivität *historisch,* ihre Formbestimmungen geschichtlich, ihre Substanz nicht einfach als allgemein menschliches, sondern als historisch spezifisches Gut, welches auf der Zirkulationssphäre beruht. Sowohl der Kommunikationsdiskurs wie die Marxsche Theorie implizieren einen Aspekt der Zirkulationssphäre. Aber die zwei Formen verstehen den Begriff der Zirkulation und den damit verbundenen der Produktion auf verschiedene Weise.

Der erste Diskurs bleibt in einem kommunikationstechnologischen Apparat mit klaren ideologischen Implikationen stecken.

Die Analyse der Warenform bringt dagegen die Bedeutungsgliederung des Werks in ein Verhältnis zu einer spezifisch materialhistorischen Grundlage.

Während der erste Diskurs von *der* Kommunikation schlechthin in meist völlig begriffsloser Verdoppelung der Zirkulationssphäre spricht und mit einer kategorielosen Sozialitätsinstanz (diversen Kodes) arbeitet, so tut dies die Warenanalyse in Kenntnis der historischen und klassenmäßigen Spezifizierungen der Zirkulation und Produktion.

2. Über die literarische Institution als Kategorie

Der kommunikationstechnologische Diskurs soll hier nicht weiter behandelt werden.

Es muß jedoch eine Vertiefung der Ansätze zu einer Theorie der Entwicklung der literarischen Produktivität, wie ich sie im vorigen Kapitel dargestellt habe, vorgenommen werden.

Eine solche Erweiterung kann von den üblichen Bewußtseinserfahrungen ausgehen, muß dabei aber kritisch geprüft werden.

Bei einer ersten Aufnahme kann uns der schwedische Schriftsteller und Kritiker Lars Gustafsson behilflich sein. Indirekt stellt er Seiten der Kunstzirkulation dar, die für uns in diesem Zusammenhang von entscheidender Bedeutung sind:

„Es kommt nicht selten vor, daß man in der schwedischen Tageskritik einen Autor von einem ganz offen und schamlos prestigebetonten Gesichtspunkt aus behandelt: ‚Mit seinem Roman X hat A seine Position sehenswert verstärkt', ‚Mit seinen Gedichten Y hat B einmal mehr bestätigt, daß er der beste Lyriker der Gruppe B ist.'

Diese Form von Prestigeanalysen, die natürlich auch in der französischen und deutschen Kritik vorkommen, dann aber bedeutend spärlicher und vor allem in unendlich diskreteren Formen serviert, sind von großem symptomatischen Interesse: sie sagt etwas über die ängstlich konventionellen Gesichtspunkte aus, unter denen unsere Tageskritik immer noch arbeitet.

Und sie zeugt natürlich aus davon, *daß sich hinter der kritischen Arbeit ein weit entwickelter ängstlicher Konsensus, ein Einverständnis von Wertungen und Werthierarchien verbirgt, an welche der Kritiker stillschweigend und ängstlich appeliert. Er spricht, als äußere er sich über ein einzelnes Kunstwerk. Aber im Hintergrund wird ein Etablissement, eine Werthierarchie flüchtig sichtbar. Und die baut mehr auf Erwartungen, auf verschiedenen Prestigeerlebnissen als auf persönlichen Stellungnahmen auf.*

Was der Kritiker auf diese Art vorweist, wenn er sagt, daß ‚A mit seinem

Roman X seine Position sehenswert verstärkt hat' ist nicht das Erlebnis eines Romans, sondern das eines engen sozialen Zusammenhangs. Er rät etwas über eine Gruppe, sagt aber nichts über sich selbst." (Meine Hervorhebung)[1]

Gustafssons Kommentar ist hier zitiert, weil er ausgezeichnet das phänomenale Erlebnis des gesellschaftlichen Seins der Kunst zeigt. Durch die Untersuchung der Produktion der Arbeit des Kritikers entdeckt Gustafsson einen *Konsensus,* der von einem *Etablissement, einer sozialen Werthierarchie* getragen wird.

Was er vermißt, ist keineswegs so interessant, wie das, was er findet.

Lars Gustafsson vermißt die persönliche Stellungnahme, d. h. einen Nicht-Konsensus, einen nicht-etablierten Wertapparat und reproduziert somit den alten Gegensatz zwischen dem Sozialen und dem Persönlichen, der ein ideologisches Modell darstellt. Aber durch diese ideologische Konzipierung kann Lars Gustafsson einen anderen Zusammenhang entdecken, den er bedauert, da sein kritischer Fixpunkt ein neuradikalistischer, also bürgerlicher Kritikbegriff ist.

Lars Gustafssons Entdeckung ist somit zentral, denn sie zeigt, daß das gesellschaftliche Sein die Zusammenhänge, die die Theorie begreiflich macht, schon produziert hat: Lars Gustafsson sieht, daß die Literatur ein Teil einer Verbindung ist, in welcher der Kritiker das Werk den Lesern vermittelt. Er erfährt unmittelbar, daß die Vermittlung durch *soziale,* d. h. gesellschaftliche Wertnormen in einem Etablissement wirkt.

Diese phänomenale Tatsache, dieses „Etablissementelle", werde ich im folgenden *die literarische Institution* nennen.

Wir können hier Lars Gustafssons phänomenologische Beobachtungen in folgendem Schema zusammenfassen:

Rolle	Aktivität	Produkt
Künstler	schaffen/verfassen	$Werk_1$
Kritiker	analysieren/kritisieren	$Werk_2$
Leser	erleben/lesen	$Werk_{3 \ldots n}$

Den Kontakt zwischen den drei Rollen stellt das literarische Werk her, das – theoretisch und empirisch – keine festgelegte Größe ist.

Zwischen diesen Faktoren besteht ein Regelsystem, das das Verhältnis zwischen Künstler, Kritiker und Publikum steuert und die Wahrscheinlichkeit des Verhältnisses zwischen W_1–W_2–W(. . .) – W_n garantiert.

1 Lars Gustafsson, *„Två modeller för kritisk verksamhet",* in *Kommentarer,* Stockholm 197?.

Lektüre und Produktion des literarischen Werks sind somit immer schon gesellschaftlich vermittelt. In dieser Vermittlung liegt die Sozialität, die kurz auf folgende Weise beschrieben werden kann: dem unmittelbaren Verhältnis zu sich selbst in der Produktionssituation beim Verfasser entspricht das des Lesers durch das literarische Produkt. Die Kunst ist – mit Habermas' Ausdruck – ein Medium für bürgerliche Erfahrungen. Im Kunstwerk stellt sich das Bügertum selbst dar. Die Kunst ist eine gesellschaftliche Ausdrucksweise. Der Künstler verhält sich autonom und „zweckfrei" (Kant) zum Werk und der Leser verbraucht es interesselos (Kant: „zwecklos"). Hinter Kants bornierter Interessekonzeption liegt die Sozialität empirisch. Die Sozialität ist teils immanent im Werk, teils in der regulierenden Normativität, welche die Lektüre des Werks als Kunst ermöglicht, zugegen.

Die literarische Institution ist der Begriff aus dem Bereich der Literatur in der Zirkulation, der in diesem Kapitel im Mittelpunkt steht.

Die *literarische Institution* ist eine historisch darstellbare Kategorie.

Ich werde mit einer allgemeinen Aufnahme der Teile des Institutionsbegriffs beginnen.

Søren Kjørup hat das Institutionsmodell instrumental ausgedrückt. In *Æstetiske problemer* schreibt er: „Eine Institution ist ein System von *Regeln,* die bestimmte *Personen* in ihrer Wahl von *Aktivitäten* in Verbindung mit bestimmten Personen oder *Gegenständen* steuern."[2]

Wird die Funktionsform der Kunst somit durch den Institutionsbegriff definiert, wird man das gesellschaftliche Sein der Kunst als institutionell betrachten müssen, d. h. sie fungiert in einer Institution unter vielen in der bürgerlichen Gesellschaft. Damit wird eine historische Bestimmung möglich, welche die obigen Entwicklungen der Kunst in der Zirkulation zu spezifizieren vermag.

Mit Søren Kjørup können wir vorläufig die Institution Kunst folgendermaßen bestimmen: „Die Institution Kunst ist von prinzipiell gleichem Charakter wie die Institution Rechtssystem (obschon natürlich große Unterschiede zwischen den zwei bestehen): wir haben hier einige Personen (Künstler, Kritiker, Publikum, ministerielle Beamte usw.), deren Aktivitäten in Verbindung mit bestimmten Gegenständen (das Schaffen, Erleben, Analysieren, Bewerten usw. von Kunstwerken) von bestimmten Regeln gesteuert werden . . . und wir haben unter der zusammenfassenden Kunstinstitution bestimmte Unterinstitutionen (Theater, Verlage, Ausstellungen, Fonds usw.) . . . und gleichzeitig . . . sind es nicht bestimmte Züge der Werke selber, die Kunstwerke zu solchen machen, sonder die Tatsache, daß sie von Künstlern in

2 Søren Kjørup, *Æstetiske problemer. En indføring i kunstens filosofi,* Kopenhagen 1971, S. 26.

Übereinstimmung mit bestimmten Traditionen in der Absicht, einem Publikum vorgezeigt oder vorgeführt zu werden, geschaffen wurden . . . sie werden von Kritikern beurteilt und von Kunstwissenschaftlern analysiert . . ."[3]

Lars Gustafsson und Søren Kjørup formulieren beide, wenn auch in unterschiedlichen Zusammenhängen und mit ungleicher Stringenz den Begriff der Institution unter Prämissen, die nicht mit denen dieses Essays identisch sind.

Dies bedeutet nicht, daß ihre Beobachtungen unbrauchbar wären, sondern daß in diesem Zusammenhang ihre theoretische Begründung gegeben werden muß.

In dem Maß, wie ihre Überlegungen auf hermeneutischen (Lars Gustafsson, Søren Kjørup) und positivistischen (Søren Kjørup) Systemtheorien beruhen, müssen sie kritisiert werden.

Ich werde meine Kritik im folgenden auf Søren Kjørups Argumentation konzentrieren:

Kjørups Definition der Institution ist von einer rein *phänomenologischen* Methode getragen, weshalb sie tendenziell theorielos ist. Ihre Definitionen sind bloße *Formaldefinitionen,* was bedeutet, daß sie keine Materialitätsspezifikationen beinhalten, weshalb das juristische System und die literarische Institution zusammen dargestellt werden. Søren Kjørup *dematerialisiert* also den *Institutionsbegriff.* Schließlich wird seine Definition *ahistorisch.* Der Institutionsbegriff kann in seiner Formulierung in verschiedenen Systemen mit unterschiedlichem reproduktionslogischem Platz (vgl. unten) oder ungleicher historischer Entwicklungsstufe eingesetzt werden. Der Begriff kann in dieser Bestimmung sowohl für die kirchlichen und politischen Institutionen des Feudalismus wie des Kapitalismus Anwendung finden, wodurch die geschichtlichen Spezifitäten aufgehoben werden.

In der Konsequenz ist Søren Kjørups Definition als Theorie der literarischen Sozialisation in der bürgerlichen Gesellschaft unbrauchbar, doch kann sie als (vorläufige) *Darstellungsform* des Themas dienen, da sie u. a. Ansätze zur Lösung des Problembereichs beinhaltet.

Wir müssen im folgenden, ausgehend von der Kritik der politischen Ökonomie, die Grundlage einer Theorie finden, mit der sich die institutionelle Sozialisation der Literatur in der bürgerlichen Gesellschaft erklären läßt.

Als Ausgangspunkt können Althussers Überlegungen im Artikel *Idéologiques et Appareils Idéologiques d'Etat* dienen.[4]

---

3 ebenda, S. 27f.

4 Louis Althusser, „*Idéologiques et Appareils Idéologiques d'Etat*" in *La Pensée* 151, 1970.

In diesem Artikel gibt Althusser Ansätze zu einer Theorie der Staatsapparate der Superstruktur einer Gesellschaft. In diesem theoretischen Rahmen läßt sich die Institutionstheorie entwickeln.

Althussers Pointe – auch die Ursache, ihn in diesem Zusammenhang zu diskutieren, da von seiner Marxkonzeption Abstand genommen wird – ist sein Versuch, die institutionellen und ideologischen Probleme außerhalb der Marxschen Reproduktionskategorie zu untersuchen.

Zu diesem Zweck stellt Althusser drei Niveaus auf: a) Reproduktion der Produktionsmittel, b) Reproduktion der Arbeitskraft und c) Reproduktion der Produktionsrelation.

Althussers Marxrezeption soll hier nicht diskutiert werden, er soll nur als Ausgangspunkt für unsere Überlegungen dienen.

Während der Entwicklung der Reproduktionsverhältnisse unternimmt Althusser – im Anschluß an Gramsci – eine Zweiteilung der Niveaus der „superstrukturellen Reproduktionsapparate" in: (i) den Staatsapparat als solchen (= Regierung, Verwaltung, Heer, Polizei, Gerichte, Gefängnisse usw.), welcher als direkt repressiv bestimmt, als „repressiver Staatsapparat" bezeichnet wird. Nun kann keine Klasse dauernd an der Staatsmacht sitzen, ohne zugleich maßgebenden Einfluß auf die ideologischen Phänomene auszuüben, weshalb Althusser eine Kategorie entwickelt, die er (ii) die „ideologischen Staatsapparate" (= verschiedene unterschiedliche Institutionen wie das Religiöse, das Schulische, das Kulturelle usw.) nennt. Selbst kommentiert er das Verhältnis zusammenfassend so: „Wir sagen, daß es notwendig ist, zwischen Staatsmacht auf der einen . . . und dem Staatsapparat auf der anderen Seite zu unterscheiden. Aber wir fügen hinzu, daß der Staatsapparat zwei Gesamtheiten umfaßt: einerseits die Gesamtheit der Institutionen, die den repressiven Staatsapparat darstellen und andererseits die Gesamtheit der Institutionen, die die Gesamtheit der ideologischen Staatsapparate darstellen."

Danach kann die Frage nach der Funktion dieser Apparate gestellt werden. Beide Kategorien dienen in ihrer realexistenten Ausformung der Reproduktion der Produktionsverhältnisse (wenn dies natürlich auch nicht ihre einzige Funktion ist).

Wir können nun auf Søren Kjørups Definitionen der Institutionen zurückkommen und betonen, daß, ausgehend von obigen Überlegungen, sich seine Parallele zwischen dem Rechtssystem und der Institution Kunst schwerlich aufrechterhalten läßt. Die Rolle des repressiven Staatsapparates besteht im wesentlichen darin, durch (wenn nötig physische) Repression die politischen Bedingungen für die Reproduktion der Produktionsrelation, d. h. für die Ausbeutung, und die politischen Bedingungen für die Praxis der ideologischen Institutionen zu sichern.

Für unseren Zweck reicht Althussers Ansatz, mit Ausgangspunkt in der Reproduktionskategorie, zu einer materiellen Begründung des Institutionsbegriffs. Wir werden deshalb – da eine Kritik von Althusser hier nicht zweckdienlich ist – vom Zusammenhang zwischen dem Institutionsbegriff und der ideologischen Reproduktion der Produktionsrelation ausgehen.

Es wird hier notwendig, auf der schon erwähnten Unterscheidung zwischen *Totalität* und *Gesamtheit* zu bestehen. Während der Totalitätsbegriff eine Bestimmung der Ausbreitungsform der Kapitallogik ist und damit eine warenformale Subsumtionsform impliziert (weshalb die Totalität dialektisch *dargestellt* werden kann), meint Gesamtheit das empirisch Gegebene, das nicht für die dialektische Herleitungslogik und Darstellung, sondern nur für historische Spezifikationen zugänglich ist.

Indem wir von der Ideologie (der Einfachheit halber in der bestimmten Form der Einzahl) als Instanz der Reproduktion der Produktionsrelation ausgehen, sind die unterschiedlichen ideologischen Formierungen, u. a. die literarische Institution, warenformal nicht subsumiert, d. h. sie gehören nicht zur kapitalistischen Totalität, liegen aber natürlich in der kapitalistischen Gesellschaft als Gesamtheit. Ihre *Subsumtionsform* muß deshalb als affirmativ bestimmt werden.

Ein Beispiel dafür ist der *Ausbildungssektor,* der in der bürgerlichen Gesellschaft als vom unmittelbaren Produktionsprozeß getrennte Instanz Fähigkeiten der Arbeitskraft, u. a. ihre affirmative Sozialisation liefert, der aber nicht warenformal untergeordnet ist. Er fungiert affirmativ. Die Art der Affirmativität und die Substanz und Funktion der affirmativen Institution lassen sich nur geschichtlich spezifisch bestimmen.

Während der Ausbildungssektor in einer bürgerlichen Gesellschaft unmittelbar für die Reproduktion von Qualifikationen notwendig ist, ist das Verhältnis bei der literarischen Institution ein anderes.

Diese ist einerseits durch ihre ideologischen Möglichkeiten in die Reproduktion von Produktionsrelationen einbezogen, andererseits auf Grund ihrer unbedeutenden Stellung im gesellschaftlichen Reproduktionsprozeß verhältnismäßig unabhängig. Sie läßt sich deshalb selten eindeutig strikten, affirmativen Forderungen unterordnen, sondern beinhaltet immer eine Möglichkeit zur Vermittlung von (wenn auch ideologisch geformten) Erfahrungen und Parteinahmen, die sich beispielsweise auf den entscheidenden Ebenen des Ausbildungssektors kaum denken lassen.

Dies bedeutet wiederum, daß die Funktionen der literarischen Institution geschichtlich abhängig sind. Die Reproduktionsmöglichkeiten der literarischen Institution wird durch die Gebrauchszusammenhänge der Literatur, u. a. natürlich deren Bedeutung für die Reproduktion der Kapitalrelation, bedingt.

Die Institution ist notwendigerweise mit den Klassenhegemonien verknüpft, wenn sie sich auch nicht ohne konkrete Klassenfraktionierungen in der Geschichte der bürgerlichen Gesellschaft bestimmen läßt (z. B. zwischen bürgerlichen Schriftstellern und dem Absolutismus in den ersten Phasen der bürgerlichen Gesellschaft, oder zwischen bürgerlichen Autoren und dem Proletariat zur Zeit nach der Industrialisierung und der keimenden Organisierung des Proletariats).

Die Entfaltung der Klassenhegemonie findet u. a. durch die Institutionen statt, die deshalb im allgemeinen Klassenwerkzeuge darstellen, welche die politischen Interessen der herrschenden Klasse ausführen und ausdrücken. So lange der Kapitalismus existiert, sind das Bürgertum und das Kapital die stärkste Klasse.

3. Über die literarische Institution und die bürgerliche Gesellschaft

Literatur im modernen Sinn existiert weder ihren Inhalten nach noch institutionell vor der bürgerlichen Gesellschaft.

Vor ihr besteht die literarische Institution nicht als selbständige *Entität.* Im Mittelalter ist die Kirche die vorherrschende Instanz in der „ideologischen" Reproduktion, sie ist ein Glied in der traditionellen politischen Herrschaft. Das Eigentumsverhältnis ist politisch und rechtfertigt sich durch kulturelle Überlieferung, Offenbarung u. ä. Unter der Kirche als politischer Legitimationsinstanz gibt es verschiedene Formen für Aktivitäten, die die Reproduktion rechtfertigen, z. B. Religion, Information, Ausbildung, Kultur (darunter natürlich die Literatur).

In gleichem Maß, wie sich die bürgerliche Produktions- und Handelsverhältnisse ausbreiten, werden die Eigentums- und Aneignungsstrukturen, u. a. auch die Rechtfertigungsinstanzen, der traditionellen Gesellschaft bedroht. Die Phänomene, die früher der Gewalt der Kirche untergeordnet waren, werden nun in verschiedene *Institutionen* der bürgerlichen Gesellschaft aufgeteilt.

„Literatur" ist, wie schon erwähnt, in der feudalen und vorbürgerlichen Gesellschaft an die Repräsentativität gebunden. Ihre Funktion ist dort eine andere als in der bürgerlichen Gesellschaft, die gerade die Grundlage der Repräsentativität: Macht durch Landbesitz, auflöst.

Die Entstehung der bürgerlichen Gesellschaft sprengt die alten, vertikalen Machtverhältnisse, und die repräsentativen Funktionen der Literatur werden aufgehoben.

Anstelle der Kunst als Moment der Repräsentativität, erhalten wir Kunst als Ausdruck einer „inneren" Welt.

Die literarische Institution und die bürgerliche Gesellschaft sind intim miteinander verbunden. Der Warenverkehr und die -produktion bilden unter kapitalistischer Regie den Konstitutionszusammenhang der literarischen Institution.

Die Institution und die bürgerliche Gesellschaft sind so miteinander verbunden, daß eben die Organisation des Warenverkehrs die Bedingung für die Ausbreitung, die Zirkulation der Kunst ist.

Indem die Kultur/Literatur Warenform erhält, wird sie mit der horizontalen Expansion der bürgerlichen Gesellschaft verknüpft.

Diese Entwicklung läßt sich an der Distributionsform ablesen: vom Mäzenat über die Subskription zum Verlagssystem. Mit dieser Veränderung wird das *Werk* als ein Medium für den Transport von literarisierten Erfahrungen festgelegt.

Zusammen mit der *Werkform* als solcher etabliert sich historisch ein *Publikum* und eine *Kritik.* Die Voraussetzung für Literatur im modernen Sinn ist die Verbindung zwischen diesen Instanzen, die institutionell errichtet wird. Die literarische Institution ist eine Teilinstitution der Institution Kunst. Die *Kritik,* die in den ersten Phasen der bürgerlichen Gesellschaft heranwächst, versteht sich selbst als Vertreter des lesenden Publikums. Auf gleiche Weise versteht sich *das lesende Publikum* anfangs auch als kritisch, indem es das literarische Werk zum Gegenstand eines prüfend-rationellen Räsonnements macht. Diese kritische Einstellung ist durch das oppositionelle Verhältnis der bürgerlichen Gesellschaft zu den überlieferten Machtstrukturen, dem Adel und dem Absolutismus, bedingt.

Die *Kunstkritik* als Moment der Institution organisiert die Wertung des Publikums, weshalb sich der Kritiker als dessen Repräsentant, Sprecher und Erzieher versteht. Die Rolle des Kritikers entwickelt sich erst allmählich zusammen mit der Verbreitung der Presse gegen das Ende des letzten Jahrhundets zu einem Beruf. Dies fällt zusammen mit der Auflösung der organisierten Verbindung zwischen Kunst und Publikum und zwischen Kunst und Politik, die nach der Verwirklichung der wichtigsten politökonomischen Aspirationen durch die bürgerliche Gesellschaft Ende des letzten Jahrhunderts stattgefunden hat. Somit wird der Kritiker als Repräsentant von dem losgerissen, was er vertreten soll. Das bürgerliche lesende Publikum wird aufgehoben. Etwa zur Zeit des Naturalismus löst sich das intime Verhältnis zwischen Künstler, Kritiker und Publikum. „Moderne Kunst lebt fortan unter einem Schleier der Propaganda: die publizistische Anerkennung von Künstler und Werk steht nur noch in einem zufälligen Verhältnis zu deren Anerkennung im breiten Publikum. Jetzt erst entsteht eine ‚Intelligenz', die sich ihre fortschreitende Isolierung, zunächst vom Publikum der bürgerlich Gebildeten, als eine – illusionäre – Emanzipation von sozialen Standorten überhaupt verständlich macht, sich als ‚freischwebende Intelligenz' interpretiert."[5]

Das Verhältnis zwischen Verfasser – Kritiker – Publikum ist somit ein entscheidendes Moment der ersten Phasen der bürgerlichen Gesellschaft. Die Voraussetzung für diese Entwicklung ist die Erschaffung einer *bürgerlichen Öffentlichkeit,* mit welcher ein kunstverständiges *Publikum* heranwächst.

Die literarische Institution muß somit als Relation zwischen einer Gruppe von Autoren und einer Gruppe von Lesern gesehen werden. Den Kontakt zwischen diesen stellt unmittelbar das literarische Werk her. Damit ist aber das Entscheidende noch nicht besprochen.

Bei der Rekonstruktion der literarischen Institution liegt das entscheidende Moment in den Relationen zwischen den Agenten der Institution. Die Relationen sind das Gesellschaftliche der Institution.

Dies bedeutet, daß das Entscheidende die kategoriale Bestimmung des geschichtlich veränderlichen Regelsystems ist, welches das Verhältnis zwischen Künstler, Kritiker und Publikum regelt. Dieses System garantiert die Kohärenz zwischen den verschiedenen individuellen Lektüren der künstlerischen Produkte. Diese Regelapparatur ist nicht starr festgelegt, sondern ein geschichtlich veränderliches System, konstituiert durch die Entwicklung der bürgerlichen Gesellschaft und den Phasen ihrer Veränderung unterworfen. Die Produktionsweise, d. h. der Verlauf der Kapitalakkumulation, bedingt die literarische Institution. Dies bedeutet, daß die literarische Institution immer die abhängige Variable ist. [6]

4. Spezifikation der literarischen Institution

Wir können nun den Charakter der literarischen Institution näher spezifizieren:

– der entscheidende gesellschaftliche Ausdruck der literarischen Institution ist ihr Regelsystem, das ihren Subsumtionsgrad bezeichnet. Also: durch den Institutionsbegriff wird die formsubsumtive Interventionsmöglichkeit des Kapitals in ihrer nicht-warenformalen Art und die Kapitalaffirmativität formuliert.

---

5 J. Habermas, a.a.O., S. 209.

6 Vgl. mein Buch *H. C. Andersen og herskabet,* in welchem ich die Rigidität der damaligen literarischen Institution *in* H. C. Andersens Textproduktion studiere; siehe in diesem Buch besonders den Abschnitt über den reproduzierenden Diskurs.

Zwar bewegt sich die Literatur notwendigerweise in der Zirkulationssphäre, aber ihr ganzes gesellschaftliches Sein ist nicht warenvermittelt. Ihr Produktionsprozeß ist nicht durch das Kapital vergesellschaftet. Ihre Existenz in den kapitalexternen Sektoren der Gesellschaft bedingt ihre weitere gesellschaftliche Bestimmtheit: die literarische Institution. Diese ist als ein Moment der institutions-konstituierenden Reproduktionsweise der bürgerlichen Gesellschaft zu sehen.

– von Bedeutung für das Verständnis des Institutionsbegriffs als Subsumtionskategorie ist nicht die Anzahl Institutionsagenten oder die „Qualität" der einzelnen literarischen Werke, sondern die Regulierung, d. h. die Regelapparatur der Institution, die ihren Grad der Vergesellschaftung ausdrückt. Ihr affirmativer Subsumtionsgrad unter den herrschenden Produktionsverhältnissen kann durch das Regelsystem beschrieben werden. Das Regelsystem definiert also den Institutionsbegriff. Die spezifische Ausformung der Regelapparatur ist *immer* geschichtlich modifiziert und somit eine *besondere* Erscheinungsform.

– durch ihre Stellung im kapitalexternen Sektor befindet sich die literarische Institution in der ideologischen Abteilung. Ihre gesellschaftlichen Aufgaben sind beispielsweise nicht die Entwicklung von Qualifikationen für den Produktionsprozeß, sondern die eines klassenmäßigen Selbstverständnisses und die subjektive Stabilisierung der gesellschaftlichen Machtverhältnisse. Dies gilt ungeachtet der Absicht oder des guten oder schlechten Willens des einzelnen Schriftstellers. Der offenbare Ausdruck für diese ideologische Funktion der Literatur ist ihre Vermittlung im Ausbildungssektor.

– als ideologischer Apparat im Selbstverständnis der bürgerlichen Gesellschaft ohne direkte Notwendigkeit für die Reproduktion des Kapitalverhältnisses – es sind nämlich nicht die Bewußtseinsformen, sondern die Notwendigkeit der Reproduktion durch das Lohnverhältnis, was die Gesellschaft zusammenhält – ist die Literatur im Besitz einer *relativen Autonomie,* die sie mit den ideologischen Funktionen teilt. Ein besonderes Klassenverhältnis muß hier mit in Betracht gezogen werden: ein Autor hat die *individuelle* Möglichkeit, sich kritisch in und mit seiner Arbeit zu verhalten – wie aber soll man ein kritischer Lohnarbeiter in der Lohnarbeit sein? Da die Literatur im wesentlichen bürgerlich (klassenmäßig, ideologisch) bedingt ist, wird die Kritik in emanzipatorischen Bahnen festgelegt und von rigider Literarität bestimmt. Für den Autor aber bietet sich in dieser relativen Autonomie eine Möglichkeit zu *individueller, kompensatorischer Befreiung.*

Das Entscheidende der literarischen Institution ist deshalb das Verhältnis zwischen der Regelapparatur und den bewußtseinsbildenden Faktoren der bürgerlichen Gesellschaft, d. h. das Verhältnis zwischen der Institution und der notwendigen, ideologischen Möglichkeit in einer spezifischen Gesellschaftssituation.

– die grundlegende bürgerliche Bestimmtheit der Literatur beruht auf ihrer Organisierung durch die bürgerliche Öffentlichkeit und die Entstehung der Intimsphäre. Sie ist ein institutioneller Ausdruck für die Konstituierung des bürgerlichen Individuums.

Die Ich-Identität, das Kennzeichen des bürgerlichen Individuums par excellence, wird in der ökonomisch bestimmten bürgerlichen Familie erweitert.

– das Regelsystem bestimmt als das historisch modifizierbare Moment des Institutionsbegriffs die *Rigidität der Distribution*, welche als Regulierungsfaktor zwischen Künstler-Kritiker-Werk-Publikum liegt. Diese Rigidität zeigt, daß die Normen der Institution nicht nur ein äußerliches Verhältnis zwischen Verfasser und Institution oder zwischen Institution und lesendem Publikum sind.

Die Eigenschaft der Regelapparatur als Regulator für den produktiven Akt des Schreibens oder Lesens eines Werks impliziert, daß die Institution als veräußerlichendes Verhältnis im Lesen und Schreiben (oder als immanente, innere Sozialität, soweit die Kunst als Medium für die gesellschaftliche Ausdrucksweise bürgerlicher Individuen verstanden wird) *zu bestimmen ist.*

Damit ist die Bedeutung des Institutionsbegriffs für die literarische Produktivität und die Konsumtion als affirmative, vergesellschaftete Vorgänge festgelegt. In der Institution erscheint die generelle kapitalistische Bestimmtheit der Kunst. Als Produkt eines durch die kapitalistische Arbeitsteilung bestimmten Individuums wird die Kunst zum Träger und Medium für *Erfahrung*, die sich nicht restlos auf die institutionelle Regelapparatur reduzieren läßt.

In welchem Ausmaß diese subjektive Erfahrung durch Strukturzwang vorgeformt, vor-gehandelt, aufgedrückt und organisiert ist, muß natürlich geschichtlich spezifisch untersucht werden.

Die literarische Institution als kapitalaffirmative Subsumtionsform kann nicht von der Wesenslogik, den „historischen Naturgesetzen" (Marx) aus bestimmt werden. Eine Definition ist nur durch eine historische, stets die Totalisierungsmöglichkeiten des Kapitals berücksichtigende Analyse möglich, wobei diese Möglichkeiten geschichtlich durch das Akkumulationsniveau des Kapitals festgelegt werden müssen (vgl. später über die Kulturindustrie). Dies verlangt eine stetige Reflexion der kapitalbestimmten Sozialisierungsfaktoren (z. B. Ideologie, Intimsphäre) in der literarischen Produktivität.

VI. Die Produktionsbedingungen der bürgerlichen Literatur

1. Einleitend über Institution und Produktion

Indem die kulturellen Produkte Warenform annehmen und in den Öffentlichkeitszusammenhängen der bürgerlichen Gesellschaft wirken, wird die literarische Institution als Moment im Produktionsprozeß berücksichtigt.

Auf Grund der Produktion für ein Publikum und somit im Prinzip für *alle* (in Wirklichkeit für die bürgerliche Öffentlichkeit), muß sich der Schriftsteller auf die Werthierarchien dieser Öffentlichkeit, die vermittelt im Normensystem der literarischen Institution und auch als immanente Sozialität im literarischen Werk erscheinen, beziehen.

Dies bedeutet, daß die Produktion von Literatur im bürgerlichen Sinn, d. h. die Vermittlung der literarischen Produkte durch die Öffentlichkeit, strenge Ansprüche stellt. Die literarische Institution „fordert", ihre eigene Wirklichkeit im Werk wiederzufinden.

Die gleiche „Forderung" erscheint in verinnerlichter Form als innere Stimme der reinen Selbstverständlichkeit und damit als strukturierende Kategorie im literarischen Schaffensprozeß, ungeachtet seiner Privatheit. Die literarische Institution stellt allein schon durch ihr Vorhandensein eine *Inertie* dar, wie sie dem Institutionsbegriff allgemein anhaftet. Diese Trägheit beruht auf der Tatsache, daß ihre Normenapparatur sich herleitet von immer schon geschriebener, aufgehäufter Literatur, die sich als Norm für die literarische Produktivität und Konsumtion herauskristallisiert hat. Die Normen der literarischen Institution stellen die *Vergesellschaftung* dar, der die Produktion und Konsumtion von Literatur unterworfen sind.

Dieses Verhältnis soll im Hinblick auf die literarische Produktion in diesem Kapitel dargestellt werden.

Die Erläuterungen in diesem Kapitel sind kaleidoskopisch angeordnet und sollen hier kurz überblickt werden:

a) Als Ausgangspunkt wähle ich die *traditionelle holistische Konzeption* des literarischen Produkts und versuche, den Holismus als Ausdruck einer ideologischen Struktur, die mit der schon vorgenommenen Analyse des *literarischen Werks als Ware* erklärt werden muß, darzustellen. Damit kann die Richtung der Studie festgelegt werden: eine nicht-holistisch ausgerichtete Untersuchung muß die Zirkulationsbestimmungen verlassen und den Versuch einer Produktionsanalyse des literarischen Werks unternehmen.

b) Als erste Problemstellung der Produktionsanalyse wird die Arbeit der französischen Semiotikerin Julia Kristeva diskutiert. Julia Kristeva wurde ausgewählt, teils, da sie profiliert mit einer Kombination von Produktionsanalyse und politischer Absicht gearbeitet hat, teils, da ihre Arbeit in einem *Pantextualismus* und einer Produktionstheorie, die sich am besten mit *Panproduktivismus* bezeichnen läßt, resultiert, womit sie in der *Universaldialektik* endet, die ich früher kritisiert habe.

c) Ich werde darauf versuchen, Julia Kristevas Begriff des *Genotextes* in einen historisch vermittelten Begriff der Bedeutungsproduktion zu transformieren. Somit werden die ersten zwei Abschnitte zu einer Durchbrechung des Holismus verwendet, worauf ich zu einer geschichtlich spezifischen Untersuchung allgemeiner Momente im gesellschaftlichen Sein der literarischen Institution übergehen kann. Die Analyse dreht sich danach um eine Festlegung der Geschichtlichkeit der Bedeutungsproduktion.

d) Die Analyse beginnt mit einer geschichtlichen Skizze der Genese der bürgerlichen Kunstproduktion, ihrer Partikularisierung und Privatisierung, was zu einer Diskussion des Verhältnisses zwischen künstlerischer Produktion und gesellschaftlicher Mehrwertproduktion (dem Wertgesetz) führt.

e) Darauf lege ich eine Reihe andeutender Formulierungen über den Schriftsteller und die gesellschaftlichen Klassenteilungen vor. Diese Überlegungen sollen der Präzisierung der äußerst wichtigen Tatsache dienen, daß das spezifische Klassenzugehörigkeitsverhältnis des Autors *nicht* dadurch geklärt werden kann, daß er Autor ist. Damit ist die Forderung nach der Entwicklung der spezifischen historischen Bestimmungen erhoben.

f) Der nächste Abschnitt versucht, einen Rahmen für diese Bestimmung zu geben. Er wird durch eine gesamte Reflexion der Literatur und des bürgerlichen Ich-Individuums errichtet.

g) Darauf kann ein *Transformationsmodell* vorgelegt werden, welches *das* Modell in der institutionsregulierten Bedeutungsproduktion der bürgerlichen Literatur darstellt. Es ist aber ein *Gesamtmodell,* das keine eigentliche *Texttheorie* entwickelt.[1]

1 Eine der größten Schwächen dieses Kapitels ist der Mangel einer durchgearbeiteten Texttheorie, die imstand wäre, die Zusammenhänge, die ich sonst in diesem Essay berühre, zu berücksichtigen.

h) In der Folge kann die hermeneutische, ganz atheoretische Tradition der Literaturforschung kritisiert werden.

i) Hierauf werden in Thesenform eine Reihe Bestimmungen der Rolle des Schriftstellers in Zusammenhang mit der spätkapitalistischen Kulturindustrie aufgeworfen.

2. Über die Buchware, das Werk und den Holismus

Indem der Text als Buchware und bürgerliches Kunstwerk erscheint, gibt er sich als etwas Vollendetes, als geschlossene und fertige Ganzheit, d. h. als Produkt, und tritt deshalb als eine „freie", eine „innere" Hingabe, als eine beseelte Emanation in die Welt. Er erscheint unabhängig von den bornierten Produktionsverhältnissen der bürgerlichen Gesellschaft.

Die Warenform selbst läßt den Text als *Werk* zum Vorschein kommen, als eine gesammelte Leistung, die sich ausnimmt, als könne sie auf eigenen Beinen stehen.

Dadurch wird eine phänomenale Illusion produziert: daß das Werk zwischen seinen Buchdeckeln eingegrenzt sei.

Dasselbe wie bei der Konsumtion ist bei der Komposition zu beobachten: das Werk wird produziert, um in sich selbst und in seiner eigenen, inneren Meinung geschlossen zu erscheinen.

Die erzählte Geschichte wird immer fertig erzählt und endet auf den letzten Seiten des Buches. Die wirkliche Geschichte spielt sich draußen in der Unabgeschlossenheit ab.

Also: durch die Werkform und durch die individuelle, nicht vergesellschaftete Produktionsform wird die sozial bedingte Textlichkeit des Textes und somit die historisch spezifische Natur des Produktionsprozesses verschleiert.

Die Eigenschaft der Abgeschlossenheit ist eine Erscheinungsform, die die Sozialität der Bedeutung und damit die geschichtlich spezifische Art des Menschen verleugnet.

Die Betonung der sozial bedingten Textlichkeit ist der erste Schritt zu einer Auflösung des Scheins von *freier* und *unbedingter* Geschlossenheit des Werks und gleichzeitig die erste Phase in der Kritik des traditionellen *Holismusbegriffs.*

Mit der Öffentlichkeit der bürgerlichen Gesellschaft wird die Meinung zwar befreit, jedoch nur insofern, als die offenbare, feudale Bindung an ein vertikales Machtverhältnis durch eine versteckte, weniger offensichtliche, aber unerläßliche Bindung ersetzt wird: es wird für die Öffentlichkeit, deren Basis das Klasseninteresse ist, produziert.

Somit ist die sich frei von der Marktsphäre wähnende Produktivität tief mit den Erfordernissen und Funktionen des Marktes verstrickt. In diesem weiten Sinn setzt sich die Produktionssphäre im einzelnen Text durch.

It ist never what a poem *says,*
but what ist *is*
I. A. Richards

Eine kritische Literatursoziologie muß den *Holismus,* der die Literaturforschung während vieler Jahre beherrscht hat, durchbrechen. Mit dem Hervorheben einer textanalytischen Praxis, wie sie vom New Criticism vorgenommen wird, zementiert man eine holistische Gegenstandswahrnehmung.

Die Basis dieses Holismus ist die Warenform, die dem Werk eine Selbständigkeit verleiht, d. h. es aus der gesellschaftlichen Reproduktion herausreißt. *Ein holistisches Werkverständnis ist die Folge der Autonomietheorie und damit eine theoretische Neutralisierung der phänomenalen Verschleierungen der Werkform.*

Der Holismus und die *Text*analyse des New Criticism gehören zusammen. Die Folge des holistischen Axioms ist eine bestimmte textanalytische Praxis, Welleks *intrinsic approach.* Man muß beachten, daß *die axiomatische Grundlage für die „Close Reading"-Technik die selbstreflexive strukturierte Totalität des Textes ist.* Dies bedeutet, daß sich ein Werk- oder Textverständnis bildet, dessen Ausgangspunkt das selbständige, holistische Sein des Werks/Textes ist. Als Konsequenz ergibt sich eine *Strukturtheorie,* die im wesentlichen durch die Vorstellung von einer *rationalen Einheit* aller Bestandteile unter einem Einheits-, einem Totalitätsprinzip gekennzeichnet ist. Die im Zusammenhang mit dieser Totalität entscheidende Bestimmung des New Criticism ist die Konzeption der *Harmonisierung* und *Ausbalancierung* aller Elemente. Diese Harmonisierungstheorie ist eine notwendige Folge der holistischen, axiomatischen Grundlage. Die Grundformel wird somit zu einem Strukturprinzip, zu einer Bestimmung von *Relation* und *Einheit* und verwandelt sich in ein *ästhetisches Kriterium,* welches als Argument gegen die sogenannte *Tendenzkunst* verwendet werden kann. Alles wird totalisierend einer „Stimmung" oder einem „Sinn" unterworfen.[2]

---

2 Vgl. hier Robert Wooster Stallman, *„The Critical Reader"* in *College English,* Chicago 1948: „Der beste Künstler baut sein Werk so auf, daß es keine andere Deutung zuläßt, als die eine, die er beabsichtigt hat. Ein Kunstwerk hat nur eine einzige Absicht, einen Totalsinn, ein einheitliches Thema. Und alle seine scheinbar unterschiedlichen und sich widersprechenden Elemente – Charakter, Handlung, Milieu, Atmosphäre, Farbe, Bildsprache usw. – arbeiten zusammen, um dieser

Der Text wird als *Hierarchie von Gesamtheiten* verstanden. Diese Auswirkung des Holismus ist in der Praxis eine Hypostasierung der Ästhetik in ihrer blutlosesten Variante: das Werk ist auf glänzende Weise sich selbst genug.

Die Voraussetzung für die holistische Werkerkenntnis ist die phänomenale Autonomisierung des dichterischen Textes durch die Werkform. Die Folge dieses Verständnisses ist eine *harmonisierende Kunstbetrachtung,* die überall Gesamtheit und Einheit, nie Bruchflächen und Gegensätze, nie Instanzen, die nicht unter irgendeiner Einheitszauberformel (z. B. Brooks' Paradoxbegriff) totalisiert werden können, sucht. Der Text wird also immer als Resultat betrachtet, wodurch der Produktionsprozeß und mit ihm eine wichtige Seite der sozial bedingten Textlichkeit des Textes eo ipso eliminiert sind.

Will eine Analyse diese Textlichkeit verstehen, muß sie deshalb diesen Holismus durchbrechen und seine Entstehung rekonstruieren, um ihn als Ausdruck eines verschleierten Verständnisses des Seins des Textes zu kritisieren.

---

einen Absicht Form zu geben. Dieses Prinzip gibt dem Leser einen Schlüssel zum Sinn des Werks. Da jeder Teil geschaffen wurde, um als Zeichen zu fungieren, haben wir, sobald wir unterwegs den Sinn oder die Funktion eines Teils erfaßt haben, begonnen, den einheitlichen Sinn zu entdecken, der das Werk zu einer inneren Ganzheit formt. Da der kundige Leser weiß, daß jeder Teil eine funktionelle Beziehung zur Ganzheit ausdrückt, versteht er die Zeichenwerte jedes Teils je mehr er sich dem Ende des Buchs nähert."

Robert Wooster Stallman wird hier nach Johan Fjord Jensen, *Den ny kritik,* Kopenhagen 1962, zitiert, das immer noch eine der besten Einführungen in den New Criticism ist. Das Buch hat einen ausgeprägten Sinn für die zentralen Themen des New Criticism, dementsprechend ist aber das Bild, das es von dieser heterogenen „Bewegung" gibt, besonders doktrinär – und auch nicht immer gleich präzis. Diese Problematik muß inzwischen historisch verstanden werden: Als das Buch zum ersten Mal herauskam, war es ein Glied im Aufbruch aus einer schon damals total bewußt- und perspektivenlosen literarischen Tradition, welche entweder die Literatur in enger positivistisch-biographischer Geistlosigkeit behandelte oder bloß in einer perspektivenlosen Geistesgeschichte herumplätscherte. Die meisten erlebten damals den New Criticism als eine kolossale Befreiung und in einem Punkt als eine Schärfung der Erkenntnis: nämlich in textanalytischer Richtung. Keiner von uns konnte damals eigentlich sehen, daß er in den meisten anderen Beziehungen eine Beschneidung der Perspektiven und Stoffbereiche mit sich führte, die den Erkenntnishorizont des Fachs enorm verengte.

Wenn ich hier eine Kritik teils des New Criticism, teils von Fjord Jensens Buch darüber liefere, so bedeutet dies nicht, daß die Textanalysen des New Criticism aufgegeben werden sollen, oder daß Fjord Jensens Buch nun seinen Sinn verloren habe.

Es ist wichtig, Fjord Jensens etwas doktrinäres Modell des New Criticism zu nuancieren und modifizieren: z. B. hebt er den verstockten Schematiker und bornierten Moralisten Yvon Winters hervor, weil er ein abstraktes Strukturmodell hat, nach welchem Fjord Jensen typologisieren kann – nicht weil sein Gesamtbeitrag

Eine solche Untersuchung muß mit Bruchflächen, Gegensätzen und Unabgeschlossenheiten im Text arbeiten, welche eben auf den Produktionsprozeß hinweisen, der im New Criticism unter dem Namen *the intrinsic fallacy* (nach Wimsatt und Beardsley) vom Tisch gewischt wird. Es ist also von Bedeutung zu unterstreichen, daß der *Holismus* in seiner ganzen axiomatischen Grundlage geschichtsfeindlich ist. Was aus dem Bereich der Textanalyse als solcher fällt, sind reine *Perspektivierungen* (Wellek) in einem zufälligen Verhältnis zum Text, der immer primär ist.

Eine solche naturalisierende und harmonisierende Kunsttheorie gehört einem Zeitraum der Geschichte der Bürgerklasse an, in der sich Kunst und Politik schon längst getrennt haben und in der die Bürgerklasse in ihrem politischen Kampf keine unmittelbare Verwendung mehr für die Kunst hat, da ihre politökonomischen Interessen im Bereich des politischen Kampfes verwirklicht sind. Die Theorie macht deshalb in Wahrheit auf einen Zug der spätbürgerlichen Dichtung, nämlich auf ihre unmittelbar ersichtliche Isolation von der politischen Öffentlichkeit, aufmerksam. Sie irrt, *indem sie diesen geschichtlichen Zustand mit einem universalhistorischem Ontologem*

---

zur „Bewegung" überhaupt von Bedeutung wäre, denn dies ist er nicht. Fjord Jensen reduziert dementsprechend die nichtdoktrinären Gestalten, weil sie sich nicht unter den sehr pragmatischen und starrsinnigen Kritikbegriff des Buchs einordnen lassen. Dies trifft so phantasiereiche – und auch phantastische – Figuren wie R. P. Blackmur *(Language as Gesture)* und insbesondere Kenneth Burke, dessen monströse und opulente Werke so manche Einfälle und fruchtbare Ansätze enthalten, daß eine rechtzeitige, richtige Lektüre seiner Bücher an Stelle der mehr trivialen Neukritiker über den New Criticism hätte hinausführen können. Bei Burke wird mit dem Versuch eines Zusammendenkens von Freud und Marx (wenn auch deren Verständnis diskutabel ist) gearbeitet, er greift total über die scheuklappenverblendete Textexegese hinaus, interessiert sich für Film, nichtbelletristische Texte usw., arbeitet mit soziologischen Modellen u. ä. Sowohl Blackmur wie Burke werden bei Fjord Jensen unter der Bezeichnung „Andere" rubriziert. Im ganzen genommen ist das Buch in einem solchen Grad *aus* einem textanalytischen Interesse *heraus* geschrieben (welches das dominante war, als es erschien), daß es entscheidende Faktoren ganz übersieht: in (a) dem Erkenntnisinteresse des New Criticism (Textautonomisierung) und in (b) der Verbindung dieses Erkenntnisinteresses mit einer dezidiert reaktionären (und zeitweise faschistischen) Politisierung, die mit der Autonomietheorie verkoppelt ist (der Text soll erlöst werden, um ja nichts mit der modernen Wirklichkeit zu tun zu haben, u. ä.). Was den letzten Punkt betrifft, bedeutet dies, daß eine intrikate Verbindung zwischen politischer Reaktion – Modernismus – New Criticism besteht.

Vgl. ferner John Harrison, *The Reactionaries,* London 1966 und Peter Madsen, *Modsigelsens poetik, Poetik* Nr. 18.

verwechselt. Sie übersieht die Klassenspezifität der Institution und die institutionalisierten Produktionsverhältnisse der Literatur im Ausbildungssektor.

Der ganze New Criticism, und was sonst seine Ideen und Vorstellungen teilt, beruht auf solchen kategorialen Fehlschlüssen.

Letztlich ist der Holismus Ausdruck einer irrationalen Kunstbetrachtung, die perfekt zur hermeneutischen Tradition der Universitäten paßt: die Einheit der Totalität wird als ausreichendes Daseinsprinzip hingestellt. Aus diesem Grund beinhaltet die holistische Grundlage eine deutliche Metaphysik. Durch eine Hypostasierung der Gesamtheit wird tendenziell eine Vorstellung von einem schaffenden Prinzip als strukturierendem Faktor der Gesamtheit interpoliert, womit sie zu mehr als der Summe ihrer einzelnen Teile wird. Eben hier setzt man nun dieses mystifizierte „mehr", die Unerschöpflichkeit des Textes, oder wie es immer genannt wird, an. Diese Vorstellung von einer mystischen Unerschöpflichkeit und einer Tiefe stellt die Verbindung mit der Hermeneutik her.

Gegenüber einem solchen Irrationalismus, der sich in den phänomenalen Versachlichungen der bürgerlichen Gesellschaft verirrt, muß eine kritische Literaturkonzeption an der *vollen Lesbarkeit des Textes* festhalten und den Text als kom-poniert, zusammen-gesetzt, als offen und geschichtlich partizipierend verstehen.

Für eine kritische Literaturwissenschaft, d. h. eine Literatursoziologie, muß das Produktionsproblem im Zentrum stehen.

Auf den folgenden Seiten soll dieser Problembereich versuchsweise diskutiert werden. Ich gehe von einer Kritik an Julia Kristevas Textmetaphysik aus,[3] um anzudeuten, wo die Problematik meiner Meinung nach liegt. Ich bilde mir nicht ein, der Abschnitt beinhalte ein abgeklärtes Verständnis des Fragenkreises. Er kann aber zu einer Problematisierung führen. Wir müssen vorerst den zentralen Begriff der *Textproduktion* diskutieren.

---

3 Jeder, der Julia Kristeva behandelt, muß aus manchen Gründen ein großes Maß an nebulösem Geschwätz inmitten sonst blendender Passagen und spannender Einfälle in Kauf nehmen. Dies bedeutet, daß jede Besprechung oder Kritik ihrer Arbeiten immer und ohne die geringste Anstrengung mit ihren eigenen Worten widerlegt werden kann. Diese Tatsache muß man notwendigerweise mit Gleichmut tragen. Ich bin mir darüber im klaren, daß das Verständnis ihrer Schriften, das ich selbst zu erreichen vermochte, begrenzt ist. Ich habe mich aber bemüht, die tragenden Themen ihres Buches *Semeiotikè*, wie ich sie nach bester Überzeugung sehe, darzustellen. Ich habe mich natürlich nicht bestrebt, eine ausführlichere Erläuterung ihrer Gesamtthematik zu geben, die in diesem Zusammenhang aus einleuchtenden Gründen ohne Interesse wäre.

3. Kritische Diskussion von Julia Kristevas Textmetaphysik

Eine Produktionstheorie, die sich nicht phänomenal zum Text verhält, muß den Produktionsaspekt (und damit den Konsumtionsaspekt) problematisieren. Eine solche Methode kann den Text und seine Bedeutung(en) nicht als gegeben hinnehmen, sondern muß sie in komplexen Produktionszusammenhängen sehen.

Eine markante Ausformung einer solchen Theorie ist von der Gruppe um die französische Zeitschrift *Tel Quel* erarbeitet worden. Diese Arbeit – besonders Julia Kristevas – ist in die dänische Debatte aufgenommen worden. Es ist deshalb wichtig, dazu Stellung zu nehmen.

Als Ausgangspunkt sollen Kristevas Theoretisierungen – soweit ich sie überhaupt verstehen kann – dienen, damit darauf ihre Entwicklung einer universalhistorischen Produktionstheorie problematisiert werden kann. Diese Theorie läßt sich nur schwer in ein Verhältnis zu den spezifischen literarischen Produktionsverhältnissen in der kapitalistischen Gesellschaft bringen.[4]

Kristevas Reflexion baut auf vielen unterschiedlichen Inspirationen auf, die zu einer elektischen und sehr problematischen Texttheorie entwickelt

---

4 Vgl. hier Pittelkows Bemerkungen in *Poetik* Nr. 19, S. 49: „Es ist von semiotischer Seite unterstrichen worden, daß das Lesen eines Textes nicht so vor sich geht, daß eine in sich selbst ruhende Vernunft einem gegebenen, abgegrenzten Textobjekt einen Sinn zuteilt, geschweige denn, daß die Vernunft den eigentlichen Sinn aus dem Text ‚hervorgräbt'. Die Lektüre eines Textes gestaltet sich als Zusammentreffen zwischen verschiedenen textlichen und anderen Bedeutungszusammenhängen: der (vorliegende) Text ist ein Komplex von Bedeutungszusammenhängen, der jedoch oft als ein einziger Zusammenhang auftritt (. . .). Diese Bedeutungszusammenhänge sind das Resultat bestimmter gesellschaftlicher (darunter textlicher) Produktionsbedingungen, Produktivkräfte und Produktionsverhältnisse (. . .). Mit ‚gesellschaftlich' wird nicht bloß an die generellen ökonomischen und ideologischen Formbestimmungen, sondern auch an ihre sozialtypische und individuell spezifische Formung der Triebe gedacht. Das Lesen ist ebenfalls ein Resultat spezifischer gesellschaftlicher (darunter wiederum textlicher) Produktionsbedingungen, Produktivkräfte und Produktionsverhältnisse. Dies soll generell gesagt sein. Die spezifischen Produktionsbedingungen, Produktivkräfte und Produktionsverhältnisse müssen in Verbindung mit einer gegebenen literarischen Produktion und Lektüre natürlich als Momente in einer konkreten gesellschaftlichen Totalität bestimmt werden, wonach sich der bessere Teil der Semiotik auch bestrebt hat (wenn es auch eine ziemlich generelle Tendenz zu Abstraktionen in der Gesellschaftsanalyse gegeben hat – . . .)". Im ganzen ist Pittelkows Artikel eine ausgezeichnete Einführung.

Eine unschlüssige, aber vernünftig skeptische Introduktion zu Julia Kristeva findet sich in Peter Madsen, *Semiotik og dialektik,* Kopenhagen 1972; siehe außerdem seinen Artikel in *Poetik* Nr. 18.

werden: ich will hier bloß ihre Herkunft von der Transformationsgrammatik (insbesondere Saumjan), von Derrida und seiner Kritik des Logozentrismus, die Tradition von Freud/Lacan und den Einfluß (in ihrem Selbstverständnis) Louis Althussers nennen. Es ist in diesem Zusammenhang ohne Bedeutung, alle diese Referenzen aufzuzeigen und ihr Verständnis von Althusser (oder der Transformationsgrammatik oder der Mathematik) zu diskutieren. Entscheidend sind die Seiten ihrer Überlegungen, die hier in Dänemark wirksam wurden. Die Verbindungen zu Freud-Lacan und Derrida sollen daher für die Diskussion ihrer Theorie die Schwerpunkte bilden.[5]

Die Einflüsse von Freud können nur schwer in kurzer Form erläutert werden.[6]

Ihre Entwicklung der Freudschen Deutungsmethodik (besonders der Traumdeutung) zu einer Texttheorie möge als Ausgangspunkt dienen. Grundlegend für diese Theorien ist eine Reihe Dichotomien, d. h. eine Verbindung von Gegensätzen:

Materialität	≅	*Produktion*	≅	*Heterogenität*
Idealität		Hemmung/ Verdrängung		Homogenität / Kohärenz

Diese Gegensätze werden in Erweiterung von Lacan und Derrida als Spiel zwischen a) offenen, revolutionären (revolutionierenden) Möglichkeiten (die Linie von der Materialität aus) und b) begrenzten und begrenzenden, rigiden und normierenden, bürgerlich-idealistischen Instanzen (Linie von der Idealität aus) gesehen.

Damit ist auch angedeutet, daß die texttheoretischen Überlegungen bei Kristeva und den anderen im Kreis um *Tel Quel* mit einer poetisch-politischen Strategie verbunden ist, deren Abstraktheit ich im folgenden charakterisieren will.

Grundlegend für ein Verständnis von Kristevas Projekt ist es, ihre Erweiterung des textanalytischen Niveaus über den *phänomenalen Text* (Julia Kristeva: Phänotext) hinaus zu sehen. Über den schon vorliegenden Text (: der Text als Phänomen) setzt sie einen außersubjektiven und außerzeitlichen

---

5 Die Verbindungen zwischen Julia Kristeva, Jacques Lacan, Jacques Derrida und der Transformationsgrammatik sind alles komplizierte Referenzen. Eine Erklärung der verwickelten Theorie, für die diese Namen stehen, ist überhaupt nicht möglich.

6 Ohne in der Lage zu sein, die Problematik zu durchschauen, da Lacan – wie Julia Kristeva – kein klarer Schreiber ist, meine ich doch, daß auch seine Freudrezeption diskutiert werden muß. Sonst kann ich auf Althussers Diskussion von Lacan in der Anthologie *Strukturalisme,* Kopenhagen 1970, hinweisen.

„Ort“ (beide Adjektive stammen von Kristeva), ein *Generierungsniveau,* welches sie den *Genotext* nennt. Die zwei Text„niveaus“, der Phänotext und der Genotext, sind in obiger Dichotomiesequenz enthalten, indem der Genotext die Materialität, Produktivität und Mehrheit/Heterogenität, der Phänotext dagegen die gehemmte, idealistische und rigide Fixierung darstellt.[7]

Die Relation zwischen Phänotext und Genotext beschreibt sie als „Fall“; der Genotext „fällt“ maskiert und zensuriert in den Phänotext hinunter.[8] Es ist nun wichtig, dieses Verhältnis richtig zu verstehen:

Die Bewegung vom Genotext (der also „vor“ dem phänomenalen Text besteht) zum Phänotext ist bei Julia Kristeva durch Lacan-filtrierte Freudsche Begriffe gekennzeichnet. Sie spricht von einer *Maskierung* oder *Zensurierung* des Genotextes, ehe ihm „erlaubt“ wird, in den Phänotext zu fallen.

Diese Fallkategorie ist für das Verständnis von Lacans Vorstellung irreführend, da sie teils etwas *außer,* teils etwas *vor* dem Phänotext suggeriert. Es ist von Bedeutung, daß diese Momente des Genotextes nicht außerhalb und vor dem Phänotext gedacht werden können. Das Verhältnis zwischen den beiden ist in Lacans Deutung der Beziehung zwischen dem manifest und dem latent Geträumten erfaßt, wobei der Phänotext selbstverständlich den manifesten, der Genotext den latenten Trauminhalt repräsentiert. Auf diese Weise verknüpft Julia Kristeva ihre Texttheorie mit Lacans Traumtheorie: es muß hier das Verhältnis zwischen manifestem und latentem Traum bei Freud und Lacan bestimmt werden. Der latente Traum existiert nicht außerhalb des manifesten, sondern ist *in* ihm und als Bruch und Spur in dessen Fläche enthalten (vgl. Darridas Kritik des Logozentrismus). Der manifeste Traum ist überhaupt erst der Zugang zum latenten, welcher nur durch seine Spuren gefunden werden kann. Also: die Generierung des Phänomens wird *durch* das Phänomen selbst verstanden. Julia Kristeva charakterisiert

---

7 Es ist klar, daß Julia Kristeva hier auch in transformationsgrammatischen Konzeptionen denkt; vgl. Abschnitt 8 dieses Kapitels.

8 Vgl. dazu Kristeva, a.a.O., S. 284, wo der Genotext als außerhalb des Subjekts beschrieben wird: „Als außersubjektiver und außerzeitlicher Ort (das Subjekt und die Zeit erscheinen nur als zufällige Ereignisse dieses gewaltigen Fungierens, das sie überschreitet), kann der Genotext als die Anlage der Geschichte der Sprache und jeder bedeutenden Praxis, die er zu kennen fähig ist, angegeben werden: in ihm sind die Möglichkeiten aller existierenden und zukünftigen Sprachen ‚gegeben‘, ehe sie maskiert oder zensuriert in den Phänotext niederfallen.“ Es lohnt sich schon hier, den *Panproduktivismus* zu beachten, der inmitten ihres mystifizierenden Sprachgebrauchs zu finden ist und der nur rhetorisch mit etwas materialhistorisch Spezifischem verbunden werden kann. Vgl. darüber später in der Kritik von Kristeva.

dies selbst als ein „materialistisches Verfahren, welches das Strukturierungsprinzip in der strukturierten Materie selbst plaziert."[9] Der Genotext wird also nicht als metaphysischer Instanzapparat außerhalb und unter der Materialität aufgefaßt – jedenfalls nicht in Kristevas Selbstverständnis.

Kristeva postuliert, daß ihre Theorie des Genotextes in/hinter dem Phänotext eine *materialistische Methode* darstelle, da die Strukturierungsmethodik *in* der strukturierten Materie selbst liege. Dies ist richtig, falls ihre Texttheorien an den hermeneutischen Traditionen gemessen werden, die sie in ihrer Kritik des Logozentrismus, dem Ausgangspunkt ihrer Untersuchungen, trifft. Aber im Verhältnis zur Kritik der politischen Ökonomie nimmt sich ihre theoretisch-axiomatische Grundlage abstrakt und metaphysisch aus: mit der Theorie des Genotextes lanciert sie als Grundlage für ihre Textproduktionstheorie einen *Panproduktivismus,* der konsequenterweise zu einer Theorie, die alles als Text, einem *Pantextualismus,* der die Geschichte als Text versteht, führt. Ein solcher Panproduktivismus ist jedoch nicht imstand, die *kapitalistischen Formbestimmungen* zu studieren. Folglich wird die Vermittlung zwischen dem Produktionsbegriff der Texttheorie und der kapitalistischen Produktionsweise oberflächlich und zufällig bestimmt. Ein Zusammengleiten des panproduktivistischen Produktionsbegriffs und des Produktionsverhältnisses der Kritik der politischen Ökonomie ist deshalb direkt irreführend und kann *nur* darin resultieren, daß die spezifischen Methoden der Kritik der politischen Ökonomie in panproduktivistischem Gerede untergehen. Deshalb verschwindet der Klassenkampft nicht zufällig aus der Theorie und wird eher in einen Textkampf in schönster Übereinstimmung mit dem Pantextualismus verwandelt. Diese Einwände zeigen, daß der Panproduktivismus von Kristeva, soll er in Marxschen Zusammenhängen berücksichtigt werden, unter die Universaldialektik fällt, die ich in Kapitel II kritisiert habe.

Mit der Theorie des Genotextes errichtet sie *tendenziell,* obschon sie es bestreitet, eine Transzendentalität, die bedenklich der der klassischen Philosophie und nicht den Strukturen der Marxschen Theorie gleicht.[10]

Die Problematik weist auf jeden Fall auf ihr spezifisches Problem, das Verhältnis zwischen dem Text und seinem gesellschaftlichen Sein, hin. Sie versucht dies durch den Begriff ‚*Anapher*'[11] zu lösen: die Verbindung zwi-

9 J. Kristeva, a.a.O., S. 285.

10 Vgl. Rancières Aufstellung, a.a.O., S. 54.

11 Auch dieser Begriff ist relativ dunkel in ihrer Theorie, da nicht bloß von einem Zusammenhang zwischen Text und Gesellschaft, sondern von einer überschreitenden textuellen Praxis (oder wie man es nennen soll) die Rede ist: die skriptuelle Produktivität ist eine überschreitende Praxis, die sozusagen zum Modell für eine

schen dem Text und seinem gesellschaftliche Sein ist anaphorisch. Es glückt ihr nirgends in *Semeiotiké* – soweit ich sie verstanden habe –, diese anaphorische Konnexion zwischen Text und Gesellschaft nicht nur rhethorisch-abstrakt zu formulieren. Dies wiederum beruht auf dem zugrundeliegenden Panproduktivismus und damit dem abstrakten Verständnis des gesellschaftlichen Realobjekts.

Die Erweiterung dieser Kritik macht ferner verständlich, warum diese Theorie so großes Gewicht auf die poetischen Strategien legt: die Zerstörung der Rigidität des Phänotextes ist gleichzeitig der Beginn der materiellen Praxis, der Heterogenität des Genotextes und tendenziell eines rein anarchistischen Füllhorns. Die poetische Strategie versteht sich selbst als politisch. Da die Theorie das Realobjekt abstrakt und pandialektisch auffaßt, die Zerstörung der Rigidität in Bedeutungen und Texten konzipiert ist, muß der Anarchismus folgen. Hier gleitet die Freudsche Inspiration mit dem politischen Linksradikalismus zusammen.[12]

überschreitende sozial-historische Praxis wird. Die textuelle ist deshalb eine Anapher für die soziale Praxis. Also: die Überschreitung des Textes weist auf eine Überschreitung der Gesellschaft hin.

Auf dänisch findet sich in Peter Madsens Diskussion von Kristevas Theorien in *Semiotik og dialektik* und in Artikeln in *Poetik* Nr. 18 eine Erklärung für die Problematik. Ich will hier kein Hehl daraus machen, daß solche überschreitende Praxis, wie sie Kristeva formuliert, sich im Licht der Kritik der politischen Ökonomie höchst dubiös ausnimmt. Hier wird eine emanzipatorische Möglichkeit in der Produktion formuliert, es ist aber nicht von irgendeiner Produktion die Rede, sondern von der spezifischen Wertproduktion unter der Herrschaft des Kapitals. Diese kann natürlich unter keinen Umständen mit der metaphysischen Spitzfindigkeit verwechselt werden, welche Kristeva als Genotext und überschreitende skriptuelle Praxis u. ä. lanciert. – Dies kann die Wertproduktion nur, wenn man sich mit einer Pandialektik und einer panproduktivistischen Theorie zufrieden gibt. Aber es ist wichtig darauf zu achten, daß man die Begriffe der verschiedenen Niveaus und der spezifischen Bestimmungen in der Kritik der politischen Ökonomie nicht vermischen und auf irgendetwas überführen kann, sonst endet man damit, daß man überhaupt nichts sagt. Dieser Analogismus (oder Anaphorismus) hat viel Literaturwissenschaft verwüstet und geplagt, welche in purer Verlegenheit und mit schlechtem Gewissen ihre Beschäftigung durch die Radikalisierung des Klassenkampfes seit den 1960er Jahren problematisiert gefunden hat. So hat man sich durch Analogien zwischen dem einen und dem anderen legitimiert, so daß die Revolution faktisch in bestimmter Form gerade aus der IBM-Maschine oder dem Kugelschreiber oder der Schrift oder der textuellen Produktivität usw. zu springen scheint. Oder die Ästhetik wird als das eigentliche Ressort für Überschreitungen erlebt – wie es aus gutem Grund euphemistisch heißt.

12 Gleichzeitig, wie es nötig ist, solche Vorstellungen über den anarchistischen Überfluß des Genotextes gegenüber der Rigidität der Formen und damit auch ihren

Denn soweit eine Texttheorie auf der Freudschen Traumdeutung aufbaut und unmittelbar sich selbst in Verbindung zu einem pandialektischen „Marxismus" versteht, ist sie außerstand, das gestellte Problem konkret und geschichtlich spezifisch zu lösen. So oder so etabliert sie sich in einem universalhistorischen und metaphysischen Raum außerhalb der Geschichte.

Julia Kristeva beschäftigt sich mit einigen offenkundigen Zusammenhängen, die sie ideologisch reproduziert – und nicht rekonstruiert.

4. Über die Historizität der Bedeutungsproduktion (I)

Um über das holistische Textverständnis hinauszukommen, stellt Julia Kristeva einer traditionellen phänotextlichen Auffassung ihre Genotextlichkeit gegenüber.

Dabei zieht sie in ihrer Textarbeit Modelle und Vorstellungen der *Transformationsgrammatik* mit in Betracht. Vor allem arbeitet sie mit deren *Generierungsvorstellung,* und mit dem Begriff des *Genotextes* schafft sie eine *Tiefenstruktur,* die nicht ohne Ähnlichkeiten mit den Konzeptionen der Transformationsgrammatik ist – jedenfalls nicht hinsichtlich des oft abstrakten Niveaus. Sie kann hierfür auch Parallelen zu einem ganz bestimmten Freudverständnis (Lacan) ziehen, welches die Voraussetzung für eine *Homologisierung sowohl der Transformationsgrammatik, als auch der Traumdeutung und der Textarbeit* darstellt.

Es muß hervorgehoben werden, daß Julia Kristeva wichtige Bereiche erfaßt hat, aber auch, daß für das weitere Verständnis der Versuch unternommen werden muß, die *ideologische Form,* in der sie diese Bereiche kleidet, aufzulösen.

Was ich oben über den tendenziellen Transzendentalismus ihres Genotextbegriffs gesagt habe, kann nicht überraschen, wenn man sich ihre Ausgangspunkt in der Transformationsgrammatik vor Augen hält.

Begriff der Anapher zu kritisieren, muß festgehalten werden, daß Vorstellungen wie die ihren nicht nur mehr oder weniger unklare texttheoretische Konzeptionen darstellen, sondern auch zahlreiche politische Implikationen beinhalten. So sind ihre Theorien von politischem Wesen *anarchistisch* (ungeachtet ihres Selbstverständnisses). Als solche fallen diese anarchistischen Befreiungsmanöver ganz ausgezeichnet mit den politischen Tendenzen zusammen, die ungefähr gleichzeitig im Studentenaufstand zu Ausdruck kamen (vgl. hier Daniel Cohn-Bendits Buch *Le gauchisme. Remède à la maladie sénile du communisme,* Paris 1968), und die von den Teilnehmern als echter Befreiungsprozeß erlebt wurde. Somit sind Phänomene dieser Art, wie sie in Julia Kristevas Texttheorien aufgezeichnet sind, etwas anderes und mehr als Texttheorien. Es sind Voraussetzungen für große Teile der Linksorientierung, die sich heute im Verständnisrahmen der Kritik der politischen Ökonomie entwickeln.

Die Tiefenstrukturen der generativen Grammatik, darunter ihre Unterscheidung zwischen *Kompetenz* und *Performanz,* errichten ein rein ontologisches Denken, das zuletzt in die Behauptung einer *universellen Grammatik* ausschlägt.[13] Dies bedeutet, daß die generative Grammatik selbst eine abstrakte Menschenauffassung reproduziert und daß die spezifischen geschichtlich-gesellschaftlichen Elemente nur in äußerlichen Vermittlungen gesehen werden können.

Doch diese notwendige Kritik an Julia Kristeva und Ihresgleichen soll nicht verschleiern, daß ihre Grundvorstellung vom Phäno-/Genotext ein bedeutungsvolles Problem aufgedeckt hat. Mit einer solchen Vorstellung von „Steuerung"/„Relationen" zwischen phänotextlichen und nicht-phänotextlichen „Niveaus" können wir hinter die bloße phänotextliche Reproduktion vordringen und eine prozessuelle Praxis der Textanalyse entwickeln.

Es gilt nun, (a) diese Stoffbereiche geschichtlich festzulegen und (b) darauf aufbauend eine Texttheorie zu etablieren.

Es stellt eine Begrenzung dar, daß ich mich im folgenden im wesentlichen auf (a) konzentriere und (b) nur unzureichend und rudimentär behandle. Dies heißt aber nicht, daß eine solche Texttheorie irrelevant wäre.

Das *Werk* ist eine spezifische, d.h. geschichtlich spezifische Erscheinungsform einer textlichen Produktivität, seine phänomenale holistische Erscheinung ist mit dem Werk als Buchware in der bürgerlichen Öffentlichkeit verbunden. Das autonome Erscheinen ist deshalb unmittelbar eine ideologische Form. Der Text als Werk ist historisch bedingt.

Das vorliegende Werk ist, als ein faktisches Phänomen (Julia Kristeva: der Phänotext) verstanden, demnach die Erscheinungsform einer bedeutungsvermittelnden Strukturierung eines Materials. Es ist ein produziertes Produkt, dessen geschichtliches Sein seine Komponenten hervorgebracht hat. Also: der Genotext muß zugunsten der *Geschichte* als Generierungsbedingung des Untersuchungsfeldes verlassen werden.

Damit ist natürlich keine Diskurs-/Texttheorie erarbeitet, sondern nur ein Problembereich abgesteckt.

Um über trivialisierende Bemerkungen dieser Art hinauszukommen, müssen eine Reihe Frage gestellt werden, von denen ich hier einige zu beantworten versuche.

Zur Ausarbeitung einer Texttheorie ist die Kenntnis (a) des im Werk/Text gewählten Materials und (b) der Art seiner geschichtlichen Spezifität wichtig;

13 Vgl. dazu beispielsweise Chomskys Interesse an den Port Royal Grammatikern, seine *Cartesian Linguistics: A Chapter in the History of Rationalist Thought,* New York 1966; *Language and Mind,* New York 1968.

ferner muß man (c) wissen, wie und nach welchen diskursiven Regeln es ausgewählt wird, sowie (d), welche spezifischen Momente in die eigentliche Sprechhandlung u. a. m. eingehen. Ich werde diese Probleme hier nicht zu lösen versuchen, sondern einige Bereiche aufzeigen, die eine ordentliche Texttheorie berücksichtigen muß.

Beispielsweise kann (c) nicht ohne die spezifischen Regeln und die geschichtlich spezifische Rigidität der literarischen Institution beantwortet werden. Damit ist auch angedeutet, wie die Normen der literarischen Institution im Produktionsprozeß als veräußerlichendes Moment in ihm bestimmt sind. Schließlich können (a) und (b) nicht ohne Klärung des Normsystems der literarischen Institution gelöst werden.[14]

Schon oben ist der *Holismus* kritisch abgegrenzt worden. Die Komposition des Werks zu unterstreichen, ist gleichzeitig ein Hinweis auf die Notwendigkeit der Bestimmung seiner sozial bedingten Textlichkeit. Mit dem Institutionsbegriff ist die bürgerliche Öffentlichkeit in die literarische Produktion als solche gestellt.

Diese Produktion kann daher außerhalb dieser sozial bedingten Textlichkeit nur zur Hälfte und in verkehrten Formen verstanden werden.

5. Über die Historizität der Bedeutungsproduktion (II). Partikularisierung und Privatisierung der künstlerischen Arbeit

Die kapitalistische Gesellschaft ist ein geschichtliches Produkt und kein Naturzustand. Die Naturalisierungen ihrer Produktionsverhältnisse überdecken andere, d. h. vorkapitalistische Produktionsformen und machen die Geschichte geschichtslos.

Demgegenüber muß festgehalten werden, daß der Mensch gleichzeitig seine eigene Geschichte schafft und in ihr inbegriffen ist, weshalb er kein *Wesen,* sondern eine geschichtlich spezifische Natur hat – genau wie das Kapital kein Naturzustand ist, wohl aber seine geschichtlichen Naturgesetze hat.

In der Reproduktion bearbeitet der Mensch die gegebenen Bedingungen und ändert sie zu seinem Zweck, während er gleichzeitig alte Formen zerstört und damit sich selbst verändert.

Der Mensch partikularisiert sich erst durch den geschichtlichen Prozeß.

---

14 Vgl. hier meine Analysen von H. C. Andersens Märchenproduktion in meinem Buch *H. C. Andersen og herskabet.*

Die kapitalistische Entwicklung der Produktionskräfte löst die naturgewachsenen Formen der Produktion auf. Die Arbeit wird nicht länger in Naturkategorien, sondern im spezifischen kapitalistischen Arbeitsprozeß reproduziert. Die Auflösung der althergebrachten Formen stellt eine Entwicklung der Produktivkräfte, d. h. des Potentials des Gebrauchswerts und somit eine Zivilisierung und Differenzierung der menschlichen Möglichkeiten dar. Das menschliche Wesen ersetzt seine unmittelbare und kaum differenzierte Einheit mit der Natur durch eine differenzierte Allseitigkeit. Der zivilisatorische Einsatz des Kapitals besteht in der Entwicklung der menschlichen Produktivkräfte. Als Verwertungsfanatiker zwingt der Kapitalist die Menschheit rücksichtslos zur Produktion um des Tauschwerts willen, „daher zu einer Entwicklung der gesellschaftlichen Produktivkräfte und zur Schöpfung von materiellen Produktionsbedingungen, welche allein die reale Basis einer höheren Gesellschaftsform bilden können, deren Grundprinzip die volle und freie Entwicklung jedes Individuums ist. Nur als Personifikation des Kapitals ist der Kapitalist respektabel."[15] „Nur soweit der Kapitalist personifiziertes Kapital ist, hat er einen historischen Wert und jenes historische Existenzrecht . . . Nur soweit steckt seine eigne transitorische Notwendigkeit in der transitorischen Notwendigkeit der kapitalistischen Produktionsweise."[16]

Während dieser notwendigen zivilisatorischen Entwicklung der Produktionsbedingungen des Kapitals werden die alten, überlieferten Formen der Gebrauchswertproduktion aufgehoben. Die zuvor damit verbundene und zu unmittelbarem Verbrauch hervorgebrachte Kunst (Tanz, Dekoration, Repräsentation u. ä.) verschwindet, oder überwintert in der Zivilisation regional als volkstümlicher Exotismus. An ihrer Stelle erhalten wie eine Kunst, die für die Öffentlichkeit produziert ist, in der die subjektive, borniert bestimmte Eigenerfahrung nur in begrenztem Umfang zu Wort kommt.

Mit der kapitalistischen Produktionsform wird der Mensch *privatisiert* und *partikularisiert:* der Privatmann wendet sich über die Öffentlichkeit, den Markt, an andere, ihm nicht spezifische oder bekannte, privat konsumierende Konsumenten.

In der kapitalistischen Gesellschaft werden die überlieferten Arbeitsformen aufgelöst. Die kapitalistische Produktionsweise unternimmt nicht nur eine *formale Subsumtion* der Arbeit unter das Kapital, sondern löst diese Formen auf und subsumiert sie *wirklich.* Die produktive Arbeit ist unter kapitalistischen Produktionsbedingungen die dem Kapital real subsumierte

15 *Das Kapital Bd. I,* MEW 23, S. 618.
16 ebenda

Arbeit. Die geschichtlich progressive Arbeitsform, die gesellschaftlich wird, ist dem Kapital untergeordnet. In der verkehrten Gesellschaft des Kapitals werden diese Arbeitskräfte dann als die des Kapitals dargestellt. Ohne es besteht keine produktive Arbeit.

Das literarische Schaffen kann sich nicht von diesem geschichtlichen Verwandlungsprozeß losreißen. Die Folge davon ist die private Hervorbringung künstlerischer Produkte und die Loslösung der Kunst aus der unmittelbaren Verbindung mit der gesellschaftlichen Produktion und der Reproduktion. Die Bedingungen für die Produktion gelten zugleich auch für die Reproduktion. Hat deshalb die Produktion kapitalistische Form, so ist dies auch bei der Reproduktion der Fall. Da die künstlerische Produktionsform nicht kapitalistisch ist, muß die Kunstproduktion besonders bestimmt werden:

a) Der künstlerische Schaffensprozeß kann nicht ohne die durch die geschichtliche Entwicklung bedingte, gesellschaftliche Partikularisierung verstanden werden.

b) Damit wird aber *nicht* behauptet, künstlerische und kapitalistische Produktion seien dasselbe. Der Autor ist kein Lohnarbeiter, der vom Verkauf seiner Arbeitskraft auf dem Markt lebt. Er ist daher weder formal noch real kapitalistischen Produktionsbedingungen untergeordnet.

Lohnarbeit ist Doppelarbeit, Arbeits- und Verwertungsprozeß. Ihre vergegenständlichte Arbeit verwandelt sich in der Hand des Kapitalisten zu Kapital: deshalb herrscht die tote über die lebendige Arbeit.

Man kann natürlich unter keinen Umständen behaupten, der Schriftsteller arbeite in diesem Sinn doppelt. Ich denke hier an die gebräuchlichen Produktionsbedingungen, unter denen die meisten Autoren in der bürgerlichen Gesellschaft produzieren. In bestimmten Konjunkturen entstehen nichtexemplarische Formen von lohnarbeitenden Schriftstellern, wie beispielsweise in der gigantischen Vaudeville-*Fabrikation* in Paris im letzten Jahrhundert oder der Fabrikation von Zeichenserien in den heutigen amerikanischen Syndikaten.

Dies heißt, daß der Autor *nicht* sein substanzloses, bloß drängendes Arbeitsvermögen, sondern seine Arbeit als Resultat verkauft. Wenn die künstlerische Arbeit in der Regel nicht der Wertbewegung untergeordnet ist, hängt dies natürlich mit der *Materialität* des Arbeitsprozesses, d. h. der geringen Anwendung von materiellen Rohstoffen und Produktionsmitteln zusammen. Es ist deshalb für das Kapital schwierig, sich durch die künstlerische Aktivität zu verwerten, weshalb diese so lange als möglich nicht direkt unter das Kapital subsumiert wird.

Erst mit der Entwicklung der Massenkommunikation in diesem Jahrhundert wird die Kapitalverwertung durch die Bewußtseinsproduktion ermöglicht.

Die Subsumtion dieses Bereichs durch das Kapital verwandelt ihn auch sogleich in Industrie: Bewußtseins*industrie*.

Die Abhängigkeit der Massenmedien von einem umfangreichen und kostspieligen Produktionsapparat bringt eine Möglichkeit für das Kapital mit sich. Die Produktionsmittel werden als Konstantkapital kapitalisiert. Als Investition fordern sie darauf eine beständige und kontrollierbare Verwertung. Deshalb wird die Rolle des Schriftstellers unter den bewußtseinsbildenden Bedingungen tendenziell in die lohnarbeitende Form verwandelt und entwickelt somit Arbeitsteilung, Kooperationsformen und reale Unterordnung der Arbeit unter das Kapital.

Unter normalen Bedingungen wird der Autor für sein Werk oder sein Produkt anders als in den kapitalisierten Produktionsbereichen bezahlt.

Der dem Autor bezahlte Wert kann nicht in Zeit gemessen werden, da die Grundbedingungen des Wertgesetzes nicht herauskristallisiert werden können und es damit unmöglich ist, das Reduktionsproblem zu lösen: die künstlerische Arbeit läßt sich nicht in gesellschaftliche, durchschnittliche Arbeit umsetzen. Das Wertgesetz hat natürlich für solche Tätigkeiten überhaupt keinen Sinn.

Deshalb unterscheidet sich auch die Bezahlung des Autors von der des Handwerkers. Er wird nicht mit dem „Wert" seines Produkts bezahlt. Die Produktionsunkosten und die Verkaufsbedingungen des Verlages usw. bestimmen seine Bezahlung. Es ist also das fertige Werk, als vom Verlag produziertes und berechnetes Buch verstanden, welches dem Autor seinen Unterhalt gibt.[17]

Diese Tatsache ist von Bedeutung, da sie entscheidende methodische Folgen haben wird.

Das Wertgesetz hat, wie erwähnt, keine unmittelbare Gültigkeit auf dem Gebiet der künstlerischen Aktivität – und in dem Augenblick, in dem es

---

17 Es ist natürlich von entscheidender Bedeutung, daß sich literatursoziologische Analysen besonders für die Form, in der das literarische Produkt hergestellt wird, das *Verlagssystem,* interessieren. Seine geschichtliche Entstehung zu beschreiben, ist die natürliche Aufgabe einer Literatursoziologie. Es ist wichtig zu wissen, wie es sich aus dem Mäzenatssystem entwickelt, wie es seine Vorform im Subskriptionssystem und schließlich seine Form (hier in Dänemark im letzten Jahrhundert) erhält, um danach in der Zeit nach dem Zweiten Weltkrieg – zusammen mit der Entwicklung neuer Medien – in eine neue Phase zu treten. Es ist selbstverständlich von Wichtigkeit, geschichtliche und empirisch differenzierte Analysen dieses Systems und seiner Bedeutung für die literarische Produktivität vorzunehmen.

Gültigkeit erhält, wird jede Ähnlichkeit mit der traditionellen, bürgerlichen künstlerischen Tätigkeit und Produktivität aufgehoben.

Der Künstler verwandelt sich in einen Lohnarbeiter.

Die Tatsache, daß das Wertgesetz nicht verwendet werden kann, bedeutet, daß die Kategorien, die mit den Bestimmungen der Kritik der politischen Ökonomie über den unmittelbaren Produktionsprozeß verbunden sind (d. h. die Kategorien aus dem größten Teil des ersten Bandes des *Kapital,* die des Produktionsprozesses werden in *Resultate des unmittelbaren Produktionsprozesses* zusammengefaßt), nicht in die Literatursoziologie übertragen werden können, sofern der künstlerische Produktionsprozeß spezifiziert werden soll.

Wichtig ist jedoch, daß die Grundlage dieser notgedrungenen Privatheit des künstlerischen Schaffens durch die Entwicklung des kapitalistischen Produktionsprozesses, d. h. der Kapitalakkumulation, konstituiert wird.

Daß keine Verwendung vom Wertgesetz gemacht werden kann, zeigt, daß der Ausgangspunkt der literatursoziologischen Produktionsanalyse nicht die gesellschaftliche Produktion, sonder das gesellschaftlich parzellierte Individuum, d. h. das kapitalistische Subjekt sein muß. Dient somit das kapitalistische Individuum als Ausgangspunkt, so wird es in der Kunst selbst, die es wieder zu ihrem Ausgangspunkt macht, verdoppelt: der Erfahrungsinhalt ist im bürgerlichen Kunstwerk mit dem Individuum als Drehpunkt verknüpft.

Gleichzeitig führt diese Problematisierung unmittelbar ein entscheidendes literatursoziologisches Interesse mit sich: die Klassenzugehörigkeit des Schriftstellers.

Dieser Problembereich soll im folgenden erörtert werden.

6. Über die Historizität der Bedeutungsproduktion (III). Über die Klassenanalyse des Schriftstellers

Das folgende kann aus vielen guten Gründen nichts anderes als eine rein einleitende Darstellung werden.

Ferner darf keine vollständige, klassentheoretische Erläuterung der verschiedenen Aspekte der Klassenanalyse erwartet werden. Es ist in erster Linie meine Absicht zu zeigen, wo sich die Problematik ergibt.

Wenn die klassenmäßige Analyse des Schriftstellers[18] selten mit beson-

18 Wenn hier vom Verfasser in der bestimmten Form gesprochen wird, geschieht dies nur der Einfachheit halber. Wie aus dem folgenden hervorgehen wird, ist diese bestimmte Form irreführend im Hinblick auf das Verständnis der Klassenproblematik.

derer Einsicht behandelt worden ist, läßt sich das unmittelbar auf die Art und Schwierigkeit der Problematik selbst zurückführen.

Wie oben angeführt wurde, kann der Autor nicht eindeutig in eine der zwei durch das Kapitalverhältnis bedingten Hauptklassen plaziert werden.

Ein weiterer Grund ist, daß verschiedene klassenanalytische Bestimmungen die ökonomiekritische Klassenbestimmung nicht berücksichtigen, sondern unterschiedliche ideologische und universalhistorische Kriterien verbreiten.

Wird die Problematik unmittelbar als Verhältnis zwischen der Arbeit der Hände und der des Geistes dargestellt, gehen ihre spezifischen kapitalistischen Formbestimmungen automatisch verloren. Da eine solche Darstellung meist mit dem früher kritisierten Basis/Überbau-Modell verbunden ist, wird der Verfasser/Kritiker/Intellektuelle häufig als Agent der reinen Kapitalinteressen, als Lakai des Überbaus eingestuft. Dieser Vorstellung folgt in der Regel ein universalhistorischer Klassenbegriff, der seine Berechtigung beispielsweise im *Manifest der Kommunisten Partei* sucht: „Die Geschichte aller bisherigen Gesellschaften ist die Geschichte von Klassenkämpfen. Freier und Sklave, Patrizier und Plebejer, Baron und Leibeigner, Zunftbürger und Gesell, kurz, Unterdrücker und Unterdrückte standen in stetem Gegensatz zueinander, führten einen ununterbrochenen, bald versteckten, bald offenen Kampf, einen Kampf, der jedesmal mit einer revolutionären Umgestaltung der ganzen Gesellschaft endete oder mit dem gemeinsamen Untergang der kämpfenden Klassen.“[19]

Dieser panhistorische Klassenbegriff ist in der Ökonomiekritik unbrauchbar, da er nicht imstand ist, das geschichtlich Spezifische des Klassenverhältnisses der kapitalistischen Gesellschaft zu studieren: die Wertproduktion, d. h. die Bestimmung des doppelten Charakters der Arbeit. Nur sie vermag, geschichtlich zu spezifizieren. *Dies bedeutet, daß die Klassenanalyse nur in Verbindung mit der Mehrwertproduktion kategorial erarbeitet werden kann.* Somit ist die Beziehung der zwei Hauptklassen im Verhältnis zwischen *Mehrwertproduktion* und *Mehrwertrevenue* angesetzt.

Also: eine ökonomiekritische Bestimmung der Klassenverhältnisse wird von den zwei Grundkategorien des Kapitalverhältnisses hergeleitet: Lohnarbeit versus Kapital, wobei die Wertproduktion die Grundlage dieser Bestimmung bildet. Sind die Wertformen somit basal für die Klassenanalyse, so ist ihr Bereich mit der Betrachtung des Produktionssektors natürlich *nicht* erschöpft. Eine Klassenanalyse muß unbedingt alle die verschiedenen Funktionsbereiche des Kapitals (Produktions-, Zirkulations- und Distributionsbereiche) in ihrer Untersuchung mitberücksichtigen.

19 *Manifest der Kommunistischen Partei,* MEW 4, S. 462.

Es geht hier nicht darum, eine solche Analyse zu umreißen. Folgende Spezifikationen sind maßgebend: in Zusammenhang mit der Klassenanalyse ist es zwar von Bedeutung, die Unterscheidung von produktiver/unproduktiver Arbeit zu verstehen, für die praktische Einsicht aber ist die Distinktion in Arbeit/Mehrarbeit ebenso entscheidend. Die zwei Begriffspaare sind die wichtigsten Hauptbestimmungen der Arbeiterklasse und bezeichnen das arbeitsspezifische Spektrum in der sie zu finden ist. Zwischen den Bestimmungen ist das Begriffspaar: reproduktive/dienende und notwendige/nichtnotwendige Arbeit.[20]

Halten wir nun fest, daß der Schriftsteller weder in die Kapitalistenklasse noch unter die Lieferanten von unbezahlter Mehrarbeit eingeordnet werden kann, sind wir wieder bei unserem Ausgangspunkt: der Schriftsteller läßt sich nur schwerlich klassenspezifisch bestimmen.

Dies bedeutet, daß es unmöglich ist, eine *objektive Bestimmung* seines Klassenzugehörigkeitsverhältnisses, im Sinn eines festgelegten *Klasseninteresses,* auszuarbeiten.

In Verbindung mit einer Bestimmung des Schriftstellers in bezug auf die

---

20 Die Bestimmungen können für eine nähere Charakteristik der verschiedenen Gruppierungen der Arbeiterklasse verwendet werden:

I: Mehrwert-produzierende Arbeiter (in Landwirtschaft, Industrie und Transport)
II: Mehrwert-realisierende Arbeiter (in Handel, Banken, Versicherungsgesellschaften usw.)
III: Öffentliche Angestellte (in Gemeinde, Staat oder anderen öffentlichen Institutionen)
IV: Private Angestellte (in Privathäusern oder entsprechender Umgebung)

folglich:

I:	produktive			
II:		reproduktive		
III:	unproduktive		notwendige	Mehrarbeitende
IV:		dienende	nicht notwendige	

Als Lieferanten von unbezahlter Mehr-Arbeit werden alle vier Gruppen ausgebeutet und gehören der Arbeiterklasse an. Die arbeitsrechtlichen Verhältnisse sind für alle Gruppen ebenfalls diejenigen der Lohnarbeiter. Aus praktischen und pädagogischen Gründen schlage ich vor, daß allein Arbeiter der Gruppe I (die Mehrwert-produzierenden Arbeiter) Lohnarbeiter, diejenigen der übrigen drei Gruppen (II, III, IV) Lohnempfänger genannt werden – von der Einkommensquelle der respektiven Gruppe aus gesehen. Die Unterscheidung Lohnarbeiter/Lohnempfänger folgt dabei der Distinktion produktive/unproduktive Arbeit.

gesellschaftliche Klassenstruktur schieben sich die *subjektiven Klasseninteressen* deshalb als wichtige Probleme in den Vordergrund.

Das spezifische Verhältnis zwischen den objektiven und subjektiven Klasseninteressen der zwei Hauptklassen der kapitalistischen Gesellschaft kann somit hier nicht verwendet werden.[21]

Gleichzeitig ist es wichtig zu wissen, daß die politökonomischen Bestimmungen die Klassenanalyse nicht erschöpfen. In einer korrekten Analyse müssen eine Reihe Sozialisierungskategorien aufgenommen werden. In gleichem Maß, wie die objektiven Klassenbestimmungen unmöglich werden, erweisen sich die Sozialisierungskategorien als entscheidend.

Drei Aspekte bilden ein für das Klassenverhältnis des Schriftstellers maßgebendes Spannungsfeld: (a) die Klassen*herkunft* des Schriftstellers, (b) das Klassen*zugehörigkeitsverhältnis* des Schriftstellers und schließlich (c) die Klassen*position* des Schriftstellers (z. B. welche Ideologie er im Text zum Ausdruck bringt). Hier muß ferner beobachtet werden, daß gerade (c) eine Möglichkeit darstellt, die in der intellektuellen Arbeit liegt: ein Intellektueller kann kritisch arbeiten (beispielsweise indem er schreibt, forscht), kritische Lohnarbeit ist aber nicht möglich. Die kritischen Möglichkeiten sind

---

21 Vgl. Mihail Larsen: „Das Interesse an der Darlegung des Verhältnisses zwischen objektiven und subjektiven Klasseninteressen ist ein praktisches. Sein Ziel ist es, konkrete Kenntnisse von objektiven wie auch subjektiven Voraussetzungen für eine Politisierung einer bestimmten Gesellschaftsgruppe – oder, falls für alle Gesellschaftsgruppen: als revolutionäre oder reaktionäre Politisierung – zu erhalten. Die Kenntnis solcher Politisierung ist keine Selbstverständlichkeit –, weil das Verhältnis zwischen objektiven und subjektiven Interessen keine Selbstverständlichkeit darstellt; es ist historisch. *Allgemein:* es gibt nur zwei Gesellschaftsgruppen, für die das Verhältnis kategorial eine Identität ausdrückt, d. h. für die es – auf dem kategorialen Plan – einen Zusammenfall zwischen objektiven und subjektiven Klasseninteressen darstellt: dies sind die Bourgeoise und das Proletariat. Für diese zwei Klassen wird das Verhältnis historisch verschärft werden, das Proletariat wird revolutionärer, die Bourgeoise reaktionärer werden. Dies ist durch die Entwicklung in der materiellen und ökonomischen Grundlage der Produktion bedingt, also durch die Entwicklung in den Bedingungen der objektiven Klasseninteressen. Deren Verschärfung führt zur Schärfung der subjektiven Klasseninteressen, was der umgekehrte Ausdruck dafür ist, daß das Kapital seine eigene Negation produziert. Dies gilt aber nur allgemein für die antagonistischen Klassen der bürgerlichen Gesellschaft: die Bourgeoise und das Proletariat. Für die Gesellschaftsgruppen, die sich historisch zwischen den antagonistischen Gruppen befinden, darunter z. B. die Intelligenz, gilt nicht automatisch etwas Ähnliches. Zu einer Klassenanalyse dieser Gruppe sind über die politökonomischen Bestimmungen hinaus auch einige historische Analysen erforderlich, in casu: eine historische Analyse der Intelligenz in der bürgerlichen Gesellschaft." (*„Ansats til en reorganisering af intelligensens kritiske potens"* in *Arbejdspapirer om videnskab og kapital*).

im objektiven Charakter der intellektuellen Arbeit in der kapitalistischen Gesellschaft enthalten – was jedoch nicht ihrer tatsächlichen Verwirklichung gleichkommt. Man kann hier z. B. an Engels denken, der in bezug auf (a) und (b) Kapitalist, in bezug auf (c) aber antikapitalistisch war.[22] Daß diese Sozialisierungskategorien wichtig sind, versteht sich von selbst. Wird am Klassenkampf als dynamischem Spannungsfeld festgehalten, so wird die Bedeutung dieser Bestimmungen klar.

Ein klassenanalytischer Einsatz zusammen mit einem Studium der tatsächlichen Funktionen des Autors in der Klassengesellschaft, muß schon von Anfang an die subjektiven, d. h. bewußtseinsmäßigen und soziologischen Bestimmungen erarbeiten. *Dies bedeutet, daß eine solche Untersuchung nur eine geschichtliche Analyse des Schriftstellers in der bürgerlichen Gesellschaft sein kann.*

Damit ist einer abstrakt und vulgär postulatorischen Rollenzuteilung in Beziehung zur einen oder anderen der zwei Hauptklassen der kapitalistischen Gesellschaft ein Riegel vorgeschoben.

In diesem wichtigen Analysenbereich zwischen Klassenherkunft, -zugehörigkeit und -position liegt die genaue Beschreibung des schon erwähnten Problemfeldes zwischen den Normen und Regulierungen der literarischen Institution und den subjektiven Erfahrungen, die der Schriftsteller im literarischen Werk ausdrücken kann.

In jeder konkreten Untersuchung liegt somit ein offenes Analysenfeld im Verhältnis zwischen der Regelapparatur der literarischen Institution, hier in relativer Autonomie vom Kapitalverhältnis verstanden, und der im Werk zum Ausdruck kommenden Klassenposition. Dazu gehören beispielsweise die nicht durch die Regel vermittelten, deshalb aber nicht ideologielosen Erfahrungen des Dichters oder der potentielle Konflikt zwischen Regelsystem und Erfahrung.

Für die Analyse entscheidend ist natürlich die Tatsache, daß subsumtionsinterventive Formen, wie z. B. die Regulierungen der literarischen Institution, nichts als Formen sind, in denen die Materialitätsform bestimmt werden muß. Eine konkrete Analyse muß sich deshalb stets für die Widerstandsmöglichkeiten und konfliktuierenden Teillogiken im Zusammenstoß zwischen der institutionellen Interventionssubsumtion und den zu den Er-

22 Ich kann hier auf den komplexen Problembereich zwischen und *in* diesen verschiedenen Niveaus in H. C. Andersens Lebensschicksal hinweisen. Ich habe – ohne es damals kategorial präzis tun zu können – versucht, diese Klassenverhältnisse in meinem Buch *H. C. Anderson og herskabet* zu analysieren. Besonders kann meine Untersuchung der verschiedenen Diskursformen in den Märchen als Diskussion von Punkt (c), der Klassenposition, betrachtet werden.

fahrungen und den externen Materialitätsformen gehörenden Möglichkeiten interessieren. Das Werk muß, wie gesagt, nicht als Gesamtheit, sondern als Spannungsfeld zwischen bestimmten unterschiedlichen Logiken gesehen werden.

Wird oben festgestellt, der Weg zu einer Bestimmung des Schriftstellers in der bürgerlichen Gesellschaft führe über die geschichtlichen Untersuchungen, so ist diese Behauptung zweideutig. Ich habe damit natürlich nicht gesagt, daß eine kategorial ausgerichtete Klassenanalyse nicht historisch sei, denn das muß sie gezwungenermaßen sein, da ihr Interesse immer praktisch ist. Ich habe dagegen gesagt, daß, eben weil der Autor, die lohnarbeitenden ausgenommen, sich in seinem Funktionsbereich nicht zuordnen läßt und seine Produktionsform nicht (durch das Kapital) vergesellschaftet ist, die geschichtliche Analyse (die natürlich von der Entwicklung des Kapitalverhältnisses ausgeht) der einzig gangbare Weg zu einer Bestimmung ist.

Die Reflexion über die Funktion des Schriftstellers in der literarischen Institution, deren geschichtliche Entstehung und Veränderung sind Darstellungen des Problembereichs, die bei einer Untersuchung des Autors in der Klassengesellschaft berücksichtigt werden müssen.

7. Über die Historizität der Bedeutungsproduktion (IV). Über das bürgerliche Ich-Individuum als Agent der Zirkulation

Der Prototypus des bürgerlichen Individuums – von Wilhelm Meister bis zu Thomas Buddenbrook – ist Agent der Zirkulation . . .
Hans-Jürgen Krahl, *Konstitution und Klassenkampf*[23]

Obige Überlegungen haben zeigen sollen, daß eine Klassenanalyse irrt, wenn sie glaubt, im Hinblick auf den Autor objektive Klassenzüge von den kategorialen Möglichkeiten der Kritik der politischen Ökonomie aus festlegen zu können. Der Autor ist nicht unbedingt „petit bourgeois", Kapitalist, oder Proletarier – er kann es sein, aber nicht *weil* er Autor ist. Die künstlerische Aktivität in traditionellem Sinn, wie sie oben beschrieben wurde, qualifiziert nicht unmittelbar zu klassenanalytischer Bestimmbarkeit. Dies heißt aber nicht, der Autor sei in dem Sinn „frei", wie die Intelligenz traditionell sich selbst als unabhängig von allen gesellschaftlichen Bestimmungen überhaupt versteht. Ein Autor kann natürlich nicht *außerhalb* der Erkenntnismöglichkeiten der Klassengesellschaft schreiben, obwohl er es *glauben* kann – dies ist eine Frage des Selbstverständnisses, also etwas ganz anderes. Die Klassengesellschaft bestimmt die Erkenntnisgrenzen.

23 H.-J.Krahl, a.a.O., S. 346.

Werden die Bestimmungen der Klassenanalyse auf diese Weise erörtert, so ist der Autor wenigstens im Besitz der *Freiheit, kritisch* zu arbeiten (vgl. oben Kapitel V, Abschnitt 5). Weiter muß er durch seine persönliche Entscheidung im Klassenkampf bestimmt werden. Eine Untersuchung seiner Klassenstellung muß deshalb *geschichtlich* mit Schwerpunkt auf den subjektiven, d. h. soziologischen Bestimmungen sein.

Als Ware muß die Literatur die Zirkulation durchqueren, ehe sie konsumiert wird. Damit wird sie tendenziell an die bürgerliche Öffentlichkeit und einen bürgerlichen Emanzipationsbegriff gebunden. Die rigide Literarität neutralisiert die kritischen Möglichkeiten.

Dieses Verhältnis ist nicht eindeutig, da ein Text als Ware nicht notwendigerweise dieser Tendenz unterworfen ist: die Warenform beinhaltet gerade die Gleichgültigkeit gegenüber ihrem Gebrauchswert vom Standpunkt des Kapitals (Verlag u. ä.).

Ist Profit zu holen, zögert das Einzelkapital nicht, einen kapitalkritischen Text herauszugeben und so vielleicht sich selbst zu untergraben.

Dies ist auf das anarchistische Verhältnis der Einzelkapitalien zueinander auf Grund des Konkurrenzzwangs und der Verwertungsabsicht zurückzuführen.

Gleichzeitig kann die Herausgabe von kapitalkritischen Texten als Moment in die ideologischen Bedingungen für Produktion und Reproduktion des Kapitals und damit in die gesamte Reproduktionslogik der kapitalistischen Gesellschaft eingehen: die Freiheitsideologie. Schlägt diese Meinungsfreiheit jedoch von Rede und Lektüre in Handlung um, verändert sich das Verhältnis rasch (vgl. die Gesetzgebung gegen Kommunisten und Revolutionäre in Deutschland, das Verbot der Ligue Communiste in Frankreich).

Also: nicht die Kunst als Ware in-sich-selbst, sondern die Bewußtseinsformen, die bei den Produzenten, Vermittlern und Konsumenten von Kunst und über sie herrschen, bestimmen ihren Inhalt.

Auf gleiche Weise ist es bei der Kunstproduktion: das literarische Schaffen vollzieht sich in der bürgerlichen Gesellschaft in der Regel unter extrem individualisierten Formen, und nicht in kooperierender Gestalt.

Aber dieser Arbeitsprozeß als solcher verhindert nicht, daß der Künstler seine Erfahrungen aus anderen Sphären holt. Seine spezifische Arbeitssituation bindet ihn somit nicht an die zirkulationssphärenbestimmten Verständnisformen, aber sie kann umgekehrt in sich selbst auch keine Erfahrungen bereithalten, um die Verschleierungen und Verkehrungen der Zirkulationssphäre zu durchdringen.

Dasselbe gilt natürlich auch für die Konsumtion.

Dies ist die grundlegende Erklärung dafür, daß die literarische Produktion die Individualität der Zirkulation und die damit verbundene Emanzipationsvorstellung verbreitet.

Es ist deshalb für das Verständnis des gesellschaftlichen Seins der Autoren und der literarischen Produktivität wichtig, die Kategorien zu erarbeiten, in denen der Individuumsbegriff verstanden und rekonstruiert werden kann.

Das bürgerliche Individuum ist kategorial durch die Zirkulationssphäre bestimmt.

Ebenso wie der *Wert in verschleierter Form als Tauschwert* mit dem materiellen Arbeitsprodukt verbunden ist und damit in der Versachlichung der Wertform *verschwindet/verkehrt wird,* so verschwinden die geschichtlich geprägten, ökonomischen Formbestimmungen der Lohnarbeit in den stofflichen Voraussetzungen, in denen die Lohnarbeit erscheint. Sie erhält damit eine *natürliche, außer-geschichtliche* Qualität. Die gesellschaftliche Arbeit wird in verkehrter Form in die Dinge projiziert, die somit fetischiert werden. Der Fetischismus und der Versachlichungsprozeß des Kapitals sind – mit Krahls Formulierung – Ausdruck einer *allgemeinen Pathologie,* die an der Funktionsform der bürgerlichen Gesellschaft haftet.

Diese Zirkulationssphäre mit all ihren pathologischen Verkehrungen ist es, die die *Möglichkeit* für das *abstrakte Individuum* schafft (vgl. oben über die Rechtssubjektivität), indem sie die Tauschenden als abstrakte und partikularisierte Einzelwesen einander gegenüberstellt, die von allem außer ihrer Ware (in Kapital oder Arbeitskraft) befreit – deshalb *frei* sind. Die Ökonomiekritik ist somit in der Lage, den Entstehungsort des Individuums und somit den Konstitutionszusammenhang des bürgerlichen Individuumsbegriffs zu beschreiben. Gleichzeitig ist auch die Kritik dieses bürgerlichen Individuums gegeben: diese kapitalistisch bestimmte Individualität, d. h. Charaktermaske, ist nicht Subjekt der Geschichte, wie es sich die bürgerliche Emanzipatorik vorstellt, sie ist es nur formal. Das Kapital ist das allgemeine gesellschaftliche Verhältnis, welches in jedem Individuum, ungeachtet der Klasse, personifiziert wird, und damit *demontiert es die bürgerliche Aufklärungsidee vom autonomen Subjekt.* Dies bedeutet natürlich auch, daß der grundlegende *Rationalismus* der bürgerlichen Aufklärungsidee nur in der aufsteigenden Phase des Bürgertums, d. h. in seinem konstitutionellen Kampf gegen nichtbürgerliche konstitutionelle Formen (Feudalismus, Absolutismus) als tragtüchtig empfunden wurde.

Deshalb ist die Geschichte des bürgerlichen Selbstverständnisses auch die einer ständigen Reduktion der grundlegenden Rationalität der Auffassung des Individuums zu einer durchgreifenden *Irrationalität,* deren Höhepunkt schon von Sigmund Freud beschreiben wurde. Seine Psychoanalyse ist eine Pathologie der bürgerlichen Gesellschaft. In ihr sind die Verkehrungen und Fetischierungen, die die Marxsche Theorie ökonomiekritisch erklärt, im Projektionsbegriff, der mit einer bedrohten, individuell konzipierten Ich-Identität verbunden ist, vorhanden.[24]

Diese Ich-Identität entsteht, wie in Kapital V, Abschnitt 5 behandelt wurde, in der bürgerlichen Familie, womit die Verbindung mit der Zirkulationssphäre hergestellt ist. Die Entwicklung psychologischer Erfahrungsmöglichkeiten durch die *Intimsphäre* führt zu einem Verständnis des Individuums als eines tiefen, unerschöpflichen *Wesens.* Die Konstitutierung dieser Persönlichkeit mit all ihrer *Tiefe* findet im Kapitalismus statt, d. h. in der Trennung zwischen Produzent und Produktionsmitteln. „Die Einheit der Person basiert in den unauslotbaren Tiefen der menschlichen Seele, das heißt auf dem Privateigentum, und ihre Bildungsgeschichte realisiert sich im Tauschverkehr. Während die Identität des bürgerlichen Individuums an Privateigentum und Zirkulation gebunden ist, so die des proletarischen Individuums an Produktion und Klassenkampf. Diese bestimmen die Verfassung der proletarischen Familie."[25]

Diese Konstitution der bürgerlichen Ich-Identität, den damit verbundenen Begriff der *Rationalität* und seine gradweise Demontierung in einen irrationalistischen Begriff des Individuums, kann man hier in Dänemark beispielsweise in der Literatur verfolgen: ich kann diese Tatsache mit der Veränderung des Romangenres im 19. Jahrhundert exemplifieren. In diesem Zeitraum läuft die Entwicklung von einem *Bildungsroman* zu einem *Zusammenbruchsroman,* wie ich ihn an anderer Stelle genannt habe: während der Bildungsroman mit seinen Wurzeln in Goethes *Wilhelm Meister* noch einen Begriff vom Menschen aufrecht erhält, der in rationellen und damit harmonischen Kategorien dargestellt werden kann, wo der individuelle Bildungsverlauf mit einem organizistischen, kosmologisch gegliederten Verständnis des Universums zusammenwächst, so ist der *Zusammenbruchsroman* (z. B. J. P. Jacobsens *Niels Lyhne*) durch die Abwesenheit dieser Möglichkeiten gekennzeichnet. Während der Bildungsroman seine epische Form (das Gute, das Wahre und das Schöne als Ausdruck einer kosmischen *Ordnung*) findet, fehlt dem *Zusammenbruchsroman* diese universelle Thematik. Somit propagiert die Literatur nach dem Zusammenbruch der Bildungskultur ein immer verfeinertes, aber auch tendenziell immer mehr sentimentalisiertes Menschenbild.

---

24 Vgl. hier H.-J. Krahl, ebenda, S. 56ff. Abschnitt *Zur Pathologie der bürgerlichen Gesellschaft.*

25 ebenda, S. 346.

Ende des letzten Jahrhunderts erfüllt der literarisch produktive Teil der Intelligenz keine unmittelbar bestimmten Aufgaben mehr in der Gesellschaft. Diese objektive Situation häuft Tendenzen, die der Bestimmung des Individuums durch das Tauschverhältnis innewohnen: die bürgerliche Intelligenz faßt das Welterlebnis des einzelnen, von gesellschaftlichen Bestimmungen isolierten Individuums als etwas auf, das dieses bedroht.

Diese Haltung wird von Georg Brandes als *tragischer Individualismus* bezeichnet, in welchem das Selbstmitleid meist als Selbstreflexion oder heroisch als Selbstabrechnung gedeutet wird. Deshalb werden die Kunstwerke nun um ein einzelnes, aber gewaltig problematisiertes Ich-Individuum herum gebaut. Strukturell gesehen, beruht die Romanform auf einer Diskontinuität zwischen dem Künstler als Außenseiter und der kapitalistischen Gesellschaft – und sind die Hauptpersonen dieser Romane nicht explizit Künstler, so sind sie implizit dennoch als solche gedacht (vgl. z.B. Pontoppidans *Hans im Glück*[26]).

Von jetzt an ist das bedrohte und isolierte Individuum die Norm für die Literatur der Institution.

Mit dieser Norm sind auch die Heroisierung und Sentimentalisierung des gesellschaftlichen Fremdheitserlebnisses gegeben.

Die Grundkomponenten dieses tragischen Individualismus bestehen in einem Spannungsfeld: auf der einen Seite haben wir ein reiches – in der Bedeutung von: interessant und vom Untergang gezeichnet – Seelenleben. Demgegenüber steht eine fremde, enge und letztlich undurchschaubare Welt, deren Gesetze entweder unbekannt sind, oder als solche dargestellt werden (von Natur aus fremd und feindlich).

In solchen verkehrten Formen widerspiegelt die bürgerliche Literatur die Demontierung der Rationalität des bürgerlichen Ich-Individualismus in der Entwicklung des Kapitalismus.

Diese Spannung zwischen Individuum und Welt erzeugt eine Unabwendbarkeit im Leben des Einzelnen, die als Reihe von Niederlagen, wie sie in einer naturalisierten Deutung hervortreten, arrangiert werden.

Dieses Modell findet man überall in der Literatur der 70er und 80er Jahre des 19. Jahrhunderts.

Nicht zuletzt von solchen Haltungen aus erhält die Vorstellung von der *Emanzipation des Individuums* seine spezifisch bürgerlich-masochistische Art, beispielsweise in Georg Brandes' Heroismus oder den Ungereimtheiten von Albert Camus' Sisyphosmythos.

Überspitzt ausgedrückt: während der aufgeklärte Rationalismus die Eman-

---

26 Henrik Pontoppidan (1857–1943), *Lykke-Per*, Roman, erschienen 1898–1904; dt. Übers. *Hans im Glück*, 1906.

zipation des Individuums als grenzenlos ansah, betrachtet der Fürsprecher der spätbürgerlichen Emanzipatorik (z. B. Neuradikalismus) die Emanzipation als Kampf gegen (eigene) Grenzen und die Freiheit als Frucht dieses fruchtlosen Kampfes. Auf diese Weise versucht man wie Baron Münchhausen, sich selbst – an den Haaren – aus dem Sumpf der Absurditäten (lies Spätkapitalismus) herauszuziehen.

Die Robinsonaden der bürgerlichen Ökonomie werden stets wiederholt[27] und sind seit dem 18. Jahrhundert mit einer krankhaften Sturheit repetiert worden. Mit den Jahren erscheint diese Einsiedler mehr und mehr abgedankt. Robinson – diese naturbeherrschende Rechtsperson – erweist sich je länger je mehr von der Rationalität der Aufklärungszeit entblößt.

Statt dessen beginnt er Sisyphos zu gleichen – nicht dem klassischen Giganten, sondern dem von Camus –, und die Widersprüche der bürgerlichen Gesellschaft werden ontologisiert. Die Irrationalität frißt sich zum Kern der Emanzipatorik: dem bürgerlichen Ich-Individuum, dem zentralen bürgerlichen Begriff der *Existenz* selbst vor.

Diese Entwicklung spiegelt auch den Verfall dieses bürgerlichen Ich-Individuums, der, parallel zur Entwicklung des Existenzialismus, u. a. zur chronischen Struktur bei Theologen und Neuradikalen geworden ist. Diese Entwicklung bringt den Verlust des Vertrauens in die bürgerliche Öffentlichkeit, in den ganzen liberalen Apparat und die Institutionen der ursprünglichen Emanzipation der Bürgerklasse zum Vorschein.

Der Verfall des bürgerlichen Ich-Individuums und die Pathologie der bürgerlichen Gesellschaft gehören zusammen.

8. Über die Historizität der Bedeutungsproduktion (V). Das Transformationsmodell der bürgerlichen Literatur

Ich habe oben für ein Rekonstruktionsmodell des tragischen Individualis-

27 Ein Hinweis auf die Robinsonaden als ökonomische Modelle macht noch nicht unmittelbar auf die literarischen Robinsonaden aufmerksam. Ich spiele hier vor allem auf Karl Marx' Behandlung der Robinsonaden der politischen Ökonomie an. In verschiedenen Werken zur Kritik der politischen Ökonomie verwendet er Robinson als Form der Naturalisationen usw. der bürgerlichen Produktionsverhältnisse durch die Kritik der politischen Ökonomie. In zweiter Linie ist es aber wichtig, festzuhalten, daß diese Robinsonade sich in der Literatur zusammen mit dem Entstehen der bürgerlichen Gesellschaft entwickelt. Dies bedeutet, daß Marx' Behandlung der Robinsonaden der politischen Ökonomie mit erkenntnismäßigen Interessen verbunden ist, die über eine spezifische Kritik bestimmter bürgerlicher Ökonomen hinausgehen, dem Interesse an einer bürgerlichen Verständnisform überhaupt.

mus, der sich nach dem Zusammenbruch des Bildungsromans in der Romanliteratur durchsetzt, argumentiert.

Dieser tragische Individualismus wird zur Norm. Er ist beispielsweise die Struktur in Georg Brandes' zahlreichen Künstlermonographien und -portraits. Man findet ihn in Herman Bangs *Hoffnungslosen Geschlechtern, Michael* und *Die Vaterlandslosen* usw. Schon Brandes hat ihn im Byronportrait in den *Hauptströmungen* beschrieben und in seiner *Holbergfestschrift* untersucht.[28]

Seither hat dieses Modell die Literatur und den Großteil der Forschung geprägt, es diente als Vorbild für Darstellung und Verständnis. Mit einer solchen Verständnisform können die Schriftsteller und die Kritiker unangefochten Erweiterungen zur Dichtung hinzudichten. Aber das Modell eignet sich nicht zur Erklärung und zur Erkenntnis. Es kann überhaupt nichts erklären, da es aus einleuchtenden Gründen der Logik, von der es hervorgebracht wurde, nicht rekonstruieren kann. Es ist schlechthin ideologisch.

Das Modell ist indessen von Wichtigkeit für eine Bestimmung der Produktionsmechanismen der bürgerlichen Literatur.

Diese Mechanismen können unter der Bezeichnung *Transformationsmodell* zusammengefaßt werden.[29]

Es hat folgende Implikationen:
das gesellschaftliche Wesen wird zu Ontologie transformiert
die gesellschaftliche Praxis wird naturalisiert
das bürgerliche Ich-Individuum wird anthropologisiert

Vorbild für dieses Transformationsmodell der bürgerlichen Literatur ist also selbstverständlich die selbstverschleiernde Darstellung der Produktionsweise.

Die hier skizzierte allgemeine Transformationspraxis muß natürlich immer geschichtlich spezifisch studiert werden. Das Modell weist wieder auf die Notwendigkeit einer entwickelten Bewußtseinssoziologie und auf eine Spezi-

---

28 Hermann Bang (1857–1912), *Haabløse Slægter,* Roman, 1880; dt. Übers. *Hoffnungslose Geschlechter,* 1900. *Michael,* Roman, 1904; *De uden Fædreland,* Roman, 1906; dt. Übers. *Die Vaterlandslosen,* 1912. Georg Brandes (1842–1927), *Hovedstrømninger i det Nittende Aarhundredes Litteratur,* Vorlesungszyklus über moderne Literatur, gehalten an der Universität Kopenhagen 1871–87; dt. Übers. *Hauptströmungen der Literatur des 19. Jahrhunderts,* 1909. *Holbergfestschrift* (1884), Jubiläumsschrift zum 200. Geburtstag des bedeutenden dänischen Dramatikers Ludvig Holberg (1684–1754). (Anm. d. Übers.).

29 Eine ausführliche Argumentation über dieses Transformationsmodell findet sich in meinem Buch *H. C. Andersen og herskabet* im Kapitel *Die Natur-Kultur-Dichotomie und die Geschichte.*

fikation dieser Transformation in textlicher Richtung hin. Die erste Stufe dieser Spezifikation ist schon mit dem Begriff der literarischen Institution gezeigt. In ihr sind die vorherrschenden Transformationen festgelegt.

Jedes Studium muß somit die literarische Institution in Betracht ziehen *und* deren Regelapparat sowohl im Verhältnis zur schon geschriebenen Literatur, wie auch im Verhältnis zu den ideologischen Strukturen und Bedürfnissen der Gesellschaft und ihrer Reproduktionslogik bestimmen.

Ein literarisches Studium ist damit gleichzeitig ein Moment in der Untersuchung eines geschichtlich spezifischen, ideologischen Entwicklungsniveaus.

Dies bedeutet also, daß die Widersprüche der Produktionsform in der bürgerlichen Literatur in ontologisierte Formen transformiert werden.

Mit dem Transformationsmodell habe ich ein entscheidendes Grundprinzip der bürgerlichen Dichtung begreiflich gemacht.

Zum Beispiel kann man bei H. C. Andersen unzählige und exemplarische Fälle dieser Transformationspraxis finden. Bei ihm wird der Gegensatz zwischen Ober- und Unterklasse (d. h. sein eigenes soziales Konfliktfeld) in eine Reihe von Zweiteilungen zwischen verschiedenen Erscheinungsformen (z. B. Vernunft/Gefühl = irdisch/göttlich = Erwachsenenwelt/Kinderwelt usw.) transformiert. Kurz gesagt, lautet das Grundmodell der Transformation bei Andersen so, daß die sozialen Gegensätze in eine Natur/Kultur-Dichotomie übersetzt werden, die man übrigens in praktisch aller bürgerlicher Literatur finden kann, jedesmal aber geschichtlich spezifizieren muß.

In der bürgerlichen Literatur der zweiten Hälfte des 18. Jahrhunderts ist beispielsweise der wirkliche Inhalt der Komödienkonflikte zwischen Liebe und Vernunft eine Transformation der inneren Widersprüche des bürgerlichen Eheinstituts. In diesen Komödien ist deshalb der reale Kern der Vernunft Geld und Privateigentum, der der Liebe oder des Gefühls die „Humanität" oder „tiefe" Persönlichkeit, welche durch die Befreiung der Intimsphäre von der gesellschaftlichen Arbeit in der bürgerlichen Familie etabliert werden. Der Inhalt kann darum auf die Trennung von Produzent und Produktionsmitteln, d. h. auf das Privateigentum in der bürgerlichen Gesellschaft zurückgeführt werden.

Diese Anthropologisierungen müssen somit richtig, d. h. als *Erscheinungsformen* einer Gesellschaft, die versteckt und verkehrt in ihnen vorhanden ist, gesehen werden. Das Transformationsmodell benennt somit eine grundlegende, literarische Produktionspraxis, die spezifiziert, was ich früher über die literarische Institution und die Kapitalaffirmativität des Institutionsbegriffs gesagt habe: ein *Beispiel für eine nicht-warenformale Formsubsumtion unter das Kapital.*

Während das Transformationsmodell demnach als eine grundlegende Funktionsbestimmung der literarischen Institution betrachtet werden kann, sind die literarischen Formen und Stilmittel in ihrer Geschichte und Verwandlung als unterschiedliche Verfahren zur Darstellung von Fiktivitäten, unter anderem zur Beschreibung von Konfliktfeldern zwischen einem affirmativen Regelsystem und Erfahrungen außerhalb dessen zu verstehen. Man kann hier an Michail Bachtins Unterscheidung eines *monologischen* und eines *dialogischen* Diskurses denken: diese Diskurstheorie steht in Verbindung mit dem Problembereich, der hier mit dem Transformationsmodell ausgedrückt wurde.

Das Transformationsmodell der Institution ist somit durch die Stilmittel, die Figuren und Metaphern u. ä., die die Institution akzeptiert, vertreten. Es ist weiter durch die *Großformen* (Genres) repräsentiert, die diese verschiedenen Stilmittel sammeln und zu einem Werk ordnen. Dies sind – mit *Walter Benjamins* Metapher – die Produktionsmittel der Institution. Man muß beachten, daß gerade die Formen gesellschaftlich bedeutsam sind, daß Erzählstrukturen nicht schlechthin Rahmen, sondern ideologische Ausdrücke gesellschaftlicher Wesensprozesse darstellen.

Damit habe ich die Faktoren, nach welchen ich zu Beginn dieses Kapitels auf der Suche war, weiter präzisiert. *Mit dem Transformationsmodell und den Großformen und Stilmitteln, die es als Produktionsmittel unter sich subsumiert hat, ist die institutionelle Intertextualität in den kategorialen Möglichkeiten der Ökonomiekritik bestimmt.*

9. Über Einfühlungsästhetik und Hermeneutik

Die ganze Entwicklung des Begriffs der literarischen Institution und die Analyse seiner Aussagegültigkeit in diesem Kapitel deuten darauf hin, daß die bürgerliche *Einfühlungsästhetik* und die entsprechende *hermeneutische* Interpretationstradition der Kritik unterworfen werden müssen. Beide verschleiern die sozial bedingte Textlichkeit und sind Ausdruck eines subjektivistischen und abstrakten Umgangs mit den literarischen Werken.

Ich habe schon oben angedeutet, wie das allgemeine Geschmacksurteil beispielsweise bei Kant (d. h. in der progressiven Phase des Bürgertums) persönlich reflektiert und also schon subjektivistisch bedingt ist. Diese personale Festlegung, die den bürgerlichen Existenzbegriff artikuliert, ist die Voraussetzung für die Degeneration des dialektischen und kritisch-emanzipatorischen Interesses der Aufklärung an der Ästhetik, welche im Spätkapitalismus stattfindet. Das allgemeine Interesse verkommt zu reinem Subjektivismus, Ästhetizismus und Fingerspitzengefühl, zu existenztheologisch/-philosophisch ausgerichtetem Empfinden und Poetisieren.

Es gibt viele Abarten solcher hermeneutischer Forschungsprozeduren.

An dieser Stelle soll keine umfassende Diskussion der Hermeneutik (beispielsweise anhand ihres Verhältnisses zu Diltheys Bestimmungen, die dann in existenzphilosophische Individualitätsbestimmungen verkürzt werden) geliefert werden. Eine solche Diskussion würde über das gesteckte Ziel hinausschießen.

In der traditionellen Literaturforschung ist der hermeneutische Zugang zur Literatur auf keine Weise theoretisch gefestigt. Er ist atheoretisch.

Mit diesem Mangel an theoretischer Reflexion hat dieser Mentalismus schon längst die Erinnerung an seinen Ausgangspunkt in der deutschen Geisteswissenschaft verloren.

Rudimente dieser deutschen Tradition und eine sehr allgemeine Einfühlungsgenügsamkeit haben sich unbearbeitet als chronische Struktur festgesetzt.

Einleitend lassen sich zwei Strategien bestimmen: einem Text gegenüber kann man sich entweder einfühlend und teilnehmend oder kritisch-rekonstruktiv verhalten. Es versteht sich von selbst, daß diese zwei Haltungen unterschiedliche Fragen an den Text richten. Die erste Einstellung resultiert in einer Lektüre des Textes, die gänzlich in ihm und unter seinen Prämissen stehen bleibt – in ihren besten Stunden aus dem Gefühl heraus, seine *Aussage* beinhalte mehr als sein *Sinn.* Deshalb kommen ihr kritisch gestellte Auffassungen dubios vor. Kritik ist in dieser Tradition nicht Ausdruck eines systematischen, wissenschaftlichen Verhältnisses, sondern etwas Zufälliges, Unbeabsichtigtes, das über ontologisierenden Idealismus nicht hinauskommt.

Die zweite Einstellung soll hier nicht weiter beschrieben werden. Man muß aber beachten, daß die elementare Literatursoziologie, wie sie auf den vorangegangenen Seiten entwickelt worden ist, nicht nur ihre eigene Erkenntnisgrundlage aufzeigen, sondern auch die hermeneutische Tradition in ihrer Verbindung mit dem bürgerlichen Bildungsbegriff erklären und rekonstruieren kann.

Die Hermeneutik beruht auf dem uns schon bekannten Begriffsinventar: das Kunstwerk wird als autonome Größe (Werkform) verstanden, die von der einmaligen Individualität des Dichters hervorgebracht wird. Es ist mit nichts zwischen Himmel und Erde vergleichbar. Deshalb muß sich der Erklärer unmittelbar in seine Tiefen einfühlen.

Grundlage des hermeneutischen Textverständnisses ist, daß der Sinn im Objekt selbst, nicht von außen gegeben ist.[30] Dies ist eine Folge des un-

---

30 Diese Formulierung ist wohl ein bißchen problematisch. Sie besitzt Gültigkeit für

problematisierten Verständnisses vom einmaligen Charakter des Objekts. Soweit der Begriff des Einmaligen in Zusammenhang mit literarischen Werken allein die triviale Tatsache bedeutet, daß nur *ein* Niels Lyhne und nur *eine* Tangkjær[31] existieren, ist es indiskutabel und relativ gleichgültig. Meint aber das Einmalige mehr als solche Trivialität, dann postuliert der Begriff eine *Autonomie, Freiheit* und subjektivistische Menschenauffassung, die tief problematisch ist und die sozial bedingte Textlichkeit des Textes unterdrückt. Ungeachtet der Hinweise auf kulturelle Zusammenhänge wird sie solche Phänomene schließlich als *zufällig* erklären. Daraus wächst ein fundamentaler *Irrationalismus,* der durch die Verbindung mit dem bürgerlichen Ich-Individuum verständlich wird.

Die Idee von einem richtigen und reichen Leben wird nach innen – ins (privilegierte) Ich-Individuum oder ins Kunstwerk (welches realiter dasselbe ist) projiziert. Diese nach innen gerichtete Projektion ist falsch. Der Subjektivismus verlegt alles, was der Versachlichung entzogen werden könnte, in seine eigene Tiefe. Dies führt zur absurden Folge, daß „Freipässe an alle anderen Formen von Versachlichung ausgestellt werden" (Adorno).

10. Thesen über die Kultur-/Bewußtseinsindustrie

> Geistige Gebilde kulturindustriellen Stils sind nicht länger *auch* Waren, sondern sind es durch und durch. Adorno [32]

Das folgende soll als thesenartige Darstellung der spätkapitalistischen Trans-

---

den größten Teil der bewußtlosen Hermeneutik, die unter Literaten gedeiht, doch darf sie nicht als *das* hermeneutische Modell hypostasiert werden.

Soll die Hermeneutik wirklich diskutiert werden, so muß sie natürlich dort gefaßt werden, wo sie am hochwertigsten ist und nicht dort, wo sie sich einfach festgefahren hat.

Für Dilthey gilt das Angeführte nicht, da er das Unerschöpfliche epochal versteht. Hier haben sich nicht Diltheys Verkürzungen, sondern die des existenzphilosophischen Verfalls lokal festgesetzt.

Die beispielsweise bei Jürgen Habermas durchreflektierte Hermeneutik ist, so diskutabel sie auch im Licht der Kritik der politischen Ökonomie erscheint, theoretisch ganz anders eingerichtet.

31 *Niels Lyhne,* Titelfigur von Jens Peter Jacobsens (1847–1885) 1880 erschienenem naturalistischen Roman; dt. Übers. *Niels Lyhne,* 1889. *Tangkjær,* Meerfrau in *Helge,* Et Digt (1814), Romanzenzyklus des Romantikers Adam Gottlob Öhlenschläger (1779–1850); dt. Übers. *Helge,* Ein Gedicht, 1839. (Anm. d. Übers.)

32 Theodor W. Adorno, *„Resumé über Kulturindustrie",* in *Ohne Leitbild. Parva Aesthetica.* Frankfurt/M. 1967, S. 62.

formation der Verfasserrolle, das heißt einer Entwicklung und tendenziellen Auflösung der gesamten bürgerlichen Bestimmung des Schriftstellers verstanden werden.

Es soll in Thesenform kommentiert werden, was Adorno und Horkheimer die *Kulturindustrie* nennen (in *Dialektik der Aufklärung*[33]).

Indem kulturelle Produkte Warenform annehmen, werden sie auch in die kapitalistische Produktionsweise einbezogen. Ich habe oben erwähnt, wie sie die spezifisch bürgerliche *Werk*-form erhalten.

Ich habe auch gezeigt, daß sich die literarische Produktivität auf Grund ihrer spezifischen Produktionsverhältnisse nur schwer unter die kapitalistischen Produktionsweisen unterordnen läßt.

Der wichtigste Grund dafür ist die Tatsache, daß die literarische Produktivität selten *Technologie,* die über ganz einfache Instrumente (z. B. eine Schreibmaschine) hinausgeht, verwendet. Deshalb können ihre „Produktionsmittel" nicht als fixes Kapital (capital fixe) kapitalisiert werden.

Ich habe entsprechend gezeigt, daß der Autor seine Arbeitskraft *nicht* als Ware auf dem Markt, sondern seine Arbeit als Resultat verkauft. Der Schriftsteller ist deshalb nicht Tag für Tag um seiner Reproduktion willen als Verkäufer seiner Arbeitskraft in den Produktionsprozeß gezwungen, denn in seinem Fall ist nicht von einer tatsächlichen Trennung von Produktionsmitteln und Arbeitskraft die Rede.

Erst zu einem Zeitpunkt, da die Produktivkraft der Arbeit einen solchen Grad an Vergesellschaftung erreicht hat, daß eine industrielle Herstellung von Kulturwaren möglich wird, kann das Kapital die Kulturproduktion auch real unter sich subsumieren.

Eine solche Möglichkeit liegt erst mit der Entstehung und Entwicklung der Massenmedien im 20. Jahrhundert, d. h. Medien wie Lithographie, Radio, Grammophonplatte, Film, Fernsehen und Kassetten vor. Trivialliteratur und -kultur sind gewiß schon früher als Massenproduktion hergestellt worden, aber erst die Entwicklung kapitalfordernder Medien ermöglicht eine vollständige Unterordnung der kulturellen Produktion unter das Kapital.

Um Medien dieser Art auf die Beine zu stellen, ist eine gutentwickelte Kapitalkonzentration erforderlich.

Das Kapital kapitalisiert eben die Produktionsmittel und mit dieser Kapitalisierung ist die Trennung von Produzent und Produktionsmitteln auch als geschichtliche Tendenz auf dem Gebiet der Kulturproduktion festgelegt.

„Die Kulturwaren der Industrie richten sich, wie Brecht und Suhrkamp

---

33 Max Horkheimer/Theodor W. Adorno, *Dialektik der Aufklärung, Philosophische Fragmente,* Frankfurt/M. 1971.

schon vor dreißig Jahren aussprachen, nach dem Prinzip ihrer Verwertung, nicht nach dem eigenen Gehalt und seiner stimmigen Gestaltung. Die gesamte Praxis der Kulturindustrie überträgt das Profitmotiv blank auf die geistigen Gebilde.“[34]

Dies führt mit sich, daß das Kapital zwar Vergesellschaftungsformen entwickelt, aber in bornierter Gestalt. Die Medien der Kulturindustrie stellen potentiell einen Fortschritt dar, doch da sie der Kapitalverwertung unterworfen sind, ist ihre Ausformung borniert.

Für Medien wie Fernsehen und Radio, die, wie hierzulande, noch ausschließlich durch den Staat finanziert sind, wirkt es sich aus, daß sie nicht direkt durch die Mehrwertproduktion vermittelt sind.

Dies bedeutet, daß sie Institutionen unter anderen in der Totalität sind und als Momente in der gesamten Reproduktionslogik der Gesellschaft fungieren. Somit können sie nicht als autonome (d. h. neutrale) Subjekte im Verhältnis zur herrschenden Produktionsweise verstanden werden.

Diese Entwicklung der Medien führt mit sich, daß der Durchschlag des Kapitals in den Bereichen, in denen es sich am besten verwerten kann, zu finden ist – also in den neuen Medien. Wo die literarische Institution früher unter kapitalaffirmativen Subsumtionsformen (aber nicht als ganz kapitalsubsumiert) verstanden werden konnte, führt die kulturindustrielle Produktionsform eine umfassende warenformale Unterordnung der Kulturproduktion mit sich. Die traditionelle Kulturproduktion (beispielsweise der bürgerlichen Literatur) verliert auch *in* der kulturellen Aktivität der Gesellschaftsglieder ihre Bedeutung. Die medienkulturelle Produktion wird zur gesellschaftlichen Norm.

Diese Entstehung der Zeitungs-, Verlags- oder Filmindustrie erfordert eine steigende organisatorische Zusammenarbeit der Einzelkapitalien und bedingt eine Kapitalzentralisierung (vgl. z. B. die Entwicklung in der dänischen Verlagsbranche).

Somit wird der Schriftsteller/Künstler, der sich früher selbst als freistehende Intelligenz sah, tendenziell zum Lohnarbeiter.

Die Kleinwarenproduktion wird in einer durchgreifenden Vergesellschaftung der Produktion, die *teils* in den Arbeitsformen, *teils* in der Beschaffenheit der kulturellen Ware ihren Ausdruck findet, aufgehoben.

Mit einer durchkapitalisierten Produktionsform werden die gesammelten Arbeitsanstrengungen des Einzelnen in Teiloperationen und Zusammenarbeit zwischen verschiedenen Teilarbeitern aufgelöst, d. h. es werden Gesamtarbeitsstrukturen entwickelt, wie wir sie beispielsweise aus der Filmarbeit

---

34 Adorno, *Resumé*, a.a.O., S. 61.

(Regisseur, Cutter, Beleuchter, Photograph usw. – oft mit kapitalangestellten Unteroffizieren als Producersupervisors) oder der Wochenpresse kennen. Dies führt – wenn auch in bornierten Formen – die Entwicklung neuer Arbeitsstrukturen mit sich, die unter anderen Bedingungen die Arbeit der Hand und des Geistes wieder vereinen.[35]

Die Möglichkeit einer wirklichen Subsumtion der Produktionsform unter das Kapital ist als Tendenz (und stellenweise schon entwickelt) vorhanden. Als Folge dieses Prozesses erscheinen andere Genres und Ausdrucksformen als die der traditionellen Literatur.

Die Lyrik und der Roman werden von Kurzproduktionen, Journalistik u. ä. abgelöst. Sobald der Schriftsteller bei den Medien beschäftigt ist, geht er als Produktionsfaktor ins Kapital ein – und wird entsprechend von ihm abhängig. Eine umfassende Kommerzialisierung zur Kulturindustrie hin ist die Perspektive dieser Entwicklung, in der die „Warenlyrik die Massenlyrik unserer Zeit ist" (Wolfgang Fritz Haug): „Kulturindustrie geht über in public relations, die Herstellung eines good will schlechthin, ohne Rücksicht auf besondere Firmen oder Verkaufsobjekte. An den Mann gebracht wird allgemeines unkritisches Einverständnis, Reklame gemacht wird für die Welt, so wie ein jedes kulturindustrielles Produkt seine eigene Reklame ist."[36]

Daß diese Ablösung der traditionellen, bürgerlichen Literatur durch kulturindustrielle Produkte ein langsamer Prozeß ist, können wir durch dieses Jahrhundert hindurch beobachten. Ferner bedeutet die Entwicklung einer Kulturindustrie den Transport traditioneller literarischer Formen zu massenkulturellen Genres: die *Geschichte,* d. h. die um das Ich-Individuum konzentrierte Erzählstruktur, wird die Norm für das Verständnis von beispielsweise politischen Erscheinungen, die Prozeduren der Lyrik werden zu einem entscheidenden Moment in der Kapitalästhetik der Reklame usw.[37]

---

35 Man kann diesen Problembereich, der einen ganz anderen Argumentationszusammenhang erfordert (u. a. Einbeziehung der Gesamtarbeiter-Problematik, das Verhältnis zwischen intellektueller Arbeit und dem Produktionsprozeß usw.) folgenderweise beschreiben: während der Zusammenhang zwischen der Arbeit der Hand und des Geistes unter naturgewachsenen (d. h. nicht- oder vorkapitalistischen) Produktionsformen unter den „Bedingungen der Hand" stattfand, so besteht unter gesellschaftlich regulierten Produktionsverhältnissen (also nicht naturgewachsenen Prozessen, d. h. kapitalistischen Produktionsverhältnissen und solchen, wo das Kapital aufgehoben ist), die Tendenz, sie zu vereinen, nun aber unter den „Bedingungen des Geistes".

36 Adorno, *Resumé,* a.a.O., S. 62.

37 Adorno, ebenda, S. 62f.: „Dabei jedoch werden die Züge festgehalten, die der

Diese Entwicklung ist in sich selbst zweideutig, da sie gleichzeitig die Entwicklung einer Vergesellschaftung und eine solche in bornierten Formen darstellt. Vgl. im übrigen Walter Benjamins Versuch, die Kulturindustrie selbst mitten in der vulgären Massenrhetorik des Nazismus positiv zu beschreiben, in *Das Kunstwerk im Zeitalter seiner technischen Reproduzierbarkeit*). Die Entwicklung findet nicht im Hinblick auf eine Verbesserung der Produkte, sondern auf eine Vergrößerung der Kapitalverwertung statt.

Sie bedeutet natürlich, daß das Kulturverständnis, welches durch die bürgerliche Kulturtradition hypostasiert und durch ihre Verbreitung im Ausbildungssektor geprägt worden ist, schon einer durchgreifenden Veränderung unterliegt, und daß die Kulturprodukte nun tendenziell als Kulturindustrie dem Kapital subsumiert sind, womit zugleich ihr ideologischer Inhalt bestimmt ist.

Mit der zentralen Stellung der Kulturindustrie als Bewußtseinsindustrie in der Reproduktionslogik der Gesellschaft, wird unmittelbar klar, daß an die Analyse ihrer Funktionsformen ein maßgebendes emanzipatorisches, unter anderem auch ein ästhetisches Interesse gebunden ist. Denn in der Kulturindustrie wird es wieder möglich sein, die ästhetische Analyse mit emanzipatorisch ausgerichteten, didaktischen Verständnisformen zu verbinden. Eine solche ästhetische Reflexion kann in Zusammenhang mit einem bewußtseinssoziologischen Projekt eine wichtige emanzipatorische Möglichkeit darstellen, die imstand sein wird, die Massenkulturindustrie kritisch, also ohne in nostalgische Themen aus ihrer Vorzeit zurückzufallen, zu untersuchen: es geht darum, ihre zur Vergesellschaftung beitragenden Seiten

---

Verwandlung von Literatur in Ware ursprünglich einmal zukamen. Wenn irgend etwas in der Welt, dann hat die Kulturindustrie ihre Ontologie, ein Gerüst starr konservierter Grundkategorien, die etwa am kommerziellen Roman des England vom Ende des siebzehnten und Anfang des achtzehnten Jahrhunderts sich ablesen lassen. Was an der Kulturindustrie als Fortschritt auftritt, das unablässig Neue, das sie offeriert, bleibt die Umkleidung eines Immergleichen; überall verhüllt die Abwechslung ein Skelett, an dem so wenig sich änderte wie am Profitmotiv selber, seit es über Kultur die Vorherrschaft gewann. . . . Während dieser in dem zentralen Sektor der Kulturindustrie, dem Film, technischen Verfahrungsweisen durch weitgetriebene Arbeitsteilung, Einbeziehung von Maschinen, Trennung der Arbeitenden von den Produktionsmitteln sich anähnelt, . . . werden individuelle Produktionsformen gleichwohl beibehalten. Jedes Produkt gibt sich als individuell; die Individualität selber taugt zur Verstärkung der Ideologie, indem der Anschein erweckt wird, das ganz Verdinglichte und Vermittelte sei eine Zufluchtstätte von Unmittelbarkeit und Leben."

in ihrer bornierten Ausformung zu erforschen.[38] Geniale Entwürfe zu einer solchen Arbeit sind schon von Walter Benjamin in den 20er und 30er Jahren gemacht worden, und heute ist dies mancherorts unter Bezeichnungen wie Waren- oder Kapitalästhetik, Bewußtseinssoziologie u. ä. im Entstehen.

---

38 Dies bedeutet, daß man u. a. darauf achten muß, nicht in die neuradikale Kritik der Massenkommunikation, wie wir sie hierzulande z. B. aus den Kulturdebatten der 60er Jahre kennen, zurückzufallen. Über den Neuradikalismus als Konsumentenkritik siehe im nächsten Kapitel.

VII. Die Konsumtionsverhältnisse der bürgerlichen Literatur

Die Konsumtion als Notdurft, als Bedürfnis ist selbst ein innres Moment der produktiven Tätigkeit.
Marx, *Einleitung, Grundrisse* [1]

1. Die Konsumtion als Voraussetzung für die Produktion

Das Prinzip der idealistischen Ästhetik, Zweckmäßigkeit ohne Zweck, ist die Umkehrung des Schemas, dem gesellschaftlich die bürgerliche Kunst gehorcht: das der Zwecklosigkeit für Zwecke, die der Markt deklariert.
Adorno, Horkheimer, *Dialektik der Aufklärung* [2]

Mit dem Öffentlichkeitsinstitut der literarischen Produktion wird allmählich eine literarische Institution errichtet. In ihr geht eine *Bedeutungsproduktion* vor sich, wie ich sie im vorigen Kapitel geschildert habe. Sie findet in einem kontingenten Verhältnis zur gesellschaftlichen Bedeutungsproduktion statt.

Der Schriftsteller produziert im literarischen Werk Bedeutung. Diese Produktion von Bedeutung vollzieht sich unter partikularisierten und individuellen Voraussetzungen, da seine Produktion nicht der Wertbewegung untergeordnet ist.

Auf gleiche Weise produzieren die Konsumenten während der Lektüre des Werks Bedeutung. Die „lesende" Bedeutungsproduktion findet in der Intimsphäre und unter partikularisierten Prämissen statt. Die individuelle, auf die Intimsphäre festgelegte Lektüre/Konsumtion ist Reproduktion und/oder Neuproduktion.

Weder das literarische Schaffen noch die literarische Konsumtion lassen sich ohne die spezifischen Distributionsform, welche durch die literarische Institution bedingt ist, verstehen.

Wie erwähnt, ist diese Institution nicht als getrennt von der Erschaffung und Neuschaffung des Kunstwerks in der Konsumtion zu sehen.

Die literarische Institution ist in den künstlerischen Schaffensprozeß wie auch in die Neuschaffung der Konsumtion integriert. Oben ist dafür argumentiert worden, daß der literarische Schaffensprozeß nicht ohne dieses Institutionsverhältnis, also nicht ohne die Distributionsform verständ-

1 *Grundrisse,* S. 15.
2 Horkheimer/Adorno, a.a.O., S. 142.

lich sei. Diese Argumentation besitzt natürlich auch für die Konsumtion literarischer Werke Gültigkeit. Weiter muß beachtet werden, daß *durch die Konsumtion der Autor als solcher entsteht. Die Konsumtion vollendet nämlich den literarischen Schaffensprozeß, indem sie den Gebrauchswert der literarischen Produkte aktualisiert.*

Aus dieser Konsumtion ergibt sich das Bedürfnis nach Wiederholung, was die Produktion vergrößert und weiterentwickelt. *Die Konsumtion ist deshalb die Voraussetzung für die Produktion.* Mit der Entwicklung der Topologie der bürgerlichen Gesellschaft, darunter der bürgerlichen Öffentlichkeit, ist die Möglichkeit eines kunstverständigen Publikums gegeben. *Erst diese Voraussetzung ermöglicht eine literarische Produktivität – überhaupt den Begriff des Schriftstellers, wie er in der Geschichte der bürgerlichen Gesellschaft geprägt worden ist.*

Es ist wichtig, an diesen elementaren Tatsachen festzuhalten, da sie in der literarischen Debatte oder im literarischen Selbstverständnis einzelner Autoren oft eliminiert werden. Die Vorstellung, man schreibe Literatur der *LITERATUR* oder der *POESIE* willen, scheint nämlich ganz besonders fein zu sein. So verkehrt findet sich die literarische Produktivität im Bewußtsein vieler Autoren, insbesondere seit dem Symbolismus und bis zu den Aposteln des Modernismus, daß es aussieht, die Lösung der Literatur von einem Publikum Ende des letzten Jahrhunderts und ihr späteres, eher zufälliges Zusammenspiel mit ihm seien eine Qualität für sich. Es scheint eine besonders privilegierte Eigenschaft der Dichtung zu sein, daß sie *selbständig* und eigentlich nur dazu brauchbar ist, die *POESIE* auszudrücken. In dieser Verdrängung der Konsumtion liegt eine Unmenge nebulöser Metaphysik und wirklichkeitsfernen Unsinns.[3]

---

3 Was ich hier vorlege, ist eine etwas verkürzte Diskussion der Problematik, die aber durch die spezifischen dänischen Verhältnisse legitimiert werden kann.

Betrachten wir die Problematik im allgemeinen europäischen Zusammenhang, so nimmt sich die l'art pour l'art-Theorie komplizierter aus, da sie nämlich als Reaktion auf den Verfall der bürgerlichen Öffentlichkeit verstanden, oder als polemische Attitüde gegen sie gesehen werden kann. Diese polemische Haltung kann sich entweder in (a) faschistoider (Pound, Eliot u. a. m.) oder in (b) kommunistischer Richtung (z. B. der französische Surrealismus) entwickeln. Die Problematik kann mit folgenden Ausschnitten aus einem Artikel von Anker Genzmøe über Kafka, der sie einer umfassenden Behandlung unterwirft, beleuchtet werden: aus dem Abschnitt *2. Processen mod socialismen som kapitalismens højeste stadium:* „Das, was man ist, kann man nicht ausdrücken, denn das ist man gerade; mitteilen kann man nur das, was man nicht ist, also die Lüge. Erst im Chor kann eine gewisse Wahrheit liegen.

Auch Villi Sørensen führt dieses Beispiel für Kafkas „paradoxale Aphorismen"

Interessanterweise kann man das umgekehrte Muster in der für „Zeitprobleme" engagierten Dichtung/Literatur finden: ich denke hier an die neuradikale „Kulturkritik", die nicht so sehr die Produktion als das Zirkulation und Konsumtion bedingende Moment, sondern eben die *Konsumtion kritisierte.* Nicht umsonst hieß die Revue, welche die Anliegen des Neuradikalis-

---

an, wendet es aber im wesentlichen in einem existentiellen Zusammenhang an. Der Aphorismus kann mittlerweile mit analytischem Gewinn als eine Art pragmatischer Aussage über die modernistische indirekte Schreibweise, welche nicht allein Kafka, sondern auch Joyce, Pound, Eliot praktizierten, gelesen werden: parodisch, paragrammatisch, dialogisch, „intern sprachlich", „unlesbar". Diese modernistische Schrift kann jedoch nicht ausschließlich als das revolutionäre Auftreten der proletarischen „signifiants" auf der Bühne der Schrift (wie Kristevas Auffassung in leicht karikierter Form aussieht) gesehen werden. Kafkas Fall (wie der der anderen erwähnten Modernisten auch) zeigt, daß es sich in hohem Grad um eine Beschwörung der gleichen revolutionären Kräfte handelt: eine so totale Negation des proletarischen Sozialismus und zugleich der ganz gewiss verfallenen, aber dennoch dominierenden „progressiven" bürgerlichen Ideologie des 19. Jahrhunderts (die sich gegenüber dem Sozialismus nicht genügend klar abgrenzt), daß der Text, welcher die wichtigsten bestehenden ideologischen Referenzrahmen negiert, unter den gegebenen Umständen „unlesbar", „intern sprachlich" werden mußte. Die „Lüge", die Kafka beschreibt und im *Prozeß* als eine „Weltordnung" darzustellen versucht, ist Dickens', Tolstojs und Dostojewskijs Problematik. Aber der „Chor" ist „homophon", da Kafkas eingeschmuggelte Stimme der Sebständigkeit der anderen im großen ganzen ein Ende bereitet. Deshalb ist hier nicht von einem dialogischen, sondern von einem parodischen Verhältnis die Rede, selbst wenn die „andere Stimme" an gewissen Stellen im *Prozeß* relativ großen Widerstand leistet, was die verführerische Qualität des Textes erklärt.

Kafkas Texte sind Teil des literarischen und ideologischen Umorientierungsprozesses, der in Europa unter den verschärften sozialen (und nationalen) Gegensätzen, die auf den Konsolidierungsversuch des Imperialismus zurückzuführen sind und zum Ersten Weltkrieg führten, stattfand. Diese Neuorientierung hat für mehrere „modernistische" Schreiber den Charakter einer Auseinandersetzung mit den bürgerlichen literarischen Modellen des 19. Jahrhunderts und den implizit/explizit mit ihnen verbundenen Ideologien, z. B. solche, die die „Entwicklung" oder die „Leute" in den Mittelpunkt stellten. Solche Ideologien waren zusammen mit der Entwicklung des Bürgertums stets verlogener und mit der Expansion und Organisierung des modernen Industrieproletariats ständig gefährlicher und unzweckmäßiger geworden. Die höchst implizite und unreife Ideologie in einem Teil modernistischer Texte ist anti-kapitalistisch, nicht, daß eine Abschaffung der Klassenunterschiede gefordert würde – sie werden im Gegenteil polemisch verabsolutiert –, sondern in Form einer ideologischen Mobilisierung, welche das Bürgertum in eine würdige und zeitgemäße Herrscherklasse verwandeln, seine Macht stabilisieren und damit den Klassenkampf, den der „freie" Kapitalismus genährt hat, beenden kann. Schon jetzt vernichtet/deklassiert diese Klasse die Mitglieder des (Klein-)Bürgertums, das nicht länger sich selbst und das Proletariat „beherrscht", da diese Entwicklung in der Machtübernahme des Proletariats (und damit einer Vervielfachung mus bekannt machte, *Gris på Gaflen* (Schwein auf der Gabel).[4] Verfolgt man diese Linie, so wird sie sich als durchgehendes Thema der neuradikalen oiskussion erweisen. Durch sie wurde die Debatte um die Reklame und später um die Massen-Popkultur strukturiert.

Sie war in ausgeprägter Weise eine *Konsumtionskritik* und wurde deshalb

---

der Mängel des jetzigen Kapitalismus) resultieren würde. – Bei diesem Beginn eines Prozesses, der des Bürgertums gegen sich selbst, der später u. a. zum Faschismus führte, war die „Alternative" in einem Teil „modernistischer" Texte revolutionär reaktionär, eine bahnbrechende und traditionalistische, intellektuell irrationelle Vision der ultramodernen Rückkehr der Menschheit zu uralten, statischen Zuständen und Bedingungen.

In Kafkas Texten spricht der angsterfüllte Protest der deklassierten, isolierten bürgerlichen Intellektuellen gegen eine geschichtlich bestimmte klassenmäßige und psychische Dialektik. Sie enthalten zwar eine Art „Analyse" – der teilweisen Wehrlosigkeit der bisherigen bürgerlichen Ideologie gegenüber dem Sozialismus. Die Texte sind aber eher „Ausdruck" für den besonderen „Gemütszustand" der später eines der Materialien des Faschismus wurde: für den Unwillen gegen die Kleinlichkeit, Blindheit – und Schwachheit des Kleinbürgertums, für die Angst vor „Erben", dem Proletariat, und für den Haß gegen den Klassenkampf und seine Perspektiven, welches der „Sinn" von Kafkas Proklamation vom „Kampf gegen den Kampf" ist.

4 *Gris på Gaflen* („Schwein auf der Gabel"), 1962, dänische Revue von Jesper Jensen, Leif Panduro und Klaus Rifbjerg, alle drei bedeutende Verfasser des dänischen Modernismus und Radikalismus der 1960er Jahre. Klaus Rifbjerg war u. a. zusammen mit dem Schriftsteller Villy Sørensen Herausgeber von *Vindrosen* („Die Windrose"), der führenden literarischen Zeitschrift des Modernismus/Radikalismus. Sørensen muß als der dominierende Ideologe des dänischen Radikalismus betrachtet werden.

Die Revue *Gris på Gaflen* formulierte zu Beginn der 60er Jahre eine lange Reihe der Themen des Radikalismus und Modernismus in schlagkräftiger und direkter Form. Sie kritisierte die dänische NATO-Politik, die Pläne für einen Beitritt zur EWG, die Indoktrinierung des dänischen Schulsystems, die bürgerliche Erziehung, den Sex-Kult, den Pillenmißbrauch, das Zigarettenrauchen und vieles mehr in kunterbunter Reihenfolge. Die Analyse dieser unterschiedlichen Probleme bleibt an der gesellschaftlichen Oberfläche, die sie kritisch in Kategorien der Zirkulations- und Intimsphäre darstellt, haften. Auf der einen Seite wirft sie eine Reihe wirklich kritisabler Phänomene des Spätkapitalismus auf (z.B. die Verringerung der Reproduktionsbedingungen für Lohnarbeiter), auf der anderen Seite fehlt ihr ein gesellschaftlicher Begriff, der über den Horizont des bürgerlich-radikalen Kritizismus hinausreichen würde; deshalb wird die Kritik der kapitalistischen Wirklichkeiten in der Revue moralisch und die Konsumkritik ihrer Tendenz nach zur Konsumentenkritik, da die bestimmte kapitalistische Konsumstrukturierung nicht verstanden ist. Die Revue ist ein Ausdruck für die Art der Kritik, die sich unmittelbar nach Beginn der Auflösung des kalten Krieges in Dänemark unter den literarischen Intellektuellen entwickeln konnte. Sie ist auf diese Weise ein Glied in der Bestätigung und Weiterführung des Radikalismus der bürgerlichen Aufklärung und damit eine von vielen Voraussetzungen für die Entstehung und Entwicklung der Studentenbewegung in Dänemark.

tendenziell auch eine *Konsumentenkritik,* wodurch sie allen konsumierenden Leuten mit ihrem Schwein auf der Gabel als eine *aristokratische Provokation* erschien.

Die Tatsache, daß sich diese Bewegung ohne Einfluß des Marxismus und der Arbeiterbewegung (im Gegensatz zum Radikalismus der 30er Jahre) entwickelt, bestimmt ihre apolitische, individuumzentrierte und tief nostalgische Kulturkritik. Da ihr Emanzipationsverständnis *außerhalb* der gesellschaftlichen Wesenslogik konzipiert ist, verunmöglicht sie sich nicht nur das konkrete Begreifen der Erscheinungsformen, sie fällt auch in die präkapitalistischen Fiktionen zurück. Diese „verkehrte" (Marx) Kulturpolitik, welche die wirklichen Verhältnisse auf den Kopf stellt, um deren verkehrte Darstellungsform (daß die Konsumtion und nicht die Produktion die Wesenslogik der Gesellschaft bedingt) zu unterstützen, ist bedingt durch die Verbindung mit dem bürgerlichen Ich-Individuum, dessen Abbau sie unterworfen ist, und durch ihre Konzeption von der Zirkulation.[5]

Nach diesem Exkurs, teils über die *Konsumtionsverdrängung,* teils über die *Konsum-/Konsumtenkritik,* kann ich zur zentralen Thematik dieses Essays zurückkehren:

Genau wie die literarische Institution tendenziell die Reproduktion ihrer eigenen Wirklichkeit gegenüber der Literaturproduktion durchsetzt, verhält es sich auch in der Konsumtion.

Noch einen Faktor gilt es zu beachten: indem die literarische Institution ein Moment in der bürgerlichen Öffentlichkeit ist, wird sie auch im Verhältnis zu den Mitgliedern der Gesellschaft als Gesamtheit definiert. Die Voraussetzung für die literarische Institution ist die spezifische Arbeitsteilung der kapitalistischen Gesellschaft. Dies weist erneut auf die Notwendigkeit hin, die Bestimmungen der *disponiblen Zeit* und der Intim-/Familiensphäre im Hinblick auf die Konsumtion zu aktualisieren. Wie die Produktion von Literatur aus der Intimsphäre heraus wächst, so wächst die Konsumtion an diesem Ort. Die Voraussetzung für dieses bürgerliche Familienleben ist die Aneignung von Mehrarbeit, die andere in der Produktionssphäre geleistet haben, welche die Basis für die Entwicklung von disponibler Zeit für die Bürgerklasse bildet. Die disponible Zeit stellt überhaupt

---

5 Nach dieser Kritik des Neuradikalismus sollen auch die extrem schwierigen intellektuellen und politischen Bedingungen betont werden, denen er unterworfen war, und gegen die er Krieg geführt hat. Für viele sind die Neuradikalen diejenigen gewesen, die über lange Zeit die kritischen Möglichkeiten in einer Zeit trugen, als jede Kritik automatisch und unterschiedslos mit dem Kommunismus in seiner sowjetrussischen Variante identifiziert wurde.

die Voraussetzung für die Kunst dar. Damit sind jedoch nur die allgemeinen Bedingungen festgelegt. Jede Analyse einer spezifischen Situation der Geschichte der bürgerlichen Gesellschaft erfordert eine konkrete und empirische Untersuchung des *bestimmten* Publikums: Welches Publikum las Charlotte Dorothea Biehl? Welches Ingemann? [6] Was für ein Publikum hatte Georg Brandes? Welches Publikum liest Anders Bodelsens[7] und Klaus Rifbjergs reproduktive Romane?

Generell verhält es sich so, daß ein breiterer Zugang zu den literarischen Produkten ausgeschlossen ist.

Dies tritt deutschlich in der Unterscheidung der „Literatur" in *Schöne* Literatur und *Trivial*literatur als einer gesellschaftlichen Norm zutage.

Die Aufteilung entspringt dem Klassenverhältnis der bürgerlichen Gesellschaft und wird durch die reproduktonslogischen Notwendigkeiten verfestigt.

Parallel zur Auflösung der liberalen Ideologie im Spätkapitalismus und damit des Postulats der Allgemeinbildung, wird diese Trennung tendenziell aufgehoben: das vom Staat durchgesetzte Interesse des Gesamtkapitals an der Stabilisierung bestimmter klassenbedingter Kultur- und Bildungsschranken führt zu technokratischen, ideologischen Formen, welche nicht die traditionelle Allgemeinbildung, sondern vielmehr pragmatisch-technokratische *Kenntnisse* und *Qualifikationen* implizieren.

Der Buchmarkt für Schöne Literatur verliert ernsthaft an Bedeutung zum Vorteil einer entstehenden *Kultur-*, einer *Bewußtseinsindustrie,* die eine gesellschaftlich ganz andere Stellung als die schon veraltete Dichotomie zwischen Schöner Literatur und Trivialliteratur besitzt.

2. Die Konsumtion institutionell betrachtet, der Ausbildungssektor

Ich habe bisher in diesem Kapitel ausschließlich die private Konsumtion von Literatur behandelt und damit die sinnlose Tradition fortgesetzt, die den Großteil der Literaturforschung, sei sie nun hermeneutisch oder positivistisch-soziologisch, prägt. Überall verstellt die private Konsumtion den Blick auf die institutionelle, wie sie an der Universität, den Gymnasien, in der Volksschule usw. Gestalt und Platz findet.

Diese Vormachtstellung der privaten gegenüber der institutionellen Kon-

---

6 Bernhard Severin Ingemann (1798–1862), dänischer Romantiker. (Anm. d. Übers.).

7 Anders Bodelsen (geb. 1937), dänischer Schriftsteller und Kritiker. (Anm. d. Übers.).

sumtion im Ausbildungssektor ist Ausdruck eines eindeutig verkehrten Bewußtseins, das es sich im warmen Mutterschoß der Intimsphäre wohlsein läßt.

In guter Übereinstimmung mit den üblichen abstrakten Auffassungen der bürgerlichen Literatur abstrahiert der literarische Clan von der gesellschaftlichen Vermittlung, in der er selbst bis zum Hals steckt.

Die institutionelle Literaturvermittlung im Ausbildungssektor ist natürlich für eine literatursoziologische Reflexion von entscheidender Bedeutung. Sie soll deshalb im folgenden dargestellt werden.

Die Bildungsvorstellung, um die sich zahlreiche der vorangehenden Seiten gedreht haben, kann begreiflicherweise nicht zu einer literarischen Angelegenheit schlechthin reduziert oder nur von der Literatur als solcher aus verstanden werden. Diese Vorstellungen von der Bildung sind Ausdruck einer Organisierung des bürgerlichen Selbstverständnisses (in seiner nichtspätkapitalistischen Phase), die natürlich auch in zahlreichen anderen als den rein literarischen Gestalten erscheinen: sie umfassen z. B. *die* Sprache (ursprünglich als *National*sprache), die Nation u. ä.

Dies bedeutet, daß ein Fach wie beispielsweise Nordische Sprache und Literatur, das institutionell das Bildungsfach par excellence gewesen ist, aus der bürgerlichen Bildungsvorstellung, wie sie schon vor der Institutionalisierung des Fachs Gymnasium vorliegt, herauswächst.

Das Fach wurde ursprünglich nach solchen Vorstellungen organisiert, weshalb seine sprachlichen und literarischen Teile in einer bildenden Ganzheit: der Philologie aufgingen.

Die Bildung verstand und versteht sich noch immer als *Allgemeinbildung* für *die* Allgemeinheit (d. h. die bürgerliche Öffentlichkeit). Akzeptiert das Bildungsdenken, daß Gegensätze in der Gesellschaft bestehen, so haben diese für die Eigenbewegung des Bildungsdiskurses *keine* modifizierende Wirkung, sondern stellen eine bedauerliche und irrelevante Kränkung des allgemeinmenschlichen Denkens dar, eine Schranke für dessen Selbstenfaltung, eine Schranke also, über die der Bildungsdiskurs um seiner selbst (aber insbesondere der Ungebildeten) willen hinwegsehen muß. Der Bildungsdiskurs gerät in solchen Situationen, in denen er mit seiner gesellschaftlichen Bedingtheit konfrontiert wird, in Bedrängnis und offenbart sogleich *seinen messianischen Charakter, seinen Moralismus schlechthin.* Seine Träger verhalten sich nicht analytisch-reflexiv zu ihren eigenen Voraussetzungen.[8]

---

8 Hierin unterscheiden sie sich von den utopischen Sozialisten, wie z. B. Proudhon (vgl. Marx' Kritik des utopischen Sozialismus in *Misère de la Philosophie* oder im *Manifest der Kommunistischen Partei*), weil diese doch auf der einen Seite eine

Durch die Konzentration auf die idealen Gestalten der bürgerlichen Gesellschaft wird die Bildung, die glaubt, allgemein zu sein, zu bürgerlicher Apologetik und ihre Träger zu bürgerlichen Apologeten.[9] Die Bildungsagenten dichten also an den Formen des bürgerlichen Selbstverständnisses mit. Die Bildung fungiert deshalb ideologisch. Diese ideologische Form wird im Gymnasium institutionalisiert, wenn die Literaturhermeneutik die Norm für die offizielle Literaturvermittlung im Ausbildungssektor darstellt.

Die Bildung kann als Spitzformulierung des bürgerlichen Selbstverständnisses verstanden werden. Das bedeutet, daß ihre ideologische Auffassung des Menschen (anthropologisiert in der bestimmten Form) und der Gesellschaft (zur Bedingung schlechthin naturalisiert) im Ausbildungssektor kol-

---

Gleichheit fordern, auf der anderen Seite als deren Voraussetzung die reale Ungleichheit aufheben wollen (wenn sie das auch mit einer Rückkehr zur Stufe der simplen Warenproduktion erreichen wollen). Das Zusammenführen des Bildungsdenkens und des utopischen Sozialismus kann zahlreiche Züge des Bildungsdiskurses erhellen: beiden Richtungen ist der Moralismus gemeinsam. Der utopische Sozialismus knüpft stets an die tatsächliche Ungleichheit an, ist aber nicht in der Lage, ihr Realobjekt (das Kapitalverhältnis) zu entdecken, weshalb er sich nach den vorkapitalistischen Produktionsverhältnissen zurücksehnt, ohne eben den Kapitalkeim des Warenverhältnisses zu analysieren. Die simple Warenzirkulation ist dem utopischen Sozialismus und der bürgerlichen Bildung gemein. Der erste erträumt sie sich ständig als neues Jerusalem, die zweite geht von diesem Verhältnis als ihrer unerkannten und unerforschten Grundlage aus. Sieht die bürgerliche Bildung Widersprüche in der Gesellschaft (die wirkliche Gestalt der bürgerlichen Gesellschaft), so kann sie diese nur als ein (zufälliges) Äußeres studieren, weshalb sie sich auf die ideale Gestalt und die ideellen Ausdrucksformen der bürgerlichen Gesellschaft konzentriert. Damit wird die Bildung, die glaubt, allgemein zu sein, selbst zur bürgerlichen Apologetik und ihre Träger zu bürgerlichen Apologeten – wenn diese auch noch so viel über menschliche Probleme, den unverkürzten Wahrheitsbegriff der Literatur u. ä. sprechen.

9 Dies bedeutet natürlich auch nicht, daß die Apologeten dieser bürgerlichen Bildung die Zeit mit reiner Schönmalerei verteiben, daß die Problemkomplexe, mit denen sie sich beschäftigen, in ihrer Substanz völlig abstrakt und ohne wirklichen Inhalt wären. Der Platz der Literatur (und der Sprache) im Bildungsverständnis hat natürlich mit dem Umstand zu tun, daß eben die Literatur die Probleme, die sich aus den (Un)möglichkeiten der Intimsphäre ergeben, kodifiziert und registriert. Dies bedeutet, daß die Literatur (und darunter verstehe ich in diesem Zusammenhang die bürgerliche Literatur vor dem Spätkapitalismus) Probleme untersucht, die subjektiv erkennbar sind, d. h. subjektive Gesichtspunkte und Identifikationsmöglichkeiten für den einzelnen Leser beinhalten. In der Literatur werden überall individuelle Verhaltensnormen, Erscheinungsformen der bürgerlichen Gesellschaft so dargestellt, wie sie sich nicht für das Individuum als solches, sondern für den Horizont des bürgerlichen Autors ausnehmen. Dies heißt, daß sich in der bürgerlichen

portiert wird. Dieses ideologische Selbstverständnis ist, wie oben erwähnt, klassenspezifisch. Durch deren Entfaltung im Ausbildungssektor tragen die Verfechter der Bildung zur Hegemonisierung der bürgerlichen Ideologie bei.

Eine Studie der Bildung und ihrer geschichtlichen Modifikationen kann sich nicht nur auf eine Darstellung ohne Einbeziehung der institutionellen Verankerungen beschränken. Die folgenden Bemerkungen sollen die Institutionalisierung der Bildung im Ausbildungssektor vorläufig begreiflich machen.

Literatur subjektive Erfahrungen mit objektiven Verhältnissen kreuzen, womit das literarische Werk über die individuelle „Sinnkonstellation" hinausreicht, für die es plädiert (vgl. z. B. Balzac, Augier, oder in Dänemark Pontoppidan, Nexø).

Balzacs Schilderungen der Welt der französischen Bourgeoise gehen über seine spezifische legitimistische Deutung der politischen Zusammensetzung der französischen Gesellschaft hinaus, zeigen aber gleichzeitig eine für diese Überlegungen bedeutende Problematik: überall in Balzacs Werk treten die generellen Züge der französischen Gesellschaft dem Schriftsteller/Leser in individualisierten und psychologisierten Formen entgegen. Die gleichen Phänomene interpretiert Marx in seinem Werk, jedoch nicht in psychologischen, personenfixierten Formen, sondern als gesellschaftliche Ausdrucksform, in generalisierten *Charaktermasken*, die durch ihr Verhältnis zur Verwertungsbewegung des Kapitals und somit zur Kapitalakkumulation bestimmt sind. Marx' Auslegungen der kapitalistischen Charaktermasken heben natürlich Balzacs Schilderungen der individuellen Modifikationen und Manifestationen dieser allgemeinen Charaktermasken nicht auf – genau wie Marx' Kritik der klassischen Nationalökonomie nicht einfach deren Ansichten vom Tisch wischt, sondern gerade auf ihre Borniertheit, d. h. ihre Begrenzung hinweist. Entscheidend ist in diesem Zusammenhang, daß der Marxsche Gesichtspunkt in Hegelschem Verstand Balzacs Schilderungen *aufhebt*. Auf diese Weise verhält sich eine kritische wissenschaftstheoretische Reflexion zum Bildungsdiskurs, sie hebt diesen auf. Dieser methodologische Gesichtpunkt muß festgehalten werden, da er einen faktischen Sachverhalt ausdrückt; so vermeidet man auch, Gespenster zu sehen. (Vgl. Hegels Bestimmung von *‚aufheben'* („dieses unmittelbar spekulative Wort"): durch die „Erhebung" im Denken ist das „Aufgehobene ein zugleich Aufbewahrtes, das nur seine Unmittelbarkeit verloren hat, aber darum nicht vernichtet ist" (Log.I)).

Da die Intimsphäre nur im Selbstverständnis autonom besteht, darf sich eine Bestimmung der Darstellungen der Literatur, die sich zu ihrem Thema nicht borniert verhalten will, nicht auf die Kategorien der Intimsphäre beschränken. Jede höhere wissenschaftliche Reflexion der Intimsphäre als Kategorie stößt gegen die eigenen Grenzen dieser Sphäre und ist gezwungen, ihre zweideutige Stellung in der bürgerlichen Gesellschaft und deshalb den wirklichen Kern ihrer Selbstverständniskategorien zu untersuchen.

Bekanntlich gehört ein allgemeines Schulsystem zur kapitalistischen Gesellschaftsform. Weder mittelalterliche noch vorkapitalistische Gesellschaften haben ein solch abstraktes und allgemeines System entwickelt.

Es ist deshalb von Bedeutung, sich einen elementaren Begriff vom Prozeß zu machen, der ein solches Schulsystem hervorbringt, ein System, in dem die gymnasiale Ausbildung klassenmäßig und deshalb gesellschaftlich nur die Spitze der Hierarchie bildet, welche die bestehenden Kapitalverhältnisse reproduziert.

Abgesehen vom kirchlichen war das mittelalterliche Ausbildungssystem in erster Linie ans Handwerk gebunden. Deshalb erhielten die Arbeitskräfte eine *spezifische* Ausbildung zu einem spezifischen Handwerk. Eine Weiterbildung im heutigen Sinn gab es nicht, da in der damaligen Gesellschaft kein Bedürfnis für eine solch abstrakte Qualifikation der Arbeitskräfte bestand. Eine *Allgemein-aus-bildung* wird erst mit dem Heranwachsen des Kapitals zur Notwendigkeit. Unter einer entwickelten kapitalistischen Produktionsform erhält die Ausbildung gezwungenerweise eine andere Gestalt als im Mittelalter. Während das mittelalterliche Handwerk an die spezifische, konkrete Arbeit gebunden war, ist das Kapital als reine Wertbewegung, welche die Gebrauchswerte unter sich subsumiert hat, *frei,* d. h. nicht an eine spezifische Gebrauchsproduktion, sondern umgekehrt an seine abstrakte Gesetzmäßigkeit, die Wertbewegung, die Verwertung, gebunden.

Historisch entwickelt die kapitalistische Gesellschaft allmählich ein allgemeines Schulsystem, das im gesamten Reproduktionsprozeß der Gesellschaft verschiedene Aufgaben zu erfüllen hat.

In seiner Form ist es vom unmittelbaren Produktionsprozeß getrennt, es dient ihm aber doch, in erster Linie auf den niedrigsten Niveaus – als Lieferant prozeßunabhängiger Qualifikationen. Gleichzeitig entwickelt es die Empfänglichkeit für prozeßspezifische Eigenschaften hinsichtlich der Gesamtheit von Produktion und Zirkulation.

Aber es ist natürlich nicht die einzige Aufgabe des Schulsystems in einer bürgerlichen Gesellschaft, Qualifikationen für den Produktionsprozeß zu liefern. Es sorgt für eine sekundäre Sozialisation der Schüler in der gesellschaftlichen Reproduktion. Es muß festgehalten werden, daß der Qualifikationsbegriff keineswegs einen homogenen Inhalt deckt, sondern im Gegenteil alle Gegensätze der kapitalistischen Gesellschaft spiegelt.

Die Qualifikationen, welche das Schulsystem hervorbringt, zielen deshalb in erster Linie auf Eignung und Disziplinierung hinsichtlich der Kapitalrelation (= Respekt vor dem Eigentum des Kapitals, vor Hierarchien usw.), mithin der Gesellschaft überhaupt und der eigenen Rolle als Staatsbürger.

Zu diesem Zweck ist eine lange Reihe primär ideologischer Qualifizierungen, in die die Literatur einbezogen ist, erforderlich. Die Literatur dient als Moment im sekundären Sozialisationsprozeß. Über diese Allgemeinausbildung hinaus sorgen der Staat und sein Schulsystem für die Ausbildung der Individuen, die später als Beamte auf verschiedenen Stufen in den Staatsapparat hineingleiten sollen. Die Allgemeinausbildung des Schulsystems auf der ersten Stufe ist nicht identisch mit der auf der sekundären oder tertiären des Ausbildungssystems.

Aber die Allgemeinbildung kann als Form bürgerlichen Selbstverständnisses und als ein bürgerliches Ritual nicht ohne die Abstraktionen der bürgerlichen Gesellschaft und die wirkliche Rolle des bürgerlichen Staats als ideeller Totalkapitalist, d. h. Garant der Reproduktion der Kapitalrelation, verstanden werden.

Ferner baut die Allgemeinheit auf der Allgemeinausbildung, die ihre wissensmäßige, institutionelle und gesellschaftliche Voraussetzung ist, auf.

Die Grundausbildung ist Ausbildung zur Lohnarbeit.

Die unter den Staat subsumierte Allgemeinbildung läßt sich nicht ohne ihre Institutionalisierung im Ausbildungssektor und somit als dem Gesamtkapital und dem Verlauf der Kapitalakkumulation untergeordnet denken.

Ihre institutionelle Spitze ist das Gymnasium, dessen Bestimmung es bisher gewesen ist, mit dem Staatsbetrieb verbundene Personen – oder anders ausgedrückt: Agenten für die allgemeinen Bedürfnisse der gesellschaftlichen Produktionsweise, hervorzubringen. Die Hierarchie des Ausbildungssektors hat der Stabilisierung und Reproduktion des Klassenverhältnisses gedient. Während der Lohnarbeiter seine allgemeine Grundausbildung erhielt, wurde der potentielle Beamte durch ein Ausbildungssystem geschleust, das sich im letzten Jahrhundert aus einer klassisch-geistlich-absoluten in eine bürgerliche und weltliche Ausbildungsform umgebildet hat.

Die schon in der allgemeinen Grundausbildung vorgeprägte Abstraktion wird in der gymnasialen Allgemeinbildung in ideologischen Formen durch philologisch-humanistisch ausgerichtete historische Fächer weiterentwickelt: hier wird für werdende Mitglieder der „ideologischen Stände“ (Marx) unterrichtet, deren Examen das Pfand ihres Wissens, ihrer privaten Eigentumsform ist.[10]

In diesem Zusammenhang ist das Fach *‚Philologie‘*, als die auf der Nationalsprache ruhenden Vereinigung von sprachlichem Interesse und literari-

---

10 Vgl. Marx' Charakteristik der Bürokratie in der *Kritik des Hegelschen Staatsrechtes* (MEW 1). Siehe im übrigen meine Zusammenfassung dieser Bürokratieanalyse in *H. C. Andersen og herskabet* im Kapitel *H. C. Andersen als soziales Paradigma.*

scher Bildung verstanden, außerordentlich wichtig, weil es mit der Gymnasialreform zu Beginn dieses Jahrhunderts zu einem Zentralfach wird, das endgültig die Reste von Absolutismus im Ausbildungssektor auf- und ablöst. Die Einrichtung des Fachs im Gymnasium ist einerseits Ausdruck für gesellschaftliches Bedürfnis, in sprachlich-literarischer Bildung das bürgerliche Selbstverständnis und die Kultur zugespitzt formuliert zu finden.

Auf der anderen Seite ist sie auch Ausdruck für das Selbstverständnis der Träger der bürgerlichen Bildung: diese soll als kulturelles Heilmittel dienen, d. h. dem Verfall *der* Kultur Einhalt gebieten und die menschlichen Werte gegenüber der grassierenden, weltlichen Unkultur (soweit diese überhaupt erfaßt und nicht bloß erahnt wird) hervorheben.

Diese zwei Seiten fließen natürlich in einer täglichen institutionellen Praxis zusammen, deren thematischer Ausgangspunkt die Ideenbildung der Zirkulationssphäre und deren Organisationsmodell das anthropologisch konzipierte Individuum ist, – kurz gesagt: eine potentielle Persönlichkeit, deren reale gesellschaftliche Notwendigkeit in der Qualifikation für spezifische Funktionen liegt: im Umkreis des Beamtentums mit seinen Illusionen, die zusammenhängen mit den verschiedenen Staatsillusionen.

Hier laufen der bürgerliche Individualismus und die ewigen Abstraktionen der bürgerlichen Ideenwelt zusammen: hier wird die Ideologie vom Menschen in der bestimmten Form verbreitet, welche wiederum durch die Form der Bildung als Qualifizierung – nicht zum Menschen – sondern zum Beamten bestimmt ist.

Mit der Entwicklung des Kapitalismus wird der Abstand zwischen der Allgemeinheitsvorstellung und der realen Wirklichkeit der Gesellschaft augenfällig. Die unter liberalistischen Prämissen und staatlichen Bedürfnissen entwickelte bürgerliche Bildung zerfällt mit der zunehmenden Technologisierung der Gesellschaft im Spätkapitalismus.

Die Entwicklung, welche zum Bedürfnis des Gesamtkapitals nach einer Technifizierung des Gymnasiums führt und die real-institutionell mit der Allgemeinheit bricht, hinterläßt in ihrer geschichtlichen Entfaltung allmählich nicht nur institutionelle Schranken für die Allgemeinheit. Sie zerstört die alten fachlichen Einheiten, die Bildungskonzeption wird fragmentarisiert und die einzelnen Rumpffächer werden umgebildet. Die Literatur verliert ihren früheren zentralen und hypostasierten Platz.

Diese Entwicklung geht in einen umfassenden Zusammenhang ein, der hier nicht diskutiert werden soll. Er ist zusammen mit der spätkapitalistischen Entwicklung der Unterrichtstechnologie zu sehen, mit der Auflösung einer liberalkapitalistischen Ideologie und mit dem Ende des Bedürfnisses nach einem ideologischen Selbstverständnis, das an eine vergangene Phase in der Geschichte des Kapitals gebunden ist.

Mit der Entwicklung innerhalb des Kapitals zeichnet sich die Auflösung einer bürgerlichen Literatur ab. Ihre Rolle wird – selbstverständlich in anderer Form und mit weiter entwickelten Interventionsmöglichkeiten – bewußtseinsindustriellen Produkten überlassen, die sich im Unterschied zur literarischen Produktivität der Kapitalverwertung unterordnen lassen.

Dies bedeutet natürlich auch, daß sich der Inhalt des Fachs verändert. Die wirkliche Perspektive der Ausbildung in einem Fachbereich wie Dänisch liegt nicht in der Literatur, sondern in der Schaffung kommunikationstechnologischer Experten, von Pragmatikern, welche sich zur Entwicklung von bewußtseinsindustriellen Initiativen in den inneren Kommunikationen der Unternehmen eignen, als Agenten für die Reproduktion jener wissenschaftlich-technokratischen Ideologie, welche die im Spätkapitalismus vorherrschende Verständnisform gesellschaftlicher Probleme ist.

Sind diese Verhältnisse gegeben, so folgt daraus eine bestimmte kritische Praxis für Sozialisten im Literaturunterricht im Ausbildungssektor.

Es gilt, der kapitalistischen Kunst ihre kapitalistische Bestimmtheit nachzuweisen und unter anderem auch ihre institutionelle Existenz im Ausbildungssektor festzuhalten, wo sie als Moment im ideologischen Qualifizierungsprozeß auf verschiedenen Stufen dient.

Die Unterrichtspraxis des sozialistischen Lehrers ist sowohl formell (innerhalb institutioneller Grenzen) als auch substanziell (lehrbuchbestimmter Stoff, Lesepläne usw.) dem Staat untergeordnet, der Qualifizierungsprozeß als solcher ist jedoch eine immaterielle Produktion und somit für kritische Erörterungen offen.

In meinen Augen liegen diese in Nachweis von Widersprüchen und Konflikten *in* dem zu bearbeitenden Material, so daß die Kritik seiner Konstitutionszusammenhänge, d. h. die Kritik des Kapitalismus durch das Unterrichtsmaterial selbst, in exemplarischen Analysen vorgenommen wird. Wenn man der Literatur in ihrer bürgerlichen Bestimmtheit einen emanzipatorischen Inhalt in sich selbst beimißt, gelangt man zu keiner Kritikmöglichkeit.

Århus, im September 1973 und November 1974

Bibliographie

A. Die Kritik der politischen Ökonomie

a.

Marx-Engels-Werke (MEW), Dietz-Verlag, Berlin.
Marx, Karl: Grundrisse der Kritik der politischen Ökonomie, Dietz-Verlag, Berlin 1974.
– Resultate des unmittelbaren Produktionsprozesses. Frankfurt/M. 1970.

b.

Adorno, Theodor W.: Der Positivismusstreit in der deutschen Soziologie. Frankfurt/M. 1971.
– Jargon der Eigentlichkeit. Zur deutschen Ideologie. Frankfurt/M. 1970.
Althusser, Louis: Om ideologiske statsapparater. Kopenhagen o.J.
Altvater, Elmar: Om nogle problemer ved statsinterventionismen. In: Kurasje Nr. 7.
– Klassenverhältnis im Spätkapitalismus. In: Kapitalismus in den Siebziger Jahren. Frankfurt/M. 1970.
– Probleme der empirischen Analyse der Akkumulationszyklen in West-Deutschland. (Unvollständige Vervielfältigung).
Habermas, Jürgen: Technik und Wissenschaft als „Ideologie". Frankfurt/M. 1969.
– Zwischen Philosophie und Wissenschaft: Marxismus als Kritik. In: Theorie und Praxis. Berlin 1969.
– Strukturwandel der Öffentlichkeit. Untersuchungen zu einer Kategorie der bürgerlichen Gesellschaft. Neuwied 1974.

Über Habermas:

Bahr, Hans-Dieter: Kritik der „politischen Technologie". Frankfurt/M. 1970.
Ritsert, Jürgen und Rolshausen, Claus: Der Konservatismus der Kritischen Theorie. Frankfurt/M. 1971.
Haug, Wolfgang Fritz: Kritik der Warenästhetik. Frankfurt/M. 1972.
Horkheimer, Max: Traditionelle und Kritische Theorie. Frankfurt/M. 1970.
– und Adorno, Theodor W.: Dialektik der Aufklärung. Frankfurt/M. 1971.
Krahl, Hans-Jürgen: Konstitution und Klassenkampf. Zur historischen Dialektik von bürgerlicher Emanzipation und proletarischer Revolution. Frankfurt/M. 1971.
Larsen, Mihail: Ansats til en klasseanalyse af den akademiske arbejdskraft. Intern Universitetsdebat 8–9 april 1972.

Lukács, Georg: Geschichte und Klassenbewußtsein. Frankfurt/M. o.J.
Morf, Otto: Geschichte und Dialektik in der politischen Ökonomie. Frankfurt/M. 1970.
Negt, Otto: Aktualität und Folgen der Philosophie Hegels. Frankfurt/M. 1970.
Reichelt, H.: Zur logischen Struktur des Kapitalbegriffs bei Karl Marx. Frankfurt/M. 1970.
Rosdolsky, Roman: Zur Entstehungsgeschichte des Marxschen „Kapital". Der Rohentwurf des Kapital 1857–1858. I-III. 1969.
Schmidt, Alfred (Hrsg.): Beiträge zur marxistischen Erkenntnistheorie. Frankfurt/M. 1969.
– (Hrsg.): Folgen einer Theorie: Essay über „Das Kapital" von Karl Marx. Frankfurt/M. 1969.
– (Hrsg.): Kritik der politischen Ökonomie heute, 100 Jahre „Kapital". Frankfurt/M. 1968.
Kritik af uddannelsessektorens politiske økonomi. Studenterrådets årsberetning 1971–71. Århus 1972.
Arbejdspapirer om videnskab og kapital. Studenterrårets årsberetning 1972–73. Århus 1973.
Materialien zur politischen Ökonomie des Ausbildungssektors, hrsg. von Elmar Altvater und Freerk Heuisken. Erlangen 1971.
Kapitalistische Hochschulreform. Analysen und Dokumente. Erlangen 1972.

B. Materialhistorisch-geistesgeschichtlich

Dobb, Maurice: Studies in the Developement of Capitalism. London 1972.
Williams, Raymond: Culture and Society. 1780–1950. New York 1958.
Ambjörnsson, Ronny: Idé och klass. Stockholm 1972.
Ambjörnsson, Ronny und Elzinga, Aant: Tradition och Revolution I. Stockholm o.J.
Hauser, Arnold: The Social History of Art I-IV. London 1962.
Kjørup, Søren: Æstetiske problemer. En indføring i kunstens filosofi. Kopenhagen 1971.
– Indledning til udgivelse af A. G. Baumgarten. Kopenhagen 1968.
Kristeller, P. O.: The Modern System of the Arts: A Study in the History of Aestethics'. In Journal of the History of Ideas. Vols. XII (1951), XIII (1952).

C. Literaturwissenschaft

a. New Criticism

Brooks, Cleanth: The well wrought Urn. Studies in the Structure of Poetry. New York o.J.
Burke, Kenneth: Language as Symbolic Action. Essays on Life. Literature and Method. USA 1966.
– The Philosophy of Literary Form. New York 1957.
Daiches, David: Critical Approaches to Literature. USA 1956.
Eliot, T. S.: Selected Essays. London 1956.
Fjord Jensen, Johan: Den ny kritik. Kopenhagen 1962.

Harrison, John R.: The Reactionaries. London 1966.
Hyman, Stanley Edgar: The armed vision. A Study in the Methods of modern literary Criticism. New York o.J.
Madsen, Peter: Modsigelsens poetik. Poetik 18.
Ransom, John Crowe: The new Criticism. USA 1941.
– Poems and Essays. New York 1955.
Richards, I. A.: Principles of Literary Criticism. London 1960.
Righter, William: Logic and Criticism. London 1963.
Stallman, Robert Wooster: The Critic's Notebook. USA 1950.
– Critiques and Essays in Criticism 1920–1948. New York 1949.
Stein Larsen, Finn: Prosaens mønstre. Kopenhagen 1971.
Tindall, William York: The literary Symbol. USA 1960.
Wellek and Warren: The Theory of Literature. New York 1956.
Wellek, René: Concepts of Criticism. USA 1963.
Wimsatt jr., W. K.: The Verbal Icon. Studies in the Meaning of Poetry, USA 1954.
darin u. a.: The Intentional Fallacy
The Affective Fallacy
The Concrete Universal
The Domain of Criticism
History and Criticism: A problematic Relationship
– Literary Criticism. A short History. New York 1959.
Vosmar, Jørn (Hrsg.): Modernismen i dansk litteratur. Kopenhagen 1967.

b. Formalismus–Strukturalismus

Aspelin, Kurt und Lundberg, Bengt A. (Hrsg.): Form och struktur. Stockholm 1971.
Madsen, Peter (Hrsg.): Strukturalisme. Kopenhagen 1970.
Ducrot, Oswald u. a.: Qu'est-ce que le Structuralisme? Paris 1968.
Fages, J.-B.: Hvad er strukturalisme. Oslo 1969.
Literaturwissenschaft und Linguistik, Ergebnisse und Perspektiven, I-III. Frankfurt/M. 1971.
Piaget, Jean: Le structuralisme. Paris 1968.
– Structuralism. London 1970 (engl. Übersetzung).
Eichenbaum, Boris: Aufsätze zur Theorie und Geschichte der Literatur. Frankfurt/M. 1965.
Erlich, Victor: Russian Formalism. History. Doctrine. Mouton 1969.
Jakobson, Roman: Essais de linguistique générale. Paris 1963.
Koch, Christian (Hrsg.): Tjekkisk Strukturalisme. Kopenhagen 1970.
Lemon, Lee T. und Reis, Marion J.: Russian Formalist Criticism. Four Essays. London o.J.
Mukařovský, Jan: Kapitel aus der Ästhetik, Frankfurt/M. 1970.
– Zur Semantik des dichterischen Bildes. In: Studien zur strukturalistischen Ästhetik und Poesie. München 1974.
– O jazykovém stylu. In: Slovo a slovesnost VII/1941.
Pomorska, Krystyma: Russian Formalist Theory and its Poetic Ambiance. Mouton 1968.
Sebeok, Thomas A. (Hrsg.): Style in Language. USA 1960.

Schklowskij, Viktor: Theorie der Prosa. Frankfurt/M. 1966.
Todorov, Tzvetan und Jakobson, Roman: Théorie de la Littérature. Textes des Formalistes russes réunis, présentés et traduits par T'T'. Paris 1965.

c. Semiotik – Psychoanalyse (Lacan)

Derrida, Jacques: De la grammatologie. Paris 1967.
– Om grammatologi. Kopenhagen 1970 (gekürzte dän. Übersetzung).
Fages, J.-B.: Comprendre Jacques Lacan. Paris 1971.
Kristeva, Julia: Semeiotiké. Recherches pour une sémanalyse. Paris 1969.
– Texter + kommentarer. Institut for litteraturvidenskab. Kopenhagen 1972. (Vervielfältigte Übersetzungen).

Über Kristeva:

Madsen, Peter: Modsigelsens poetik. Poetik 18.
– Semiotik og dialektik. Kopenhagen 1972.
Tel Quel: Théorie d'ensemble. Paris 1968.

d. Varia

Andersen, Vilhelm: Dansk Litteratur. Kopenhagen 1912.
Christensen, Ole Riber u. a.: Barokkens lejlighedsdigtning. Kopenhagen 1973.
Fjord Jensen, Johan: Homo Manipulatus. Kopenhagen 1966.
Gustafsson, Lars: Kommentarer. Stockholm 1972.
Hauff u. a.: Methodendiskussion. Arbeitsbuch zur Literaturwissenschaft. I-II. Frankfurt/M. 1971.
Schou, Søren: 60'ernes danske kritik. Kopenhagen 1970.
Sørensen, Peer E.: Fascinationens overvindelse. In: Kritik Nr. 20.

e. Literatursoziologie

Collins, R. G. und McRobbie, Kenneth: Sociological Perspective on Literature. Kanada 1972.
Møller, Kristensen, Sven: Digteren og samfundet. I-II. Kopenhagen 1965.
Escarpit, Robert: Das Buch und der Leser. Entwurf einer Literatursoziologie. Köln 1961.
Fügen, Hans Norbert: Die Hauptrichtungen der Literatursoziologie. Bonn 1964.
– Wege der Literatursoziologie. Neuwied 1968.
Rosengren, Karl Erik und Thavenius, Jan: Litteratursociologi. Stockholm 1970.

f. Marxistisch konzipierte Problemstellungen

Marxismus und Literatur. I-III. Hrsg. von Fritz Raddaz. Hamburg 1969.
Marxistisk litteraturteori. Kopenhagen 1973.
Zmegac, Viktor: Marxistische Literaturkritik. Frankfurt/M. 1970.
Marxistiske litteraturanalyser. Hrsg. von Kurt Aspelin. Stockholm 1970.
Marx-Engels: Über Kunst und Literatur. I-II. Berlin 1968.
Materialistische Wissenschaft I-III.

I: Zum Verhältnis von Ökonomie, Politik und Literatur im Klassenkampf.
II: Von der kritischen zur historisch-materialistischen Literaturwissenschaft. Vier Aufsätze.
III: Großbürgerliche Aufklärung als Klassenversöhnung: Voltaire. Berlin 1972.
Poetik Nr. 19:
Pittelkow, Ralf: Samfundsteori og tekstteori.
Thau, Carsten: Med-verden eller om-verden. Om den samfundsmæssige væren og den menneskelige tænkning.
Madsen, Peter: Litteraturvidenskab of socialvidenskab.
Benjamin, Walter: Bild och dialektik. Stockholm 1969.
– Versuche über Brecht. Frankfurt/M. 1966.

Über Walter Benjamin:

Madsen, Peter: Semiotik og dialektik. Kopenhagen 1972.
Finnemann, Niels Ole: Modernismens erkendelsesteoretiske problematik. Kongerslev 1972.
Gallas, Helga: Marxistische Literaturtheorie. Berlin 1971.
Glaser, Horst Albert u. a.: Literaturwissenschaft und Sozialwissenschaften. Stuttgart 1971.
Goldmann, Lucien: The hidden God. London 1970.
– Soziologie des Romans. Frankfurt/M. 1970.
Holz, Hans Heinz: Vom Kunstwerk zur Ware. Darmstadt 1972.
Jaegi, Urs: Literatur und Politik. Frankfurt/M. 1972.
Lenin, V.I.: On Literature and Art. Moskau 1970.
Lukács, Georg: Literatursoziologie. Berlin 1970 (Anthologie).
– Tendenz oder Parteilichkeit? Die Linkskurve IV/6 (1932), in: Schriften zur Literatursoziologie, Neuwied 1961.
Macherey, Pierre: Pour une Théorie de la Production Littéraire. Paris 1971.
Madsen, Peter: Semiotik og dialektik. Kopenhagen 1972.
– The Critique of Political Economy and the „Sociology of Literature". Kopenhagen 1973 (Vervielfältigung).
Müller, Bredekamp, Hinz, Verspohl, Fredel, Apitzsch: Autonomie der Kunst, Zur Genese und Kritik einer bürgerlichen Kategorie. Frankfurt/M. 1972.
Sørensen, Peer E.: H. C. Andersen og herskabet. Kongerslev 1973.
Tekstanalyser. Ideologikritiske tekster. Poetik 2-3. 1971.
Trotzkji, Leo: Literatur und Revolution. Berlin 1968.

Obige Literaturliste deckt leider die verschiedenen Gebiete dieses Essays nicht systematisch und vollständig. Sie gibt hauptsächlich an, welche Literatur ich unmittelbar bei der Ausarbeitung dieses und des H. C. Andersen-Buches benutzt habe.